Vahlens Übungsbücher
der Wirtschafts- und Sozialwissenschaften

Wagner · Böhne
Übungsbuch Makroökonomie

Übungsbuch Makroökonomie

von

Univ.-Prof. Dr. Helmut Wagner

und

Alexandra Böhne

FernUniversität in Hagen
Lehrstuhl für Volkswirtschaftslehre,
insb. Makroökonomik

Verlag Franz Vahlen München

VERLAG
VAHLEN
MÜNCHEN
www.vahlen.de

ISBN 3 8006 3222 5

Satz: DTP-Vorlagen der Autoren
Druck und Bindung: Druckhaus „Thomas Müntzer“ GmbH
Neustädter Str. 1–4, 99947 Bad Langensalza
Gedruckt auf säurefreiem, alterungsbeständigem Papier
(hergestellt aus chlorfrei gebleichtem Zellstoff)

Vorwort

Die Makroökonomie befasst sich mit den großen ökonomischen Herausforderungen unserer Zeit – wie z.B. Globalisierung, Arbeitslosigkeit, Inflation, Staatsverschuldung, Unterentwicklung - und sucht hierzu Erklärungen und Lösungen. Das vorliegende Übungsbuch zur Makroökonomie soll das in Vorlesungen und aus Lehrbüchern angeeignete theoretische und empirische Wissen anhand zahlreicher und vielfältiger Übungsaufgaben vertiefen und auf Klausuren vorbereiten. Es richtet sich an Studierende im wirtschaftswissenschaftlichen Grund- und Hauptstudium.

Das Übungsbuch orientiert sich in seiner Struktur am Lehrbuch *Makroökonomie* von H. Wagner, bietet aber auch zu jedem anderen Lehrbuch eine wertvolle Ergänzung. Im ersten Teil des Lehrbuchs (Kapitel 1-5) werden die Grundlagen der makroökonomischen Analyse vorgestellt. Im zweiten Teil (Kapitel 6-9) wird ein einfaches makroökonomisches Grundmodell einer geschlossenen Volkswirtschaft entwickelt. Im dritten Teil (Kapitel 10-15) wird das Grundmodell erweitert, um die zentralen makroökonomischen Problemfelder unserer Gegenwart analysieren zu können. Und zwar wird die Volkswirtschaft „geöffnet" (die Beziehungen zum Ausland werden in das Grundmodell eingebaut), Dynamik, Erwartungen und Unsicherheit werden eingeführt, die Angebotsseite wird einer fundierteren Analyse unterzogen, und die Rolle des Staates wird differenzierter betrachtet. Auf diesen Erweiterungen aufbauend werden dann im vierten Teil (Kapitel 16-21) die makroökonomischen Problemfelder Arbeitslosigkeit, Inflation, Staatsverschuldung, außenwirtschaftliche Störungen im Zusammenhang mit der Globalisierung, sowie Wachstumsschwäche und Unterentwicklung untersucht.

Jedes Kapitel ist in einen Aufgaben- und einen Lösungsteil aufgeteilt. Die Aufgaben umfassen nicht nur die im Lehrbuch *Makroökonomie* von H. Wagner aufgeführten Übungsaufgaben, sondern darüber hinaus noch eine Vielzahl weiterer Aufgaben. Die Aufgaben beinhalten eine Mischung aus Wissens- und Verständnisfragen und aus Rechenaufgaben. An mathematischen Grundkenntnissen wird nur das übliche Schulwissen vorausgesetzt.

Die didaktische Herangehensweise in diesem Buch ist durch zwei Zielsetzungen geprägt. Zum einen soll sich das Übungsbuch wie auch schon das zugrunde liegende Lehrbuch auf das Wesentliche beschränken und dieses prägnant und gleichzeitig verständlich vermitteln. Zum anderen ist es so geschrieben, dass es in Zusammenhang mit dem Lehrbuch *Makroökonomie* von H. Wagner im Selbststudium ohne zusätzliche Vorlesungen bearbeitet werden kann. Daraufhin wurden die Übungsaufgaben und die Lösungen zum Großteil schon im Fernstudiumunterricht an der FernUniversität Hagen sowie teilweise auch an anderen Universitäten getestet und zahlreiche umfangreiche (standardisierte) Lehrtextkritiken von Fernstudierenden ausgewertet.

Das vorliegende Buch enthält zahlreiche methodische Hilfsmittel, die Lesern die Lektüre erleichtern und zu einem tieferen Verständnis der vermittelten Zusammenhänge führen sollen. So stehen zum Beispiel am Anfang jeden Kapitels ein „Inhaltsverzeichnis", eine Rubrik „Schlüsselbegriffe" sowie eine „Zusammenfassung" des Kapitels, mit den wichtigsten Aussagen und Gleichungen, sodass die Aufgaben auch ohne Lehrbuch gelöst werden können. Am Ende des Buches ist neben einem Symbolverzeichnis auch ein Glossar aufgeführt. Als Ergänzung zu diesem Übungsbuch gibt es separat beim Vahlen-Verlag zusätzlich die CD-Rom *Makro-Interaktiv* mit zahlreichen multimedialen Aufbereitungen wie Simulationen, Grafikanimationen etc.

Um Leser anzuregen, uns Hinweise auf Druckfehler und Unklarheiten sowie weitere Anregungen zu geben, haben wir die folgende E-mail-Adresse eingerichtet: uebungsbuch.makro@fernuni-hagen.de

Zu Dank verpflichtet sind wir den anderen (jetzigen und früheren) Mitarbeitern des Lehrstuhls. Sie haben sowohl das Manuskript Korrekturgelesen, als uns auch bei der Erstellung der Aufgaben zum Teil IV des Übungsbuches unterstützt.

Hagen, Januar 2005

Inhaltsübersicht

Teil I

Grundlagen

Kapitel 1

Einleitung

Inhaltsverzeichnis*

Schlüsselbegriffe

Knappheit

Mikroökonomie

Makroökonomie

Theorie

Modell

Zusammenfassung

Kapitel 1 des Lehrbuches beinhaltet eine Abgrenzung der Makroökonomie von der Mikroökonomie sowie eine Einführung in makroökonomische Fragestellungen. Außerdem wird ein ideengeschichtlicher Überblick über die Entwicklung der Wirtschaftswissenschaften, insbesondere der Makroökonomie als eigenständige Wissenschaft gegeben.

---

* Das Inhaltsverzeichnis, die Schlüsselwörter und die Zusammenfassung beziehen sich in jedem Kapitel auf das auch im Vahlen-Verlag erschienene Lehrbuch „*Makroökonomie*" von H. Wagner.

Übungsaufgaben aus dem Lehrbuch

1. Was ist der grundlegende Unterschied zwischen Mikro- und Makroökonomie?

2. Sind die folgenden Ereignisse mikroökonomischer oder makroökonomischer Natur?

   a. Die Arbeitslosigkeit ist im Vorjahresvergleich gestiegen.

   b. Ein Automobilhersteller entwickelt und vermarktet ein neues Fahrzeug.

3. Was ist ein Modell?

4. Warum werden in den Wirtschaftswissenschaften Modelle benutzt?

5. Wie unterscheiden sich statische von dynamischen Modellen?

Weitere Übungsaufgaben

6. Welches Ereignis wird oft mit dem Beginn der Volkswirtschaftslehre als eigene Wissenschaft gleichgesetzt?

7. Was besagt das *Saysche* Theorem?

8. Nachfolgend ist der Konsum C als Funktion des verfügbaren Einkommens $Y-T$ dargestellt. Welche der Funktionen sind statischer und welche dynamischer Art?

   a. $C = C(Y-T)$ b. $C = a + b \cdot C(Y-T)$

   c. $C_t = C(Y_{t-1} - T)$ d. $C_t = 0{,}6 \cdot Y_t$

Lösungen

1. Während sich die Makroökonomie mit der Wirtschaft als Ganzes und mit Fragestellungen z.B. zum Preisniveau und zur gesamtwirtschaftlichen Beschäftigung befasst, beschäftigt sich die Mikroökonomie mit den Entscheidungen und dem Verhalten einzelner Wirtschaftseinheiten und deren Interaktionen.

2.a. makroökonomischer Natur

2.b. mikroökonomischer Natur

3. Ein Modell stellt einen abstrakten Ausschnitt der Realität dar, der für eine bestimmte Fragestellung relevant ist.

4. Modelle werden benutzt, um damit beobachtbare bzw. vermutete Zusammenhänge abzubilden und sinnvoll zu erklären. Sie geben allerdings immer nur einen Ausschnitt der Realität wieder.

5. Statische Modelle enthalten im Gegensatz zu den dynamischen Modellen keinen oder denselben Zeitindex, d.h. es wird nur eine Periode betrachtet. Dynamische Modelle weisen dagegen unterschiedliche Zeitindizes auf, d.h. es werden mehrere Perioden betrachtet.

6. Die Veröffentlichung des Buches „Wealth of Nations“ von *Adam Smith* im Jahr 1776 wird oft mit dem Beginn der Volkswirtschaftslehre als eigenständige Wissenschaft gleichgesetzt.

7. Das *Saysche* Theorem wird häufig mit der Aussage gleichgesetzt: Das Angebot schafft sich seine Nachfrage. Durch die Ausweitung der Produktion entstehen zusätzliche Faktoreinkommen, welche von den Empfängern zur Nachfrage von Gütern genutzt werden. Das *Saysche* Theorem bezieht sich auf Plangrößen, nicht auf die Übereinstimmung von Nachfrage und Angebot im nachhinein. Niemand plant zu produzieren, ohne zu planen, das zusätzliche Einkommen zu verwenden. Wegen dieser simultanen Planung können Angebot und Nachfrage nicht voneinander abweichen. Dennoch können Störungen auf Märkten, z.B. durch Fehleinschätzungen, zu Abweichungen führen.

8. Statische Relationen sind a, b und d, da sie keinen oder denselben Zeitindex haben. Lediglich c ist dynamischer Natur.

Kapitel 2

Konzeptionelle Grundlagen

Inhaltsverzeichnis

Schlüsselbegriffe

Aggregation	ex ante
Rationalverhalten	Stromgrößen
Sektoren	Bestandsgrößen
Märkte	Volkswirtschaftliche Gesamtrechnung
nominale/ reale Größen	Bruttoinlandsprodukt

ex post	Volkseinkommen

Zusammenfassung

In diesem Kapitel des Lehrbuches werden Definitionen eingeführt und Begriffe voneinander abgegrenzt, die für die makroökonomische Analyse grundlegend sind. Es werden die Rolle der Aggregation, die ökonomischen Aktivitäten der Sektoren und die Interdependenzen zwischen den Sektoren betrachtet. Außerdem werden die im Weiteren zu analysierenden Märkte angeführt, auf denen die Sektoren in Tauschbeziehungen zueinander treten. Diese ökonomischen Aktivitäten der Sektoren werden zusätzlich vereinfachend in der Kreislaufanalyse dargestellt. Zum Abschluss des Kapitels wird ein Blick auf die statistische Ex-Post-Analyse der Volkswirtschaftlichen Gesamtrechnung geworfen.

Übungsaufgaben aus dem Lehrbuch

1. Was versteht man unter Aggregation? Und wieso ist Aggregation notwendig?
2. Welche Auswirkungen hat die Aggregation auf die Aussagefähigkeit makroökonomischer Größen?
3. Welche Sektoren gibt es und welche Funktionen erfüllen sie?
4. Welche Märkte unterscheidet man? Welches Angebot und welche Nachfrage finden jeweils auf dem entsprechenden Markt statt?
5. Welche Berechnungsarten der Volkswirtschaftlichen Gesamtrechung unterstellt man herkömmlicher Weise?

Weitere Übungsaufgaben

6. Welche Formen der Kreislaufdarstellung werden im Lehrbuch unterschieden?
7. Was ist ein Wirtschaftskreislauf?
8. Was versteht man unter einem geschlossenen Kreislaufsystem?
9. Worin unterscheidet sich die Ex-post-Analyse von der Ex-ante-Analyse?
10. Unterscheiden Sie Strom- und Bestandsgrößen.
11. Wie hängen Strom- und Bestandsgrößen zusammen?

12. Welche der folgenden Größen ist keine Stromgröße?

    a. Einkommen b. Geldmenge

    c. Ersparnis d. alle

    e. keine

13. Was versteht man unter der Volkswirtschaftlichen Gesamtrechnung?

14. Warum werden bei der Ermittlung der Wertschöpfung die Produktionswerte um die Vorleistungen vermindert?

15. Wie setzen sich die Bruttoinvestitionen zusammen?

16. In dieser Aufgabe geht es um Grundlagen des gesamtwirtschaftlichen Rechnungswesens. Geben Sie folgende Größen in den Ihnen aus dem Lehrbuch bekannten Symbolen an:

Volkseinkommen:
Bruttoinlandsprodukt:

17. Folgende statistische Angaben sind gegeben. Berechnen Sie das Volkseinkommen und das Bruttoinlandsprodukt.

    Abschreibung..420

    Produktions- und Importabgaben........................440

    Subventionen..40

    Exporte..950

    Importe..710

    Private Konsumausgaben..1700

    Investitionen..590

    Konsumausgaben des Staates..560

    Bruttonationaleinkommen..3000

18. In dieser Aufgabe geht es wieder um die Grundlagen des gesamtwirtschaftlichen Rechnungswesens. Die vorgegebenen statistischen Angaben seien:

Abschreibungen..40

Produktions- und Importabgaben..280

Subventionen..50

Private Konsumausgaben...1200

Konsumausgaben des Staates...420

Bruttonationaleinkommen..2350

Außenbeitrag..240

Nettoinvestitionen..300

a. Wie hoch ist der Saldo aus Primäreinkommen mit der übrigen Welt?
b. Berechnen Sie das Volkseinkommen!

19. Unterstellt seien folgende gesamtwirtschaftliche Daten (in Mrd. EUR):

Abschreibungen...312,1

Produktions- und Importabgaben an den
Staat abzgl. Subventionen vom Staat..212,5

Private Konsumausgaben..1232,2

Konsumausgaben des Staates..393,5

Bruttoinvestitionen...406,9

Bruttowertschöpfung (bereinigt)..1863,83

Arbeitnehmerentgelt...1120,4

Gütersteuer abzgl. Gütersubventionen...207,4

Unternehmens- und Vermögenseinkommen.................................410,9

Berechnen Sie hieraus:

a. das Bruttoinlandsprodukt

b. den Außenbeitrag

c. das Volkseinkommen.

20. Die folgende Rechnung zeigt die Entstehung des Volkseinkommens. Ergänzen Sie die fehlenden Zwischengrößen in den grauen Feldern.

	Produktionswert
abzüglich:	
=	**Bruttowertschöpfung**
-	**unterstellte Bankgebühr**
=	**Bruttowertschöpfung bereinigt**
zuzüglich	**Gütersteuern**
abzüglich	**Gütersubventionen**
=	
zuzüglich	**Saldo der Primäreinkommen**
=	**Bruttonationaleinkommen**
abzüglich	
=	**Nettonationaleinkommen**
abzüglich	
zuzüglich	
=	**Volkseinkommen**
abzüglich	
=	**Unternehmens- und Vermögenseinkommen**

Lösungen

1. Unter Aggregation versteht man die Zusammenfassung von Wirtschaftseinheiten oder ökonomischen Aktivitäten nach bestimmten Kriterien zu möglichst gleichartigen Sektoren oder Strömen. Es wird z.B. die Gesamtheit aller Unternehmen oder Haushalte betrachtet. Aggregation erscheint notwendig, um bei der vorliegenden Fülle von Informationen über die ökonomischen Aktivitäten innerhalb einer Volkswirtschaft allgemeine Aussagen treffen zu können. Einer umfassenden Beschreibung des Wirtschaftsgeschehens stünden auch die sehr hohen Kosten der Informationsbeschaffung entgegen.

2. Jede Aggregation führt zu Informationsverlusten. Dies lässt sich so erklären: Bei der Aggregation von Wirtschaftssubjekten zu Sektoren geht man folgendermaßen vor: Es werden alle Transaktionen, die die Wirtschaftssubjekte eines Sektors mit Wirtschaftsubjekten anderer Sektoren vornehmen, addiert. Gleichartige Transaktionen, die zwischen Wirtschaftssubjekten eines Sektors vorgenommen werden, werden gegeneinander aufgerechnet. Man spricht auch von Konsolidierung. Es bleiben also nur die aggregierten intersektoralen Ströme übrig. Informationen über die Beiträge der einzelnen Wirtschaftssubjekte gehen verloren. Beispielsweise werden Transaktionen zweier Unternehmen, also Kauf und Verkauf von Vorleistungen, gegeneinander aufgerechnet.

3. Für die Modellbetrachtungen werden in einer geschlossenen Volkswirtschaft folgende Sektoren unterschieden:

Sektor	Haushalte	Unternehmen	Staat
Funktion	Konsum-nachfrage	Investitions-nachfrage	Staatsnachfrage
		Güterangebot	
	Geldnachfrage		Geldangebot
	Arbeitsangebot	Arbeitsnachfrage	
	Wertpapier-nachfrage	Wertpapier-angebot	Wertpapierangebot

Wenn später (vgl. Kapitel 11) die offene Volkswirtschaft betrachtet wird, wird der Sektor „Ausland“ mit in die Betrachtungen einbezogen. Zu unterscheiden ist die differenziertere Einteilung der Sektoren wie sie die Volkswirtschaftliche Gesamtrechung zur Erfassung der statistischen Daten vornimmt (vgl. Kapitel 2.5.2 im Lehrbuch). Die übliche Einteilung in der makroökonomischen Theorie entspricht der oben vorgenommenen Unterscheidung.

4. Hier kann auf die Tabelle aus der Lösung von Aufgabe 3. zurückgegriffen werden. Wird diese die Märkte ergänzt, auf denen die Sektoren in ihren Funktionen Transaktionen vornehmen, ergibt sich die bekannte Übersicht:

Sektor **Markt**	**Haushalte**	**Unternehmen**	**Staat**
Gütermarkt	Konsum- nachfrage	Investitions- nachfrage Güterangebot	Staatsnachfrage (Staatsausgaben)
Arbeitsmarkt	Arbeitsangebot	Arbeitsnachfrage	
Geldmarkt	Geldnachfrage		Geldangebot (Zentralbank)
Wertpapier- markt	Wertpapier- nachfrage	Wertpapier- angebot	Wertpapier- angebot

5. Die Volkswirtschaftliche Gesamtrechnung unterscheidet die Entstehungsrechung, die Verwendungsrechnung und die Verteilungsrechnung.

6. Wirtschaftskreisläufe werden als Kontensystem, als Grafik, als Matrix oder in algebraischer Formulierung dargestellt.

7. Ein Wirtschaftskreislauf ist eine schematische Darstellung von monetären und realen Strömen, die zwischen den Polen fließen.

8. Kennzeichen geschlossener Kreisläufe ist, dass die Wertsumme der herausfließenden Ströme eines Pols gleich der Wertsumme der zufließenden Ströme ist („Kreislaufaxiom“).

9. In der Ex-post-Analyse erfolgt die Betrachtung am Periodenende, dagegen wird in der Ex-ante-Analyse auf Plangrößen abgestellt.

10. Bestandsgrößen sind Größen, die zu einem bestimmten Zeitpunkt gemessen werden. Stromgrößen beziehen sich dagegen auf einen Zeitraum.

11. Die Beziehung zwischen Strom- und Bestandsgrößen lässt sich anhand eines Beispieles, z.B. der Veränderungen des Kapitalstocks, verdeutlichen. Zu Beginn einer Periode liegt ein Anfangskapitalstock vor. Während der laufenden Periode verändert sich der Kapitalstock aufgrund von Zu- und Abgängen (Stromgrößen). Daraus lässt sich folgender Zusammenhang ableiten: Anfangsbestand + Zugang - Abgang = Endbestand.

12. b. ist die richtige Lösung. Die Geldmenge ist keine Stromgröße, sondern eine Bestandgröße.

13. Die Volkswirtschaftliche Gesamtrechnung ist eine systematische, rechnerische Aufzeichnung und Darstellung der wirtschaftlichen Tätigkeiten von inländischen Wirtschaftseinheiten für eine abgelaufene Periode.

14. Die Vorleistungen, die in ein Produkt eingehen, werden in jeder weiteren Produktionsstufe im Preis weitergegeben. Bei der Summierung der Umsätze, die zum Ausweis des Produktionswertes benötigt werden, werden die Vorleistungen somit mehrfach gezählt. Bei der Berechnung der Wertschöpfung werden deshalb die Vorleistungen vom Produktionswert abgezogen.

15. Die Bruttoinvestitionen setzen sich aus den Bruttoanlageinvestitionen (Summe aus Ausrüstungsinvestitionen, Bauinvestitionen und Sonstigen Anlagen), den Vorratsränderungen und dem Nettozugang an Wertsachen zusammen.

16. Volkseinkommen: $Y \equiv Y^n - T^{ind} + Z \equiv LE + GE$

Bruttoinlandsprodukt

- von der Entstehungsseite $\equiv PW - VL + T^{ind*} - Z^*$
- von der Verwendungsseite $\equiv C + G + I^b + EX - IM$
- von der Verteilungsseite $\equiv Y - Z + T^{ind} + D - YEXIM$.

17. Volkseinkommen: $Y = 2180$

(Berechnung: Volkseinkommen = Bruttonationaleinkommen – Abschreibungen – [Produktions- und Importabgaben] + Subventionen)

Bruttoinlandsprodukt: BIP = 3090

(Berechnung: BIP = Private Konsumausgaben + Konsumausgaben des Staates + Investitionen + Exporte – Importe)

18.a. Saldo aus Primäreinkommen: 150

(Berechnung: Saldo aus Primäreinkommen = Bruttonationaleinkommen – BIP, vgl. zur Berechnung des BIPs Aufgabe 16)

18.b. Volkseinkommen = 2080

(Berechnung: Volkseinkommen = Bruttonationaleinkommen - Abschreibungen – Produktions- und Importabgaben + Subventionen vom Staat)

19.a. BIP von der Entstehungsseite = 2071,23

(Berechnung: BIP = Bruttowertschöpfung + Gütersteuer abzgl. Gütersubventionen)

19.b. Außenbeitrag = 38,63

(Berechnung: Außenbeitrag = BIP – Private Konsumausgaben – Konsumausgaben des Staates – Bruttoinvestitionen)

19.c. Volkseinkommen = 1531,3

(Berechnung: Volkseinkommen = Arbeitnehmerentgelt + Unternehmens- und Vermögenseinkommen)

20.

	Produktionswert
abzüglich:	**Vorleistungen**
=	**Bruttowertschöpfung**
-	**unterstellte Bankgebühr**
=	**Bruttowertschöpfung bereinigt**
zuzüglich	**Gütersteuern**
abzüglich	**Gütersubventionen**
=	**Bruttoinlandsprodukt**
zuzüglich	**Saldo der Primäreinkommen**
=	**Bruttonationaleinkommen**
abzüglich	**Abschreibungen**
=	**Nettonationaleinkommen**
abzüglich	**Produktions- und Importabgaben**
zuzüglich	**Subventionen vom Staat**
=	**Volkseinkommen**
abzüglich	**Arbeitnehmerentgelt**
=	**Unternehmens- und Vermögenseinkommen**

Kapitel 3

Aggregierte Größen am Gütermarkt

Inhaltsverzeichnis

Schlüsselbegriffe

Produktionsfunktion	Produktionselastizität
Produktionsfaktoren	Skalenerträge
Isoquante	Gewinnmaximierung
Ceteris paribus	optimaler Kapitalstock
Durchschnittsproduktivität	Lageparameter
Grenzproduktivität	Fiskalpolitik

Zusammenfassung

In diesem Kapitel des Lehrbuches wird dargestellt, wie sich das Güterangebot aus der technischen Kombination von Produktionsfaktoren und wie sich die Güternachfrage aus den Entscheidungen von Unternehmen, Staat und Haushalten ergeben. Die Abhängigkeit dieser Größen von ihren Bestimmungsgrößen wird formal folgendermaßen ausgedrückt:

$Y = Y(N,K)$ mit $Y_N, Y_K, Y_{NK} > 0 > Y_{NN}, Y_{KK}$ Güterangebot

$Y^d = I(i) + \bar{G} + C(Y - \bar{T}, i)$ mit $0 > I_i, 0 > C_i, 1 > C_{Y-\bar{T}} > 0$ Güternachfrage.

Übungsaufgaben aus dem Lehrbuch

1. Was ist eine Produktionsfunktion? Wieso ist eine Produktionsfunktion für die ökonomische Analyse notwendig?
2. Was sagt der Begriff der Produktionselastizität aus?
3. Unterstellen Sie eine *Cobb-Douglas*-Produktionsfunktion. Berechnen Sie:
   a. die Durchschnittsproduktivität der Arbeit.
   b. die Grenzproduktivität der Arbeit.
4. Aus welchen Annahmen über die Verhaltensweisen der Unternehmen und der Produktionstechnologie der Wirtschaft ist die Investitionsfunktion $I(i), I_i < 0$ abgeleitet?
5. In einer Wirtschaft ohne staatliche Aktivitäten (also $\bar{G} = 0$ bzw. $\bar{T} = 0$) lautet die Konsumfunktion:

   $C = a + b \cdot Y^n$ $\qquad 0 > a, b, n = cst$

   mit den Parametern a, b, n .

   a. Berechnen Sie die durchschnittliche und die marginale Konsumquote.
   b. Ermitteln Sie die dazugehörige Sparfunktion.

Weitere Übungsaufgaben

6. Was bedeutet *ceteris paribus*?
7. Unterstellen Sie weiterhin eine *Cobb-Douglas*-Produktionsfunktion. Wie verändert sich die Grenzproduktivität der Arbeit, wenn der Arbeitseinsatz bei gegebenem Kapitalstock steigt? Lösen Sie die Aufgabe grafisch.
8. In dem folgenden Diagramm ist die *Cobb-Douglas*-Produktionsfunktion

   $Y = N^a \cdot K^b \qquad 0 < a < 1 \ , 0 < b < 1$

   eingezeichnet.

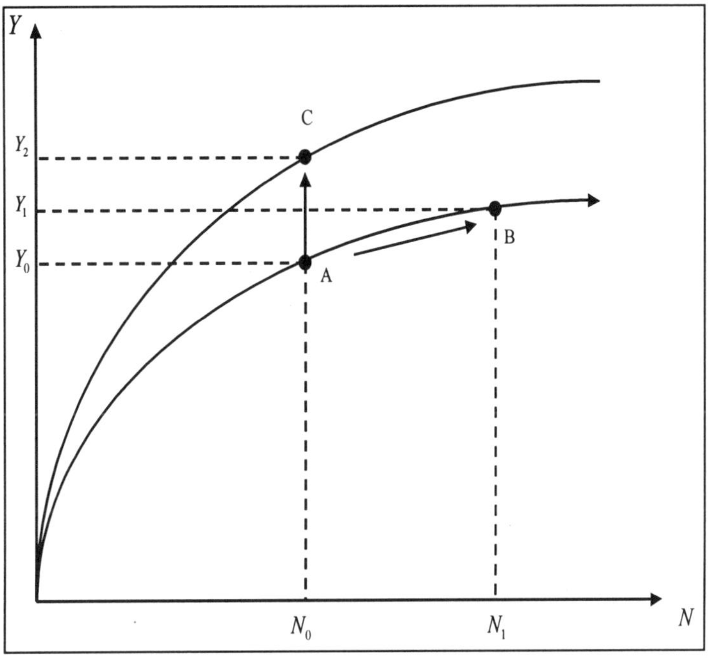

Interpretieren Sie die Bewegung von A nach B und die Bewegung von A nach C unter der Annahme konstanter Parameter a und b.

9. Unterstellen Sie ein Unternehmen, das bei vollständiger Konkurrenz agiert. Welche der folgenden Größen müssen im Gewinnmaximum übereinstimmen?

   a. Grenzproduktivität der Arbeit und Zins.

   b. Nominallohn und Grenzproduktivität der Arbeit.

   c. Zins und Grenzproduktivität des Kapitals.

   d. Reallohn und Grenzproduktivität der Arbeit.

10. Gegeben sei folgende Produktionsfunktion:

    $Y = K^a \cdot N^{1-a} \qquad 0 < a < 1$.

    a. Berechnen Sie die Grenzproduktivität der Arbeit!

    b. Stellen Sie zunächst die Produktionsfunktion dar und leiten Sie dann daraus die Kurve für die Grenzproduktivität der Arbeit ab!

    c. Berechnen Sie die Produktionselastizität des Faktors N.

d. Weist diese Produktionsfunktion steigende, konstante oder sinkende Skalenerträge auf?

11. Ein gewinnmaximierendes Unternehmen bei vollständiger Konkurrenz stellt fest, dass die Grenzproduktivität eines Produktionsfaktors den Faktorpreis übersteigt. Es wird deshalb notwendigerweise

a. den Faktoreinsatz senken.

b. den Faktoreinsatz erhöhen.

c. den Faktoreinsatz konstant halten.

Welche ist die richtige Antwort?

12. Wie lautet die allgemeine Definition der Investitionsnachfrage?

13. Es gilt folgende Produktionsfunktion:

$$Y = N\left(\frac{K}{N}\right)^b \qquad 0 < b < 1.$$

Gegeben sei außerdem folgende Gewinnfunktion:

$$Q = Y - \left(\frac{W}{P}\right) \cdot N - i \cdot K.$$

a. Berechnen Sie für diesen Fall den optimalen Kapitalstock!

b. Stellen Sie grafisch in einem i,I – Diagramm die Wirkung einer Erhöhung des Zinssatzes auf die Investitionsnachfrage dar!

c. Zeigen Sie ebenfalls in einem i,I – Diagramm die Wirkung einer Erhöhung der Investitionsneigung!

14. Gegeben sei folgende Konsumfunktion:

$$C = 40 + 0{,}8 \cdot (Y - \overline{T})$$

mit $T = \overline{T} = 20, \quad I = \overline{I} = 200, \quad G = \overline{G} = 300$.

a. Wie hoch ist die marginale Konsumquote? Was sagt sie aus?

b. Bestimmen Sie das Gleichgewichtseinkommen Y.

15. Die VGR liefere für eine fiktive Volkswirtschaft folgende Daten:

Jahr	Verfügbares Einkommen	Konsum
2002	1359,00	1232,66
2003	1365,28	1236,49

a. Wie hoch ist die marginale Konsumquote?

b. Wie hoch ist die durchschnittliche Konsumquote?

16. Welche Einkommenshypothesen werden im Lehrbuch genannt?

17. Die Erhöhung des Nettogehaltes eines Angestellten betrage 120 € pro Monat, seine marginale Konsumquote ist $C_{Y-\bar{T}} = 0{,}75$. Wie groß ist dann

a. der zusätzliche Konsum?

b. die marginale Sparquote?

c. die zusätzliche Ersparnis?

18. In dieser Aufgabe geht es um das Konsum- und Sparverhalten der privaten Haushalte. Gegeben sei folgende Konsumfunktion:

$$C = a + (Y - \bar{T})^{2/3} \qquad a > 0, \textit{exogener Parameter}$$

a. Berechnen Sie für diese Funktion

- die marginale Konsumquote,
- die durchschnittliche Konsumquote,
- die dazu gehörende Sparfunktion.

b. Stellen Sie die Konsumfunktion im folgenden Schaubild dar und verdeutlichen Sie die Wirkung eines Anstiegs des Parameters a .

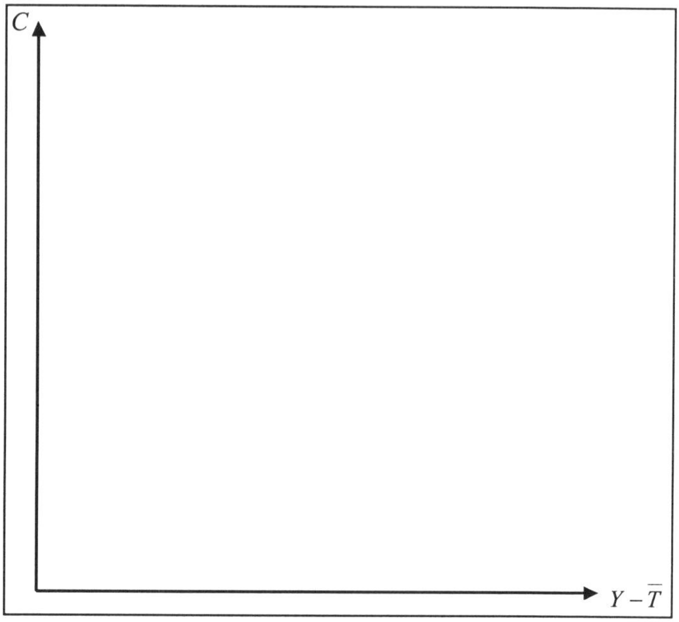

c. Verdeutlichen Sie außerdem die Wirkung einer Steuersenkung bei gegebenem Bruttoeinkommen $\overline{Y}$. Benutzen Sie dazu das vorgegebene Schaubild aus Aufgabenteil b.

19. Welche Eigenschaften besitzt die Konsumfunktion $C^d = C(Y - \overline{T})$?

20. Gegeben sei die folgende gesamtwirtschaftliche Konsumfunktion:

$$C = \alpha \cdot (Y - \overline{T}) - \sqrt{i} \qquad 0 < \alpha < 1 .$$

Wie lautet die Gleichung für die gesamtwirtschaftliche Sparfunktion?

Lösungen

1. Die Produktionsfunktion drückt den funktionalen Zusammenhang zwischen dem effizienten Faktoreinsatz (z.B. Arbeitseinsatz) und der daraus resultierenden Menge an Produktion aus. Die Produktionsfunktion beschreibt den technischen Zusammenhang des ablaufenden Produktionsprozesses.

   Für die ökonomische Analyse ist von Bedeutung, welche Gütermengen eine Volkswirtschaft produzieren kann, mit welchen Verfahren eine bestimmte Gütermenge produziert werden kann und wie gegebenenfalls die Produktion (Output) ausgeweitet werden kann. Antworten auf diese Frage setzen unter anderem eine Analyse der durch die Produktionsfunktion erfassten produktionstechnischen Zusammenhänge in einer Volkswirtschaft voraus.

2. Die Produktionselastizität gibt an, um wie viel Prozent der Output steigt/sinkt, wenn der Einsatz eines Produktionsfaktors um ein Prozent steigt.

3.a. Es wird folgende *Cobb-Douglas*-Produktionsfunktion unterstellt: $Y = N^a \cdot K^b$. Die Durchschnittsproduktivität der Arbeit berechnet sich wie folgt: $\frac{Output}{Arbeit} = \frac{Y}{N}$. Durch Einsetzen der *Cobb-Douglas*-Funktion ergibt sich für die Durchschnittsproduktivität.

$$\frac{Y}{N} = \frac{N^a \cdot K^b}{N} = N^{a-1} \cdot K^b .$$

Y/N gibt an, wie viel Outputeinheiten im Durchschnitt auf eine Einheit des Produktionsfaktors Arbeit entfallen, wenn der Gesamteinsatz an Arbeit und Kapital gegeben ist.

Man beachte, dass die Arbeitsproduktivität keine konstante Größe ist, sondern nach obiger Gleichung von den Einsatzmengen beider Produktionsmengen abhängt.

Analog erfolgt die Berechnung für die Durchschnittsproduktivität des Kapitals: Durchschnittsproduktivität des Kapitals $= \frac{Output}{Kapital} = \frac{Y}{K}$.

3.b. Um die Wirkung einer Änderung des Arbeitseinsatzes (bzw. des Kapitaleinsatzes) zu ermitteln, muss die Funktion nach N (bzw. K) differenziert werden: Für die Grenzproduktivität der Arbeit ergibt sich dann: $\frac{\partial Y}{\partial N} = a \cdot N^{a-1} \cdot K^b \quad \left(= a \cdot \frac{N^{a-1} \cdot K^b \cdot N}{N} = \frac{a \cdot N^a \cdot K^b}{N} = a \cdot \frac{Y}{N} \right)$.

4. Es wird angenommen, dass die Unternehmen Gewinnmaximierung betreiben und eine Produktionstechnologie vom *Cobb-Douglas*-Typ (substituierbare Produktionsfaktoren) vorliegt.

5.a. Als durchschnittliche Konsumquote ergibt sich: $C/Y = a \cdot Y^{-1} + b \cdot Y^{n-1}$. Die marginale Konsumquote wird durch die 1. Ableitung der Konsumfunktion nach Y ermittelt: $C_Y = dC/dY = n \cdot b \cdot Y^{n-1}$.

5.b. Definitionsgemäß ist $S = Y - C$; somit ergibt sich für die Sparfunktion $S = -a + Y - b \cdot Y^n$.

6. Ceteris paribus drückt die Annahme aus, dass sich in der Analyse alle anderen Einflussgrößen nicht ändern.

7.

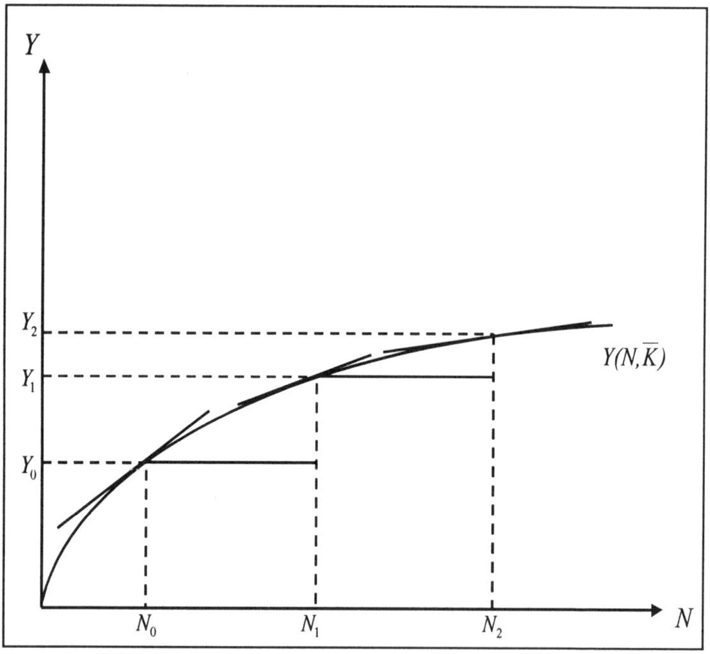

Bei gegebenem Kapitalstock nimmt die Grenzproduktivität der Arbeit bei steigendem Arbeitseinsatz ab. Dies wird in der Grafik deutlich durch die immer flacher verlaufenden Tangenten.

8. A → B: Durch die Zunahme des Arbeitseinsatzes von N_0 auf ein Punkt B entsprechendes Niveau N_1 ist der Output von Y_0 auf ein Punkt B entsprechendes Niveau Y_1 gestiegen. Hierbei ist der Kapitaleinsatz in A und B gleich.

A → C: Bei gegebenem Arbeitseinsatz N_0 hat sich der Output von Y_0 auf einen Punkt C entsprechenden Wert Y_2 erhöht, weil der Kapitaleinsatz gestiegen ist. Begründung: Y kann bei unverändertem N und gegebenen Parametern a, b aufgrund der vorgegebenen Produktionsfunktion nur durch eine Zunahme von K gestiegen sein. K ist also „Lageparameter" der $Y(N)$-Funktion.

9. Richtig sind die Antworten c und d.

10.a. $\frac{dY}{dN} = (1-a) \cdot K^a \cdot N^{-a} = \frac{(1-a) \cdot K^a \cdot N^{1-a}}{N} = \frac{(1-a) \cdot Y}{N}$

10.b.

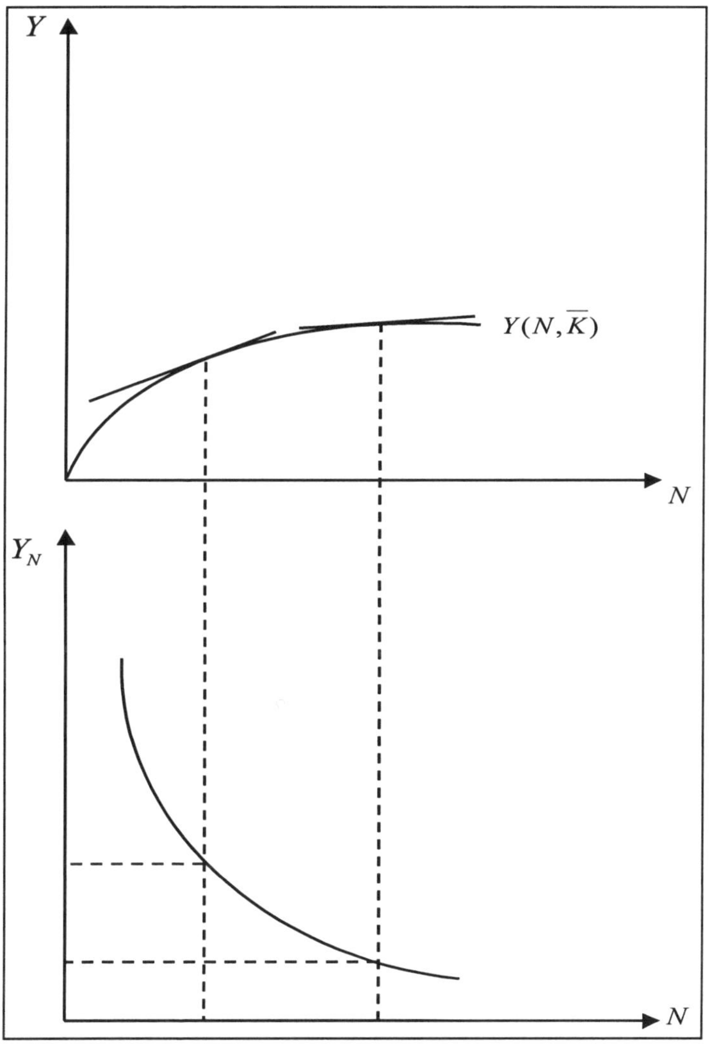

10.c. $\frac{dY}{dN} \cdot \frac{N}{Y} = 1 - a$

10.d. konstante Skalenerträge

11. Antwort b ist richtig. Das gewinnmaximierende Unternehmen wird den Faktoreinsatz erhöhen. Bedingung für den gewinnmaximierenden Faktoreinsatz ist, dass der Faktorpreis der Grenzproduktivität des Produktionsfaktors entspricht. Hierfür muss der Faktoreinsatz erhöht werden, denn die Grenzproduktivität sinkt mit steigendem Faktoreinsatz.

12. $I^d = K^d - K = K^{opt} - K$

13.a. Im Gewinnmaximum gilt die Gleichung $Y_K = i$ bzw. $b \cdot N^{1-b} \cdot K^{b-1} = i$.

Aufgelöst nach K ergibt sich der optimale Kapitalstock:

$$K^{opt} = \left(\frac{i}{b \cdot N^{1-b}} \right)^{1/b-1} = \frac{b \cdot Y}{i} .$$

13.b.

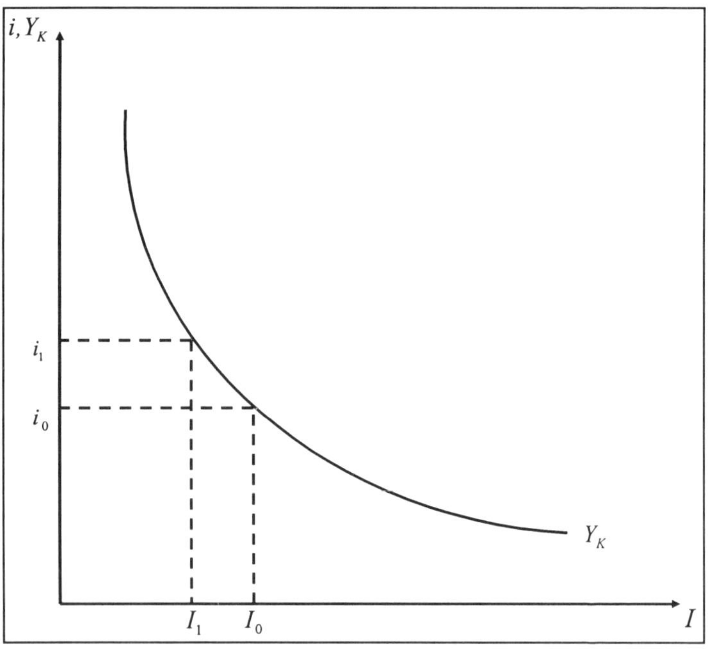

13.c.

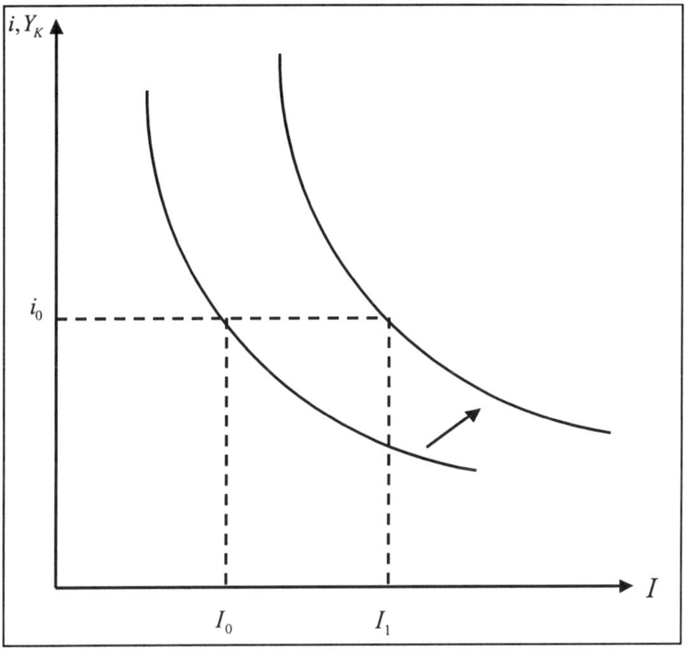

14.a. Die marginale Konsumquote beträgt 0,8. Sie sagt aus, um wie viel Einheiten der Konsum steigt, wenn das verfügbare Einkommen um eine Einheit zunimmt. Nach *Keynes* steigt die Konsumnachfrage bei steigendem verfügbarem Einkommen. Die Konsumnachfrage nimmt aber betragsmäßig weniger zu als das Einkommen. Formal ausgedrückt ist die marginale Konsumquote größer null, aber kleiner 1 ($0 < C_{Y-\overline{T}} < 1$).

14.b. Ausgehend von der Gleichung $Y = I(i) + \overline{G} + C(Y - \overline{T}, i)$ beträgt das Gleichgewichtseinkommen $Y = 2620$.

15.a. Die marginale Konsumquote wird wie folgt bestimmt $\dfrac{dC}{dY - \overline{T}} = C_{Y-\overline{T}}$:

$$C_{Y-\overline{T}} = \frac{3{,}83}{6{,}28} = 0{,}6 \,.$$

15.b. Für die durchschnittliche Konsumquote $c = C/(Y - \overline{T})$ ergeben sich jeweils folgende Werte (auf 3 Nachkommastellen gerundet):

$$c_{2002} = \frac{1232{,}66}{1359} = 0{,}907$$

$$c_{2003} = \frac{1236,49}{1365,28} = 0,906\,.$$

16. Im Lehrbuch werden die absolute Einkommenshypothese nach *Keynes*, die relative Einkommenshypothese nach *Duesenberry,* die permanente Einkommenshypothese nach *Friedman* und die Lebenszyklushypothese nach *Ando/Modigliani* bzw. *Modigliani/Brumberg* unterschieden.

17.a. 90 €

17.b. $S_{Y-\bar{T}} = 0,25$, denn es gilt $C_{Y-\bar{T}} + S_{Y-\bar{T}} = 1$.

17.c. 30 €

18.a. Marginale Konsumquote: $C_{Y-\bar{T}} = \frac{2}{3}(Y-\bar{T})^{-1/3}$

Durchschnittliche Konsumquote: $\frac{C_{Y-\bar{T}}}{Y-\bar{T}} = \frac{a}{Y-\bar{T}} + (Y-\bar{T})^{-1/3}$

Sparfunktion: $S = Y - \bar{T} - C = Y - \bar{T} - a - (Y-\bar{T})^{2/3}$

18.b.

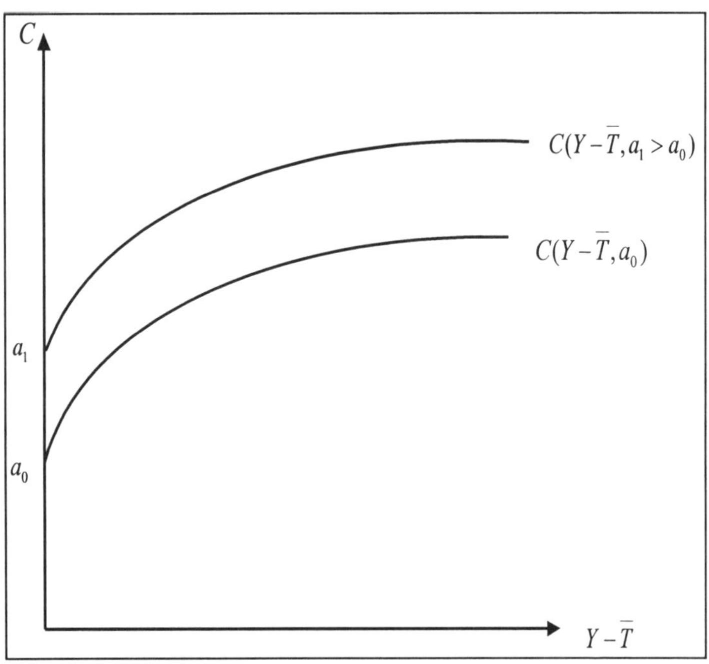

18.c.

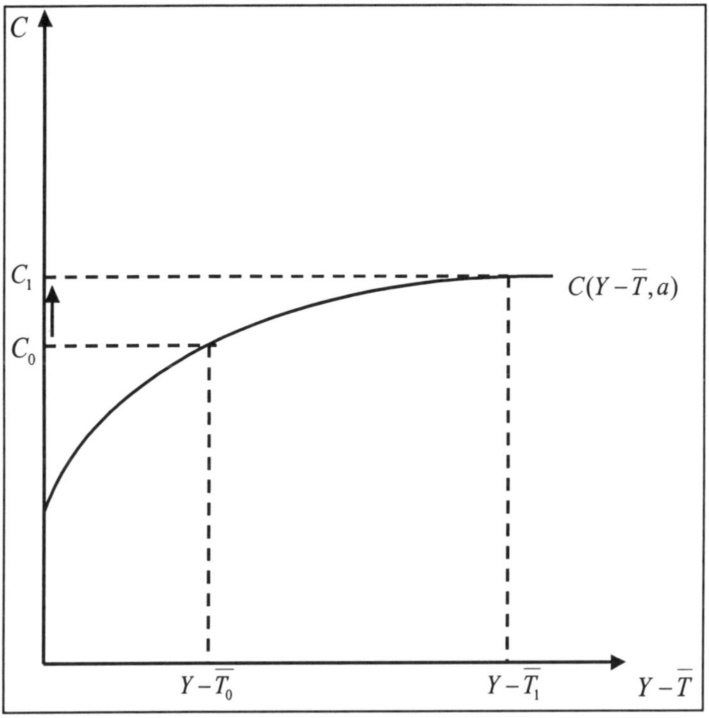

19. Bei steigendem Einkommen nimmt die Konsumnachfrage zu. Der Anstieg der Konsumnachfrage fällt jedoch kleiner aus als der Einkommensanstieg. Formal lässt sich dies ausdrücken durch $0 < C_{Y-\overline{T}} < 1$.

20. Ausgehend von $Y-T=C+S$ ergibt sich $S=(1-\alpha)\cdot(Y-\overline{T})+\sqrt{i}$.

Kapitel 4

Aggregierte Größen am Arbeitsmarkt

Inhaltsverzeichnis

Schlüsselbegriffe

Arbeit	Arbeitsnachfrage
Arbeitsangebot	Nominallohn
Geldillusion	Reallohn

Zusammenfassung

Für die Arbeitsnachfrage der Unternehmen und das Arbeitsangebot der Haushalte sind in diesem Kapitel des Lehrbuches bestimmte Verhaltensannahmen festgelegt worden, für das Arbeitsangebot der Haushalte sogar drei alternative Verhaltensannahmen:

$N^d = N^d(W/P)$ mit $N^d_{W/P} < 0$ Arbeitsnachfrage

$N^s = \bar{N}$ mit $\bar{N} > 0$ Arbeitsangebot

oder

$N^s = N(W)$ mit $N^s_W > 0$

oder

$N^s = N^s(W/P)$ mit $N^s_{W/P} > 0$.

Übungsaufgaben aus dem Lehrbuch

1. Wie ist der Begriff „Arbeit“ definiert?
2. Welcher der Sektoren bietet Arbeit an?
3. Was ist die Begründung dafür, den Reallohn und nicht den Nominallohn als Argument in der Angebotsfunktion zu verwenden?
4. Wie beeinflusst ein Anstieg des Reallohnes die Nachfrage nach Arbeit?
5. Was versteht man unter Geldillusion?

Weitere Übungsaufgaben

6. Es wird von folgenden Gleichungen für die Arbeitsnachfrage der Unternehmen N^d und das Arbeitsangebot der privaten Haushalte N^s ausgegangen:

   $$N^d = N^d\left(W/P\right) \qquad N^d_{W/P} < 0$$

   $$N^s = N^s\left(W/P\right) \qquad N^s_{W/P} > 0 .$$

   Erläutern Sie ökonomisch dcn Verlauf der Arbeitsangebots- und Arbeitsnachfragekurve.

7. In dieser Aufgabe geht es um die Arbeitsnachfrage einer Unternehmung bei vollkommener Konkurrenz. Für die Gewinne (Q) gelte:

   $$Q = Y(N,\overline{K}) - \frac{W}{P} \cdot N - i \cdot \overline{K} \qquad Y_{NN,}Y_{\overline{KK}} < 0 < Y_{N,}Y_{\overline{K},}Y_{N\overline{K}} .$$

   a. Berechnen Sie die Bedingung für den optimalen Arbeitseinsatz der Unternehmung!
   b. Berechnen Sie die Auswirkung eines Anstiegs der Güterpreise auf die Höhe der optimalen Arbeitsnachfrage bei gegebenen Nominallöhnen!
   c. Berechnen Sie die Auswirkungen einer Erhöhung des Kapitalstocks auf die optimale Arbeitsnachfrage der Unternehmung.
   d. Stellen Sie die Ergebnisse von 7.a. und 7.b. in einem Reallohn-Beschäftigungsdiagramm dar!

8. In dieser Aufgabe geht es um die Arbeitsnachfrage der Unternehmen bei vollkommener Konkurrenz. Der Unternehmensgewinn ist definiert als

   $$Q = Y(N,\overline{K}) - \frac{W}{P} \cdot N - i \cdot \overline{K} \qquad Y_{NN,}Y_{\overline{KK}} < 0 < Y_{N,}Y_{\overline{K},}Y_{N\overline{K}} .$$

a. Stellen Sie den Verlauf der Arbeitsnachfragekurve im folgenden Diagramm dar, und verdeutlichen Sie die Auswirkungen einer Erhöhung des Preisniveaus!

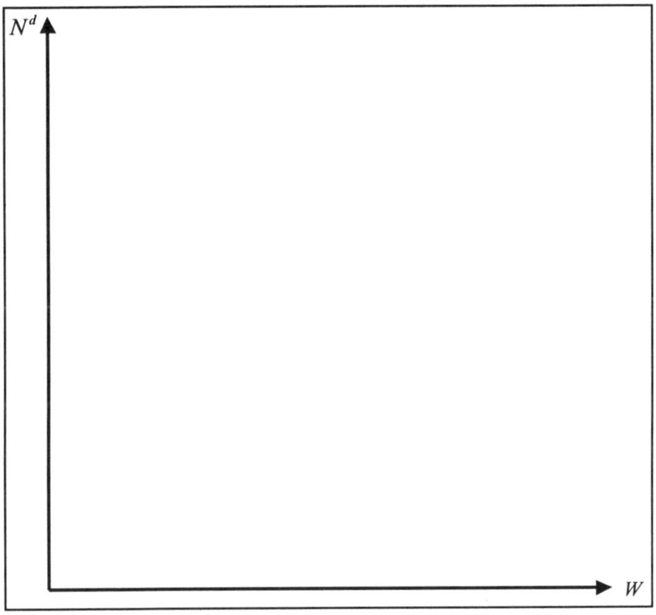

b. Berechnen Sie nun die Arbeitsnachfragegleichung unter der Annahme

$$Y = N^a \cdot K^{1-a} \qquad 0 < a < 1\,.$$

9. Gegeben sei folgende Produktionsfunktion:

$$Y = 2 \cdot K^{0,5} N^{0,5} \qquad Y = Y(N, K)$$

Der Kapitalstock ist gegeben mit $K = 16$. Bestimmen Sie die Arbeitsnachfrage als Funktion des Reallohns.

10. Interpretieren Sie die Zunahme des Arbeitangebotes von N_0 auf N_1 entlang den Pfaden AB und AC.

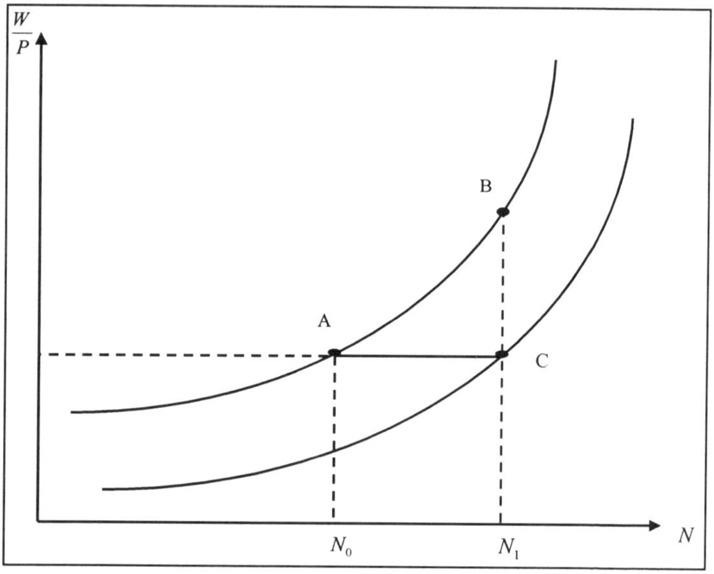

11. Zeichnen Sie in das folgende Diagramm

a. ein reallohnunabhängiges Arbeitsangebot.

b. ein reallohnabhängiges Arbeitsangebot ein.

12. Welche der folgenden Aussagen sind wahr, welche sind falsch? Geben Sie jeweils eine kurze Begründung an.

    a. Wenn der Nominallohn proportional auf Preiserhöhungen reagiert, steigen die realen Grenzkosten des Arbeitseinsatzes.

    b. Die getroffene Hypothese über das Arbeitsangebot $N^s = N^s\left(W/P\right)$

       kann man mit der Annahme begründen, dass die Haushalte Nutzen aus Freizeit ziehen.

    c. Wenn die Haushalte der Geldillusion unterliegen, dann reagieren sie auf Preiserhöhungen bei konstantem Nominallohn mit einer Erhöhung ihres Arbeitsangebots.

Lösungen

1. Arbeit ist im ökonomischen Sinne eine auf Entgelt ausgerichtete Tätigkeit. Daraus folgt, dass alle nicht auf Entgelt gerichteten Tätigkeiten nicht unter den ökonomischen Begriff „Arbeit“ fallen. Dazu zählen z.B. ehrenamtliche Tätigkeiten.
2. Als Anbieter von Arbeit treten die privaten Haushalte auf.
3. Es wird unterstellt, dass die Haushalte die Nutzeneinbuße aus dem Freizeitverzicht nur dann akzeptieren, wenn sie dafür einen Nutzenzuwachs aus zusätzlichem Konsum erhalten. Welcher Realkonsum aber möglich ist, hängt vom Reallohn und nicht vom Nominallohn ab. Je höher der Reallohn ist, desto eher werden die privaten Haushalte auf Freizeit verzichten, da die Opportunitätskosten der Freizeit dann steigen.
4. Die Arbeitnachfrage ist eine Funktion des Reallohns: $N^d = N^d(W/P)$.
   Unter Berücksichtigung der Gewinnmaximierung wählen die Unternehmen gerade die Arbeitsnachfrage bei der die Grenzproduktivität bei gegebenem K mit dem Reallohn übereinstimmt: $Y_N = W/P$. Erhöht sich der Reallohn, muss entsprechend die Grenzproduktivität steigen. Dies ist aber nur mit einer Verringerung der Arbeitsnachfrage möglich.
5. Geldillusion bedeutet, dass die privaten Haushalte Preisniveauänderungen in ihr Entscheidungskalkül nicht vollständig einbeziehen. Sie berücksichtigen daher bei ihrem Arbeitsangebot Veränderungen des Reallohnes infolge einer Preisniveauveränderung nicht vollständig.

6. **Arbeitsnachfrage:**

Unternehmen fragen Arbeit nach, um produzieren zu können. Grundlage der Arbeitsnachfrage ist das Gewinnmaximierungskalkül der Unternehmen. Die Arbeitsnachfrage wird soweit ausgedehnt, bis die Unternehmensgewinne maximal werden. D.h. solange die nächste zu produzierende Einheit des Gutes noch Gewinn abwirft, steigt die Arbeitsnachfrage. Erst wenn eine weitere (marginale) Zunahme des Arbeitseinsatzes keinen zusätzlichen Ertrag mehr bringt, wird die Arbeitsnachfrage nicht weiter gesteigert. Dieser Zusammenhang kommt in der Grenzproduktivitätsbedingung zum Ausdruck. Die Grenzproduktivität gibt an, um wie viel Gütereinheiten die Produktion steigt, wenn der Arbeitseinsatz um eine (marginale) Einheit zunimmt. Je höher nun der Nominallohn ist, desto höher ist auch cet. par., d.h. bei gegebenem Preisniveau, der Reallohn. Ein höherer Reallohn bedeutet aber, dass im Gewinnmaximum die Grenzproduktivität der Arbeit ebenso steigen muss. Die Grenzproduktivität steigt nun jedoch mit sinkendem Arbeitseinsatz. Somit besteht eine negative Korrelation zwischen dem Reallohn und der Arbeitsnachfrage. Eine Variation des Reallohns verursacht eine entgegengesetzt verlaufende Änderung der Arbeitsnachfrage. Dies kommt in dem Differentialquotienten der Arbeitnachfragegleichung zum Ausdruck.

Arbeitsangebotskurve:

Die Arbeitsangebotsgleichung zeigt, dass das Arbeitsangebot der Haushalte positiv auf Variationen des Reallohns reagiert, die Funktion eine positive Steigung aufweist. Die ökonomische Begründung für diesen Zusammenhang basiert auf einer rationalen Wahlhandlung. Der Nutzen der unterschiedlichen Alternativen wird gegeneinander abgewogen. Vor welchen Alternativen stehen nun die privaten Haushalte? Die privaten Haushalte entscheiden über ihr Arbeitsangebot, indem sie abwägen zwischen dem Nutzen, den eine Erhöhung des Arbeitseinkommens stiftet, und dem Nutzen der Freizeit. Der „Preis" der Freizeit besteht in entgangenem Arbeitseinkommen. Ein Anstieg des Reallohns erhöht nun diesen Preis und wird daher die Haushalte bewegen, die Freizeit zugunsten eines höheren Arbeitsangebots und damit -einkommens einzuschränken. Umgekehrt werden die Haushalte eine Ausdehnung der Freizeit und damit einen Rückgang des Arbeitsangebots wählen, wenn der Reallohn sinkt. Der Reallohn und das Arbeitsangebot der privaten Haushalte bewegen sich also stets in die gleiche Richtung. Für diesen Abwägungsprozess ist der Reallohn und nicht der Nominallohn entscheidend. Relevant für die Haushalte ist nicht ihr Nominaleinkommen, sondern ihr reales Einkommen. Sie sind allein daran interessiert, welche Gütermengen mit einem bestimmten Nominaleinkommen bzw. Nominallohn beim herrschenden Preisniveau erworben werden können. Deshalb ist das Verhältnis von Nominallohn zum Preisniveau die entscheidende Größe für das Arbeitsangebot.

7.a. Die Unternehmen verfolgen das Ziel, durch die Wahl des Arbeitseinsatzes ihren Gewinn zu maximieren, was durch die gegebene Gewinnfunktion bestimmt ist. Notwendige Bedingung für ein Gewinnmaximum ist $Q_N = 0$, daraus folgt $Y_N(N, \overline{K}) = \frac{W}{P}$.

7.b. Dazu ist die Bedingung für den optimalen Arbeitseinsatz nach N und P abzuleiten: $Y_{NN} \cdot dN = -\frac{W \cdot dP}{P^2}$, bzw. umgeformt: $\frac{dN}{dP} = -\frac{W}{Y_{NN} \cdot P^2}$. Unter Berücksichtigung von $\frac{W}{P} = Y_N$ ergibt sich als Ergebnis $\frac{dN}{dP} = -\frac{Y_N}{P \cdot Y_{NN}} > 0$.

7.c. Differenzieren Sie die Bedingung für den optimalen Arbeitseinsatz total:

$dK \cdot Y_{NK} + dN \cdot Y_{NN} = 0$, umgeformt ergibt sich $\frac{dN}{d\overline{K}} = -\frac{Y_{N\overline{K}}}{Y_{NN}} > 0$.

7.d.

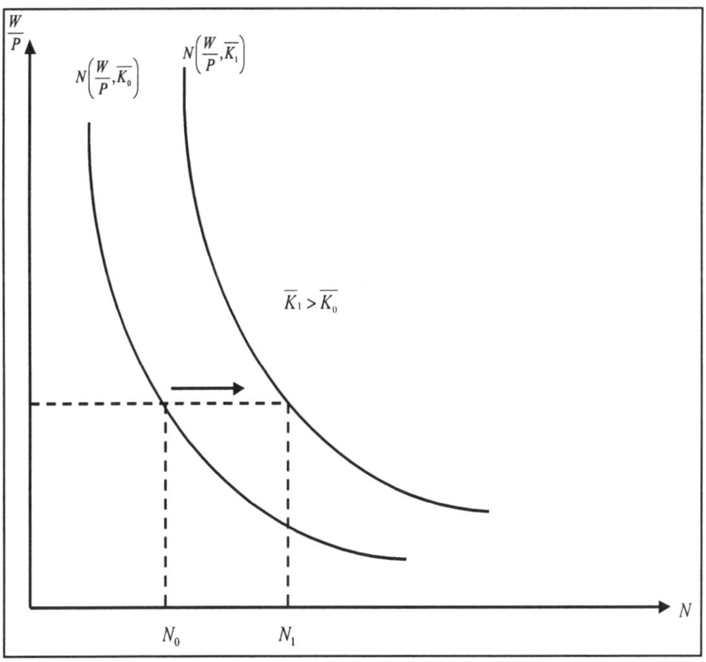

8.a.

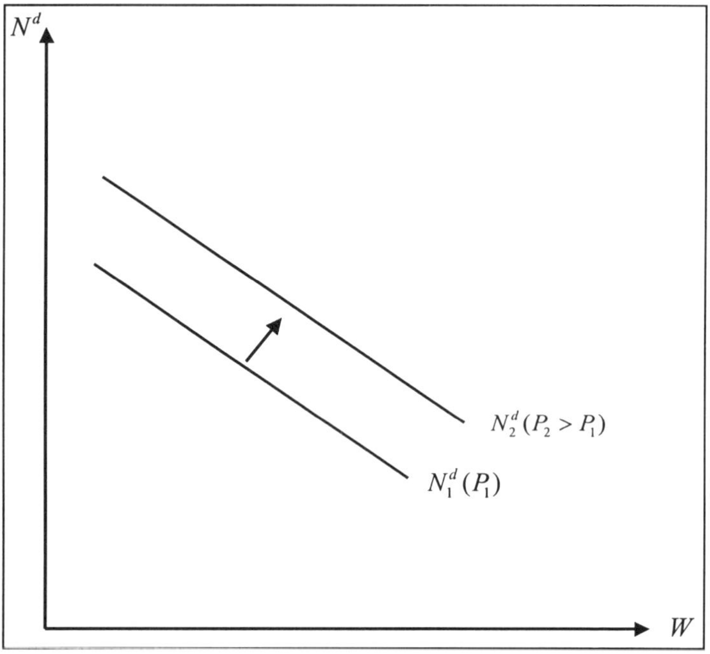

8.b. $\left(\dfrac{W/P}{a\overline{K}^{1-a}}\right)^{1/(a-1)} = N^d$

9. Die Arbeitsnachfrage berechnet man, indem zunächst der gegebene Kapitalstock in die Produktionsfunktion eingesetzt wird und dann die Grenzproduktivität der Arbeit berechnet wird (1. Ableitung). Unter Berücksichtigung der Bedingung für den optimalen Arbeitseinsatz $Y_N = W/P$ ergibt sich für die Arbeitsnachfrage $N = 16/(W/P)^2$.

10. AB: Zunahme des Arbeitsangebots infolge eines steigenden Reallohnes (bei gegebener Neigung zum Arbeitsangebot): Bewegung auf der Kurve.

AC: Zunahme des Arbeitsangebotes infolge einer steigenden Neigung zum Arbeitsangebot (bei gegebenem Reallohn): Bewegung der Kurve selbst. Die Zuwanderung von Arbeitskräften ist ein Beispiel für die Zunahme des Arbeitsangebotes.

11.

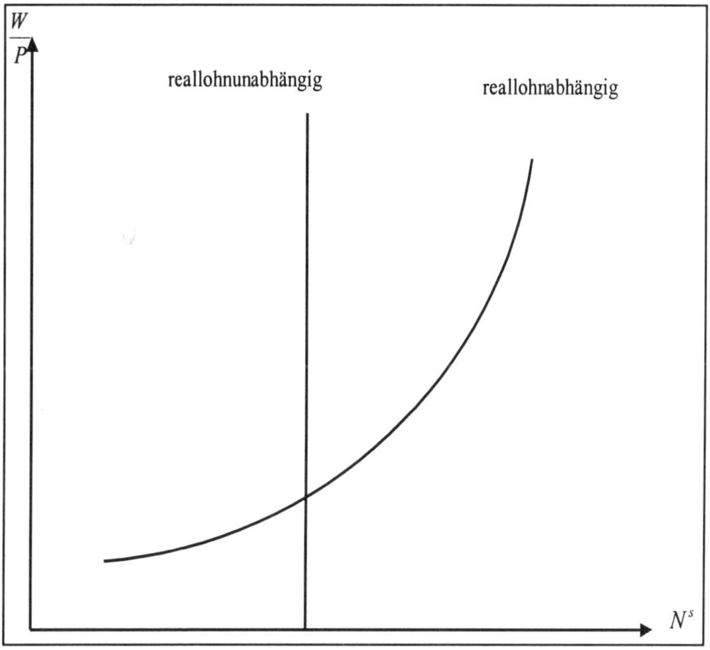

12.a. Falsch. Die realen Grenzkosten des Arbeitseinsatzes sind durch den herrschenden Reallohn gegeben. Bei proportionaler Reaktion des Nominallohns auf Preiserhöhungen steigt der Reallohn nicht, sondern bleibt konstant.

12.b. Wahr. Die Hypothese impliziert, dass die Entscheidung der Haushalte darüber, wie sie ihre Zeit auf Einkommenserzielung = Arbeit und alternativer Tätigkeiten = Freizeit verteilen, vom Reallohn abhängt. Somit lässt sich der Reallohn als Prämie für den Verzicht auf nutzenstiftende Freizeit interpretieren.

12.c. Falsch. Geldillusion bedeutet hier, dass die Haushalte den Einfluss von Preisänderungen auf die Kaufkraft ihres Lohneinkommens verkennen und daher glauben, sie hänge vom Nominallohn statt vom Reallohn ab. Deshalb werden sie in der geschilderten Situation bei vollkommener Geldillusion ihr Arbeitseinkommen nicht ändern.

Kapitel 5

Aggregierte Größen auf Finanzmärkten

Inhaltsverzeichnis

Schlüsselbegriffe

Rendite

Geldangebot

Geldpolitik

Geldnachfrage

Geldfunktionen

Transaktionskasse

Spekulationskasse

Opportunitätskosten

Liquiditätspräferenz

Zusammenfassung

Mit dem Verhalten der Wirtschaftssubjekte an den Finanzierungsmärkten (Geldmarkt und Wertpapiermarkt) wird in Kapitel 5 des Lehrbuches die Zusammenstellung der gesamtwirtschaftlichen Verhaltensweisen vervollständigt. Die Sektoren Unternehmen und Staat bieten Finanzierungstitel an, um damit einen Teil ihrer geplanten Ausgaben finanzieren zu können. Der Sektor Haushalt spart, indem er Finanzierungstitel nachfragt und damit Kaufkraft in die Zukunft überträgt.

Für das Geldangebot und für die Geldnachfrage sind Verhaltensannahmen festgelegt worden, die sich in folgenden Gleichungen widerspiegeln.

Das Geldangebot umfasst die von der Zentralbank bereitgestellte Bargeldmenge:

$M^s = \bar{M}$ Geldangebot.

Die gesamte reale Geldnachfrage der Haushalte setzt sich aus der Spekulationskasse und der Transaktionskasse zusammen:

$\frac{M^d}{P} = L(Y,i)$ Geldnachfrage.

Für das Wertpapierangebot und für die Wertpapiernachfrage müssen keine eigenen Definitionsgleichungen formuliert werden, denn das Verhalten am Wertpapiermarkt ist durch das Verhalten am Geldmarkt implizit erfasst.

Übungsaufgaben aus dem Lehrbuch

1. Welche Geldfunktionen gibt es?
2. Welches sind die im Kapitel genannten Motive der Kassenhaltung nach *Keynes*?
3. Was versteht man unter Kassenhaltungsdauer?
4. Erklären Sie den Begriff Opportunitätskosten.
5. Welchen Einfluss hat der Zins auf die reale Geldnachfrage?

Weitere Übungsaufgaben

6. In einer Volkswirtschaft existieren drei Haushalte X, Y, Z, die jeweils am Periodenanfang über ein Vermögen von 10 Geldeinheiten verfügen. Am Periodenbeginn treffen die Haushalte eine Entscheidung über die Aufteilung ihres Vermögens in Geldhaltung und Wertpapierhaltung. Die Wertpapiere besitzen eine unendliche Laufzeit und werfen pro Periode einen festen Ertrag von einer Geldeinheit ab.

   Für das Periodenende erwarten die Haushalte unterschiedliche Zinssätze i^e:

	X	Y	Z
i^e	2%	5%	7%

a. Angenommen der aktuelle Zinssatz i beträgt 5 %. Welche der drei Haushalte bevorzugen die Wertpapierhaltung?

b. Berechnen Sie für jeden Haushalt getrennt, unter welchen Bedingungen an den numerischen Wert des aktuellen Zinssatzes der Haushalt Spekulationskasse hält. Geben Sie die exakte Lösung auf zwei Stellen gerundet an.

7. Unterscheiden Sie die Begriffe Nominalverzinsung und Rendite!

8. Stellen Sie den Zusammenhang Rendite und Wertpapierkurs grafisch dar!

9. Die Transaktionskasse sei $M^d[Transaktionskasse] = h \cdot Y \cdot \overline{P}$.

   a. Stellen Sie den Verlauf der Transaktionskasse in einem $L-Y-$Diagramm dar und zeigen Sie die Auswirkungen einer Einkommenserhöhung bei konstanter Kassenhaltungsdauer.

   b. Stellen Sie nun dar, wie sich die Nachfrage nach Transaktionskasse verändert, wenn ein konstantes Volkseinkommen unterstellt wird und der Kassenhaltungskoeffizient sinkt.

10. Die gesamtwirtschaftliche reale Geldnachfrage sei

$$L = M^d/P = h \cdot Y - g \cdot i \qquad h, g > 0 .$$

   a. Stellen Sie die Geldnachfrage in Abhängigkeit vom Zins grafisch dar. Zeigen Sie grafisch den Einfluss eines Einkommensanstiegs auf die Geldnachfrage.

   b. Stellen Sie die Geldnachfrage in Abhängigkeit vom Einkommen grafisch dar. Zeigen Sie grafisch den Einfluss eines Zinsanstiegs auf die Geldnachfrage.

11. Welche ist die richtige Antwort? Das *Keynes´* sche Konzept der Spekulationskasse geht davon aus, dass

   a. ein Haushalt Wertpapiere hält, wenn er eine Zinssenkung erwartet.

   b. ein Haushalt Geld hält, wenn er eine Erhöhung des Wertpapierkurses erwartet.

12. Welche ist die richtige Antwort? Die Budgetbeschränkung des Staates

   a. erfasst nicht die Einkommen der Staatsbediensteten.

   b. gilt nur, wenn die Staatsschuld gleich null ist.

   c. zeigt, dass der Staat seine Ausgaben durch Steuern, Geldemission und Wertpapieremission finanzieren kann.

13. Gegeben sei folgende Geldnachfragegleichung:

$$M^d = P \cdot (\beta \cdot Y - \gamma \cdot i) \qquad \beta, \gamma > 0, \beta \cdot Y > \gamma \cdot i \, .$$

a. Geben Sie eine ökonomische Interpretation der Parameter β und γ !

b. Welche Annahmen an die Parameter β und γ müssen getroffen werden, damit in der Gleichung die neoklassische Geldnachfragehypothese zum Ausdruck kommt?

14. Die Kassenhaltung ist aus Sicht der neoklassischen Theorie

a. in jedem Fall irrational.

b. in jedem Fall rational.

c. rational, sofern das Geld aufgrund des Transaktionsmotivs gehalten wird.

Welche ist die richtige Antwort?

15. Die Wirtschaftssubjekte X, Y und Z bilden ihre Erwartungen über den zukünftigen Zinssatz i^e . Es gilt:

$$i_X^e > i_Y^e > i_Z^e \, .$$

Ermitteln Sie in der Grafik die Geldnachfrage aus dem Spekulationsmotiv, wenn gilt:

1. $i > i_X^e$

2. $i_X^e > i > i_Y^e, i_Z^e$

3. $i_X^e, i_Y^e > i > i_Z^e$

4. $i_X^e, i_Y^e, i_Z^e > i$.

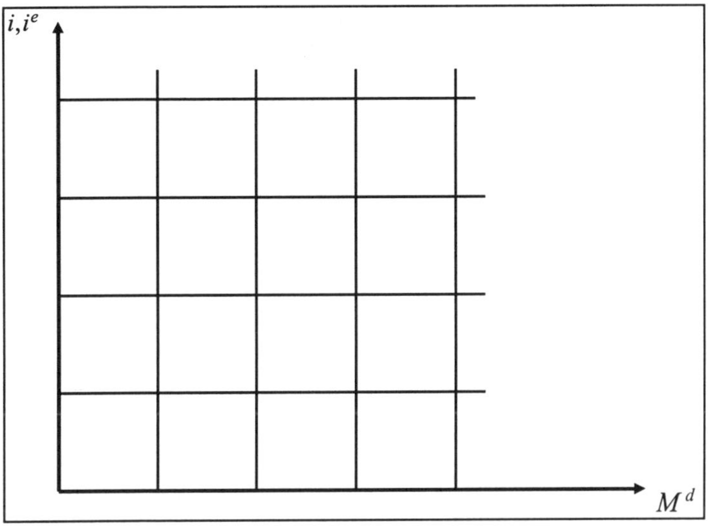

Lösungen

1. Folgende Geldfunktionen werden üblicherweise genannt:
   - Tauschmittelfunktion, um Transaktionen zu tätigen,
   - Wertaufbewahrungsfunktion, um Kaufkraft in die Zukunft zu übertragen.
2. Als Motive der Kassenhaltung werden das Transaktionsmotiv und das Spekulationsmotiv genannt.
3. Die Kassenhaltungsdauer ist die Zeit, in der ein bestimmter Geldbetrag im Durchschnitt als Kasse gehalten und nicht für Zahlungen/Transaktionen verwendet wird.
4. Als Opportunitätskosten bezeichnet man entgangene Erträge oder entgangenen Nutzen im Vergleich zur nächstbesten Handlungsalternative. Die Produktion eines Gutes X bedeutet den Verzicht auf die Produktion anderer Güter. Die Opportunitätskosten der Produktion des Gutes X lassen sich durch ein alternatives Güterbündel, das mit der für Gut X verwendeten Inputmenge sonst hätte erstellt werden können, darstellen.
5. Die reale Geldnachfrage ist negativ vom Zins abhängig. Je niedriger der heutige Zins bei gegebener Struktur der erwarteten Zinsen umso größer ist cet. par. die Geldnachfrage.

6.a. Die Haushalte X und Y bevorzugen bei einem aktuellen Zinssatz von $i = 5\%$ die Wertpapierhaltung.

Die Bedingung für die Vorteilhaftigkeit der Wertpapierhaltung lautet $1 + 1/i^e - 1/i > 0$.

6.b.

X	Y	Z
$i < 1{,}96\%$	$i < 4{,}76\%$	$i < 6{,}54\%$

Die Werte berechnen sich aus $i < i^e/(1 + i^e)$. Dies folgt aus der Bedingung für die Vorteilhaftigkeit der Geldhaltung, nämlich $1 + 1/i^e - 1/i < 0$.

7. Die Rendite drückt die auf den Kurs bezogene Verzinsung von Wertpapieren aus, während die Nominalverzinsung auf den Nennwert des Wertpapiers bezogen wird.

8.

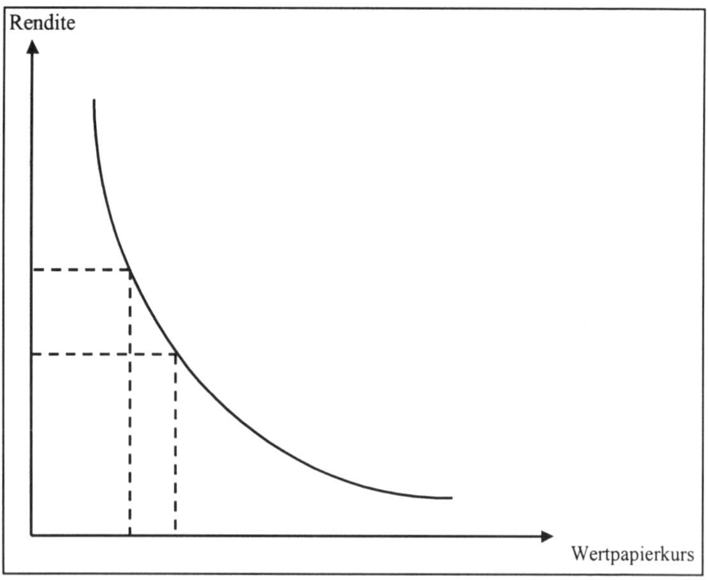

9.a.

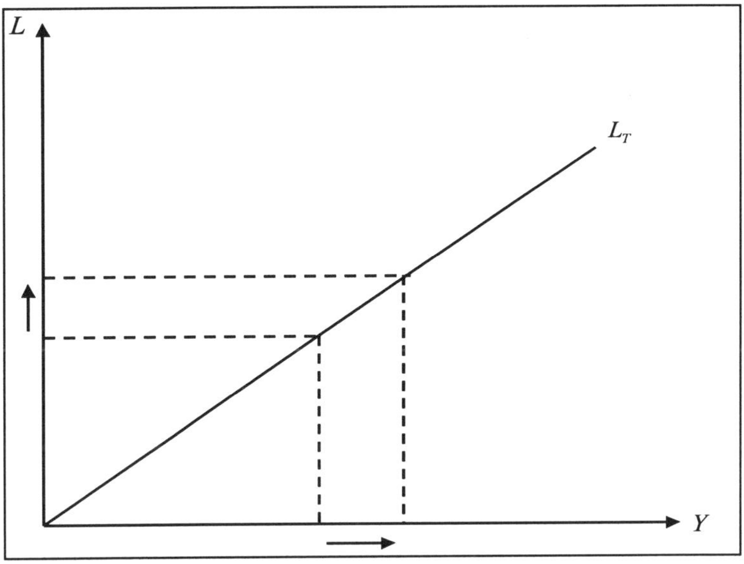

9.b.

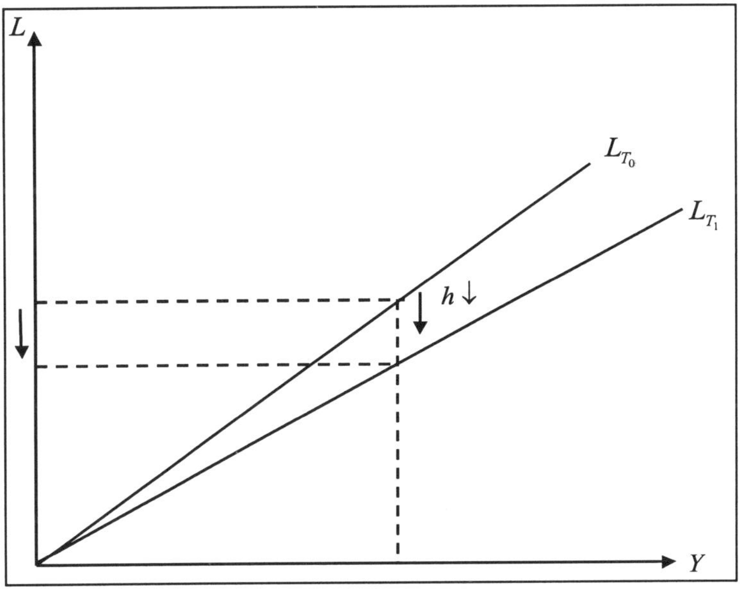

10.a.

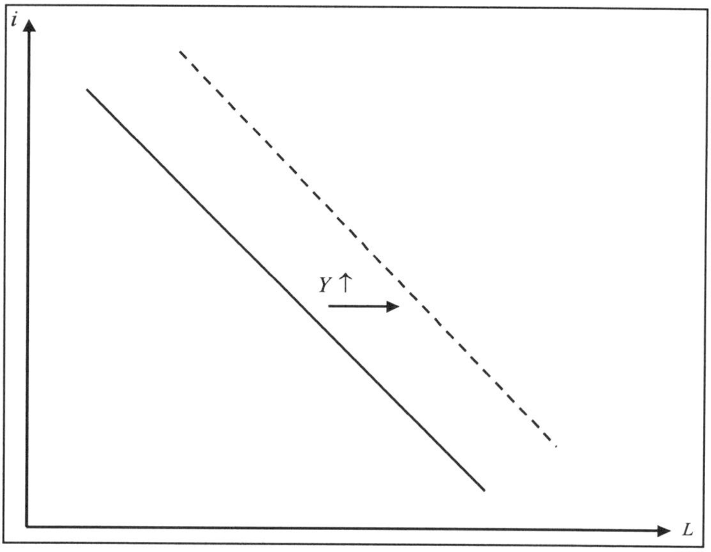

Y ist Lageparameter der Funktion. Ein Anstieg von *Y* steigert cet. par. (bei gegebenem Zins) die Geldnachfrage. Es kommt zu einer Rechtsverlagerung der Geldnachfragefunktion.

10.b.

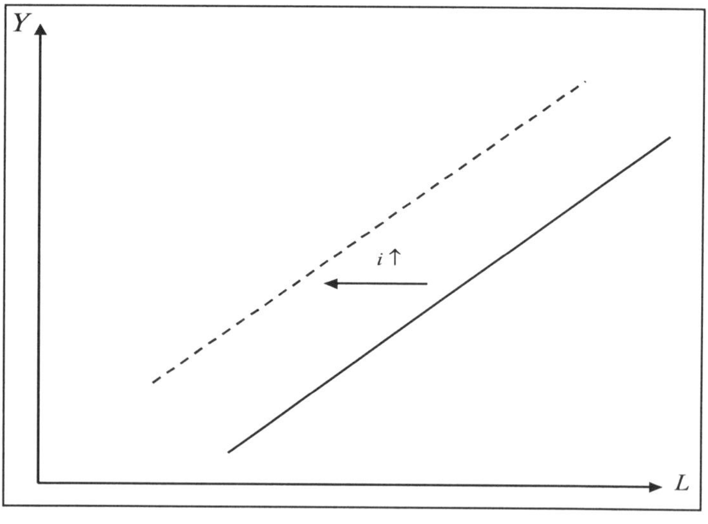

Der Zins i ist Lageparameter der Funktion. Der Anstieg von i reduziert cet. par. (bei gegebenem Y) die Geldnachfrage. Es kommt zu einer Linksverschiebung der Geldnachfragefunktion.

11. Die richtige Antwort ist a.

12. Die richtige Antwort ist c.

13.a. Der Parameter β drückt das Bestreben der Haushalte aus, Transaktionskasse zu halten. β entspricht dem „Kassenhaltungskoeffizienten". Das Vorzeichen zeigt an, dass bei einem höheren Einkommen höhere Kassenhaltung gewünscht wird, um steigende Auszahlungsüberschüsse ausgleichen zu können. Der Parameter γ bezeichnet die Neigung der Haushalte, Spekulationskasse zu halten. Da bei einem hohen Zinssatz immer mehr Haushalte Kurssteigerungen erwarten, ist die aggregierte Bereitschaft zur Kassenhaltung dann geringer.

13.b. Die Neoklassiker erklären die Geldnachfrage nur über das Transaktionsmotiv und verneinen die Wertaufbewahrungsfunktion. γ ist demnach gleich null zu setzen und β ist größer null

14. Die richtige Antwort ist c.

15.

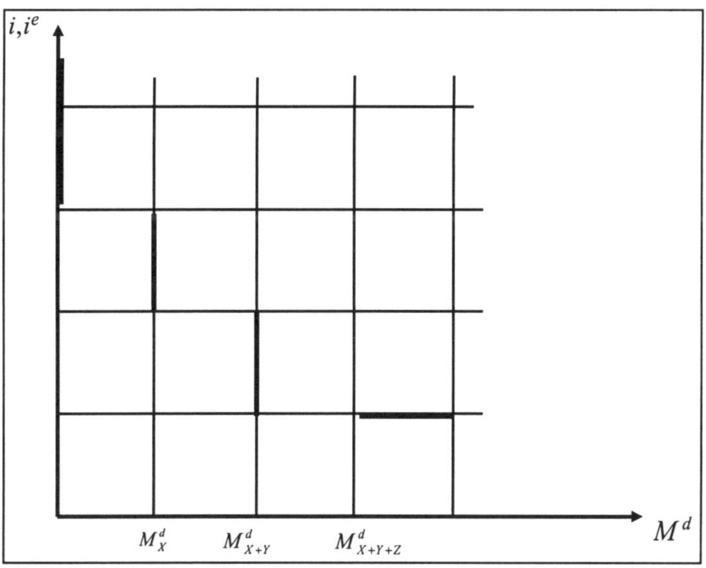

Teil II

Grundmodell

Kapitel 6

Makroökonomische Märkte

Inhaltsverzeichnis

Schlüsselbegriffe

Walras-Gesetz

exogene Größen

endogene Größen

Marktgleichgewicht

Partialanalyse

Totalanalyse

Zusammenfassung

Dieses Kapitel des Lehrbuches hat weit gehend Einführungscharakter. Zunächst wird gezeigt, wie die vier Märkte Güter-, Arbeits-, Geld- und Wertpapiermarkt zusammenhängen, und dass auf Grund des *Walras*-Gesetzes sich die Analyse auf drei Märkte, hier Güter-, Arbeits- und Geldmarkt, beschränken kann. Es wird das Konzept eines Marktgleichgewichtes erläutert und schließlich der Aufbau eines makroökonomischen Totalmodells, das in den nächsten Kapiteln entwickelt wird, vorgestellt.

Übungsaufgaben aus dem Lehrbuch

1. Was besagt das *Walras*-Gesetz?
2. Was besagen endogene bzw. exogene Größen?
3. Unterscheiden Sie die Begriffe Partial- und Totalanalyse.

4. Welche Größen sollen in einem Totalmodell simultan erklärt werden?
5. Was ist ein Marktgleichgewicht?

Lösungen

1. Das *Walras*-Gesetz besagt, dass für den Fall, dass $n-1$ Märkte im Gleichgewicht sind, auch das Gesamtangebot und die Gesamtnachfrage auf dem n-ten Markt übereinstimmen müssen. Betrachtet man z.B. den Arbeitsmarkt, den Geldmarkt und den Gütermarkt und geht davon aus, dass auf dem Arbeitsmarkt und auf dem Geldmarkt ein Gleichgewicht besteht, dann befindet sich der 3. Markt, hier der Gütermarkt, zwangsläufig im Gleichgewicht.
2. Endogene Größen werden durch das Modell selbst erklärt. Exogene Größen werden dagegen als von außen „vorgegeben" betrachtet.
3. Im Rahmen einer Partialanalyse werden in einem gesamtwirtschaftlichen Modell Teilaspekte eines Problems behandelt. So wird beispielsweise nur ein Markt analysiert. Im Gegensatz dazu beschäftigt sich die Totalanalyse mit der Gesamtheit der über Märkten vermittelten Interaktionen zwischen konsumierenden und produzierenden Einheiten.
4. In einem Totalmodell werden gesamtwirtschaftliche Gleichgewichtswerte erklärt, die ein simultanes Gleichgewicht auf allen Märkten implizieren.
5. Im Lehrbuch wird der Begriff Marktgleichgewicht in zweifacher Weise definiert:
   a. Ein Marktgleichgewicht ist ein Zustand ohne immanente Änderungstendenzen. Hier ist ein Gleichgewicht ein Ruhezustand, der Beharrungsvermögen aufweist. D.h. solange sich die Modellstruktur und die Modellparameter nicht ändern, bleiben auch die dazugehörigen Werte der endogenen Größen konstant.
   b. Ein Marktgleichgewicht ist ein Zustand, in dem Angebot und Nachfrage gleich sind, d.h. Pläne der Anbieter- und Nachfragerseite eines Marktes übereinstimmen.

Kapitel 7

Gleichgewicht an Güter- und Geldmarkt

Inhaltsverzeichnis

Schlüsselbegriffe

Gütermarktgleichgewicht

IS-Kurve

Quantitätstheorie

Geldmarktgleichgewicht

LM-Kurve

aggregierte Nachfrage

AD-Kurve

Zusammenfassung

In diesem Kapitel des Lehrbuches wird zuerst ein isoliertes Gleichgewicht am Gütermarkt durch ein keynesianisches Konzept beschrieben. Dies führt zu der Gleichung

$$S(Y-\overline{T}) = I(i) + \overline{G} - \overline{T} \qquad \text{mit } 0 < S_{Y-T} < 1, \quad I_i < 0 .$$

Alle Kombinationen der endogenen Größen Zins und Einkommen, die diese Bedingung erfüllen, liegen auf der IS-Kurve. Die IS-Kurve lässt sich grafisch durch die Kombination einer Darstellung der Investitionsfunktion und der Sparfunktion herleiten. Anschließend wird ein isoliertes Gleichgewicht auf dem Geldmarkt beschrieben. Die Bedingung für ein isoliertes Geldmarktgleichgewicht lautet

$$\overline{M} = P \cdot L(Y,i) \qquad \text{mit } L_Y > 0, \quad L_i < 0 .$$

Alle Kombinationen von Zins und Einkommen, die diese Bedingung bei einem bestimmten Preisniveau erfüllen, können durch eine LM-Kurve dargestellt werden. Eine LM-Kurve gilt für ein festes Preisniveau.

Kombiniert man IS- und LM-Kurve, so steht der Schnittpunkt für ein simultanes Gleichgewicht auf Güter- und Geldmarkt. Mit der IS-LM-Analyse lassen sich bereits auf einfache Weise die Wirkungen exogener Impulse auf Zins und Einkommen bestimmen, solange man von einem festen Preisniveau ausgeht.

Wird das Preisniveau variiert, lässt sich mit Hilfe der IS-LM-Analyse die AD-Kurve zur Darstellung aller $P,Y-$Kombinationen herleiten, bei denen ein simultanes Gleichgewicht auf dem Gütermarkt und dem Geldmarkt herrscht. Die AD-Kurve steht für die aggregierte Nachfrage der Volkswirtschaft.

Übungsaufgaben aus dem Lehrbuch

1. Was sind die Lageparameter der IS-Kurve?
2. Was besagt die LM-Kurve? Erläutern Sie ihren ansteigenden Verlauf.
3. Wessen Verhalten erfasst die Variable L, wessen Verhalten erfasst die Variable M?
4. Schauen Sie sich noch einmal die Gleichungen der Geldnachfrage und des Geldangebotes an. Sind Abweichungen denkbar
   a. zwischen der Geldnachfrage und der tatsächlichen Geldmenge,
   b. zwischen der tatsächlichen Geldmenge und dem Geldangebot,

c. zwischen dem Geldangebot und der Geldnachfrage?

5. In diesem Kapitel sind verschiedene Ursachen für die Verlagerung der IS- bzw. der LM-Kurve genannt worden. Welche Auswirkungen haben die folgenden exogenen Impulse auf die Gleichgewichtswerte des Zinses und des Einkommens?

   - Abnahme der Staatsausgaben G
   - Abnahme der Investitionsneigung
   - Abnahme der Liquiditätspräferenz.

Weitere Übungsaufgaben

6. Gegeben sei folgende Gütermarktgleichung:

$$S(Y - \overline{T}) = I(i) + \overline{G} - \overline{T} \qquad 1 > S_{Y-\overline{T}} > 0 > I_i \, .$$

Exogene Größen sind mit einem Querstrich versehen. Leiten Sie im folgenden Diagramm die IS-Kurve ab.

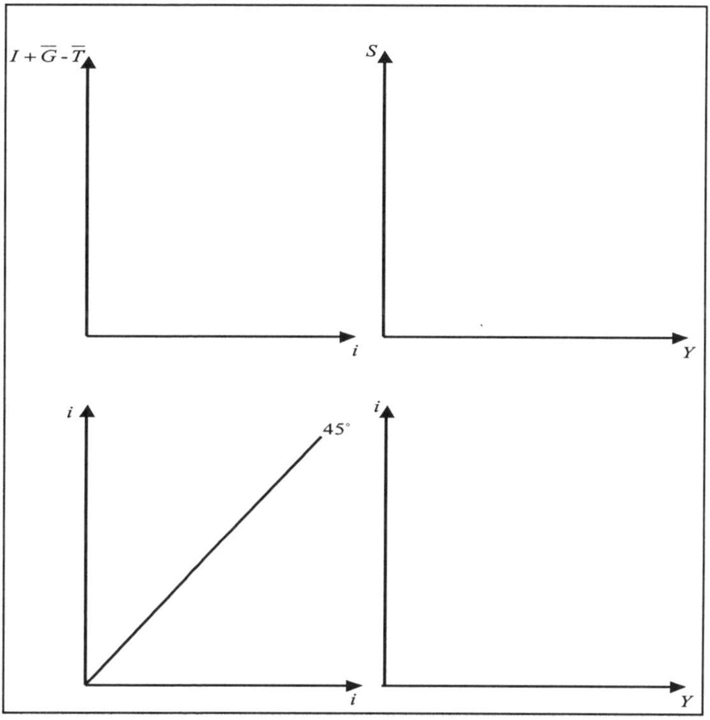

7. Berechnen Sie die Steigung der IS-Kurve.
8. Erläutern Sie die Quantitätstheorie!
9. Erläutern Sie die Cambridge-Gleichung!
10. Wovon hängt die Umlaufgeschwindigkeit des Geldes ab?
11. Welche ist die richtige Antwort? Die Umlaufgeschwindigkeit des Geldes betrage in einer Volkswirtschaft $v = 6$ pro Jahr. Daraus folgt:
    a. Eine Geldeinheit wird von den Wirtschaftssubjekten durchschnittlich 2 Monate gehalten.
    b. Eine Geldeinheit wird von den Wirtschaftssubjekten durchschnittlich 6 Monate gehalten.
    c. Eine Geldeinheit wird von den Wirtschaftssubjekten durchschnittlich 3 Monate gehalten.
    d. Keine der Aussagen ist richtig.
12. Gegeben sei die folgende Gleichung:

    $$\bar{M} = P \cdot L(Y,i) \qquad L_i < 0 < L_Y \ .$$

    Der Geldmarkt werde dargestellt durch das folgende, noch unvollständige Schaubild:

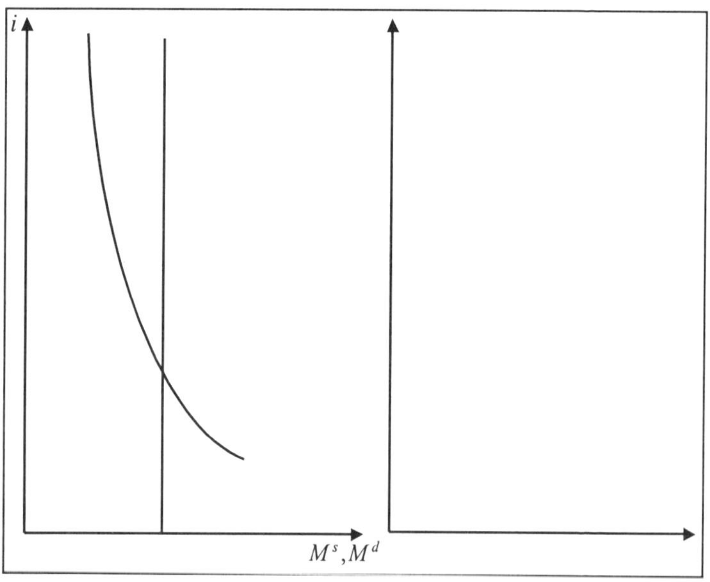

a. Ergänzen Sie das Schaubild mit den fehlenden Achsen- und Kurvenbezeichnungen und leiten Sie grafisch eine LM-Kurve für ein gegebenes Preisniveau P her!

b. Berechnen Sie die Steigung der LM-Kurve.

c. Berechnen Sie die Wirkung einer Erhöhung des nominalen Geldangebots auf das Zinsniveau, wenn zusätzlich angenommen wird, dass das Einkommen fixiert ist!

13. In dieser Aufgabe geht es um den Geldmarkt. Gegeben seien folgende Gleichungen für den Geldmarkt:

(1) $M^s = \bar{\gamma}$ $\qquad \bar{\gamma} > 0$

(2) $M^d = P \cdot L(i,Y)$ $\qquad L_Y > 0 > L_i$

(3) $M^s = M^d$.

a. Stellen Sie den Geldmarkt in dem gegebenen Schaubild grafisch dar, und zeigen Sie Auswirkungen einer Zinssteigerung bei gegebenem Preisniveau!

b. Berechnen Sie die Auswirkungen eines Anstiegs der Güterpreise auf die Höhe des Zinssatzes bei gegebenem Einkommen!

c. Berechnen Sie die Auswirkungen eines Anstiegs des Parameters $\overline{\gamma}$ auf die Höhe des Zinssatzes bei gegebenem Einkommen und gegebenem Preisniveau!

d. Stellen Sie die Ergebnisse aus b. und c. grafisch in folgendem Schaubild dar:

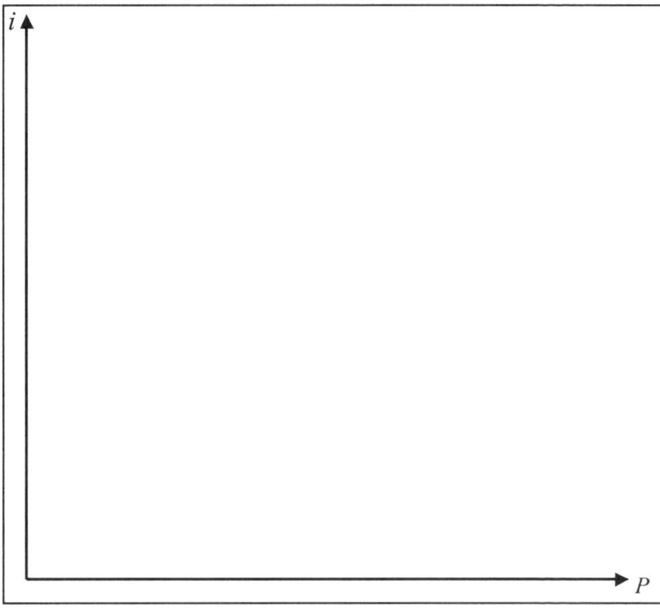

14. In dieser Aufgabe geht es um folgendes IS-LM-Schaubild zur Darstellung des Güter- und Geldmarktes, welche durch folgende Gleichungen gegeben sind:

(1) $S(Y-\overline{T}) = I(i) + \overline{G} - \overline{T}$ $\qquad 1 > S_{Y-\overline{T}} > 0, \quad 0 > I_i$

(2) $\overline{M} = \overline{P} \cdot L(Y,i)$ $\qquad L_Y > 0 > L_i \quad .$

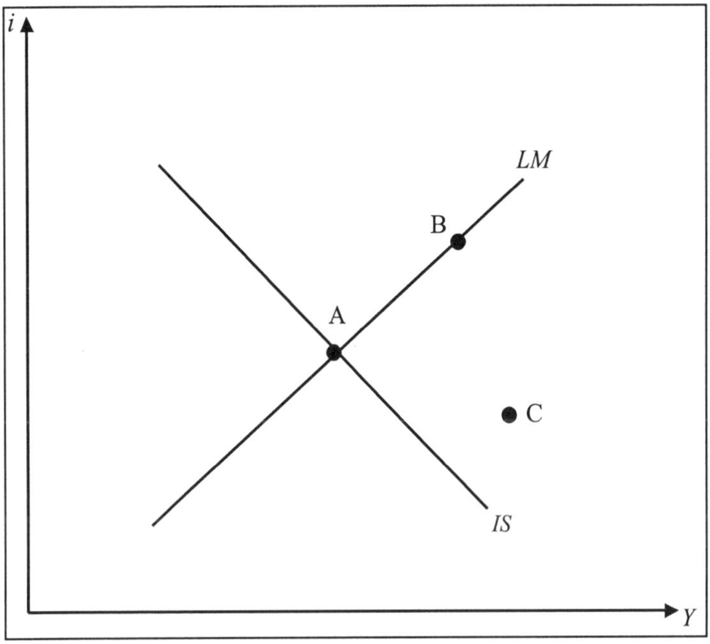

Beantworten Sie in den folgenden Teilaufgaben die Fragen, die sich auf das gegebene Schaubild beziehen:

a. Liegt in B eine Überschussnachfrage, ein Überschussangebot oder ein Gleichgewicht am Gütermarkt vor?

b. Liegt in C eine Überschussnachfrage, ein Überschussangebot oder ein Gleichgewicht am Geldmarkt vor?

c. Ist die Konsumnachfrage in C gegenüber A größer, kleiner oder gleich?

d. Ist die reale Geldnachfrage in B gegenüber A größer, kleiner oder gleich?

e. Ist die reale Ersparnis in C für ein simultanes Gleichgewicht am Güter- und am Geldmarkt zu hoch, zu niedrig oder ist sie damit vereinbar?

15. Gegeben sei folgendes einfache makroökonomische Modell:

$$(1)\ S(Y-\overline{T}) = I(i) + \overline{G} - \overline{T} \qquad 1 > S_{Y-\overline{T}} > 0 > I_i$$

$$(2)\ \overline{M} = \overline{P} \cdot L(Y,i) \qquad L_Y > 0 > L_i\,.$$

Exogene Größen sind mit einem Querstrich versehen. Ausgehend von einem gesamtwirtschaftlichen Gleichgewicht plant die Zentralbank eine restriktive Geldpolitik, welche im folgenden Schaubild durch die Verschiebung der LM-Kurve dargestellt.

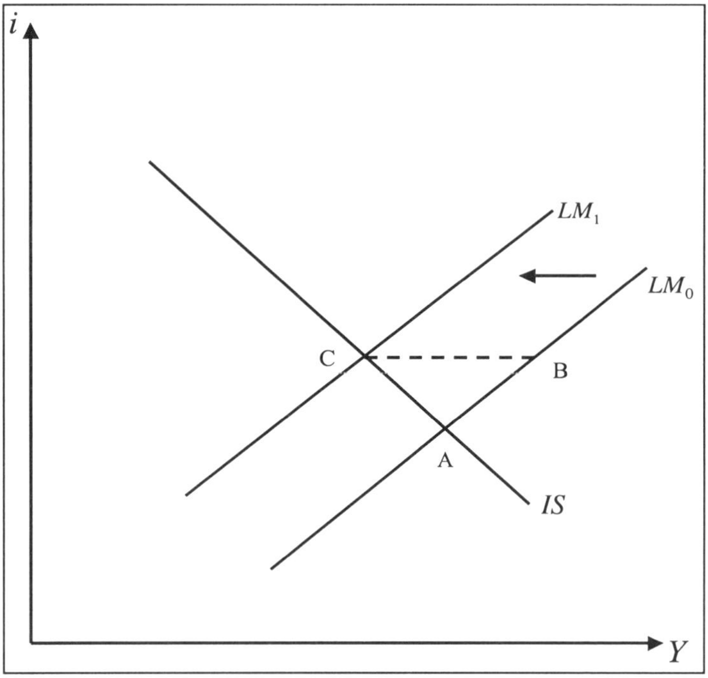

a. Berechnen Sie das Ausmaß der Verschiebung, das durch die Strecke BC gegeben ist.

b. Berechnen Sie den Multiplikator der Geldmenge bezüglich des Einkommens! Geben Sie auch das Vorzeichen an!

c. Prüfen Sie, ob folgende Aussagen in dem vorgegebenem Modellrahmen richtig oder falsch sind und kreuzen Sie als Antwort jeweils das entsprechende Feld an:

	richtig	falsch
In den Punkten A und B ist die reale Ersparnis gleich groß.		
Im Punkt B herrscht eine Übernachfrage auf dem Gütermarkt.		
Die Investitionsnachfrage in C ist kleiner als in A.		
Die reale Geldnachfrage in C ist kleiner als in B.		

d. Der Staat versucht durch den Einsatz von fiskalpolitischen Instrumenten die Einkommenswirkungen der restriktiven Geldpolitik zu verhindern. Ergänzen Sie das Schaubild um grafisch darzustellen, welche fiskalpolitischen Maßnahmen dazu geeignet wären.

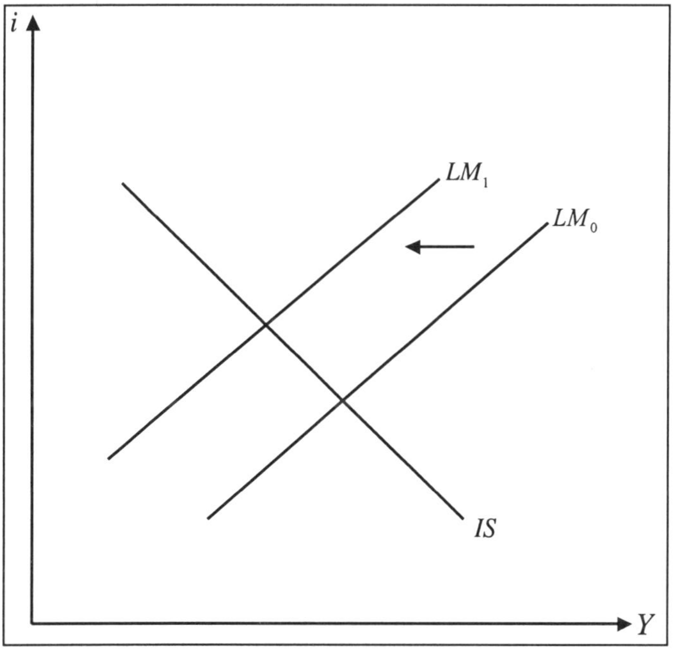

16. Gegeben sei das folgende makroökonomische System:

$$(1)\ S(Y-\overline{T}) = I(i) + \overline{G} - \overline{T} \qquad 1 > S_{Y-\overline{T}} > 0 > I_i$$

$$(2)\ \overline{M} = P \cdot L(Y,i) \qquad L_Y > 0 > L_i$$

Leiten Sie grafisch die aggregierte Güternachfragekurve aus dem IS-LM-Schema ab!

17. Erläutern Sie verbal, welche ökonomische Situation die Punkte auf der AD-Kurve kennzeichnen!

18. Berechnen Sie die Steigung der aggregierten Nachfragekurve (AD-Kurve)!

19. Unterstellen Sie ein simultanes Güter- und Geldmarktgleichgewicht. Berechnen Sie die Auswirkungen einer Erhöhung der Staatsausgaben auf die Güternachfrage unter der Annahme eines konstanten Preisniveaus. Geben Sie auch das Vorzeichen des Multiplikators an!

20. Nennen Sie 4 Impulse, die zu einer Rechtsverschiebung der AD-Kurve führen.

Lösungen

1. Lageparameter der IS-Kurve sind:
   - Staatsausgaben G
   - Steuern T
   - Investitionsneigung
   - Sparneigung

2. Die LM-Kurve drückt alle Kombinationen von Zins i und Einkommen Y aus, bei denen der Geldmarkt im Gleichgewicht ist (und Geldmenge $\overline{M}$ und Preisniveau $\overline{P}$ vorgegebene konstante Größen sind).

   Die LM-Kurve hat einen steigenden Verlauf, da bei steigendem Realeinkommen die Geldnachfrage nach Transaktionskasse zunimmt. Es entsteht damit eine Überschussnachfrage auf dem Geldmarkt. Für ein neues Gleichgewicht muss der Zins ebenfalls steigen, denn bei steigendem Zins geht die Geldnachfrage nach Spekulationskasse zurück. Die Einkommens- und Zinsbewegungen sind also gleichgerichtet, sodass die LM-Kurve einen steigenden Verlauf aufweist.

3. Die Variable L erfasst die reale Geldnachfrage der privaten Haushalte, M erfasst das Geldangebotsverhalten der Zentralbank bzw. des Staates.

4.a. Ja: Die Haushalte können einen anderen Geldbestand zu halten wünschen (= Geldnachfrage), als sie aktuell in der Kasse haben (= tatsächliche Geldmenge).

4.b. Nein: jedenfalls nicht in unserem Modell, in welchem wir ja Übereinstimmung beider Größen unterstellt haben. In verfeinerten Modellen jedoch können Geldangebot und tatsächliche Geldmenge voneinander abweichen.

4.c. Ja: dann liegt ein Ungleichgewicht am Geldmarkt vor.

5.

Abnahme	Zins i	Einkommen Y
Staatsausgaben G	-	-
Investitionsneigung	-	-
Liquiditätspräferenz	-	+

6.

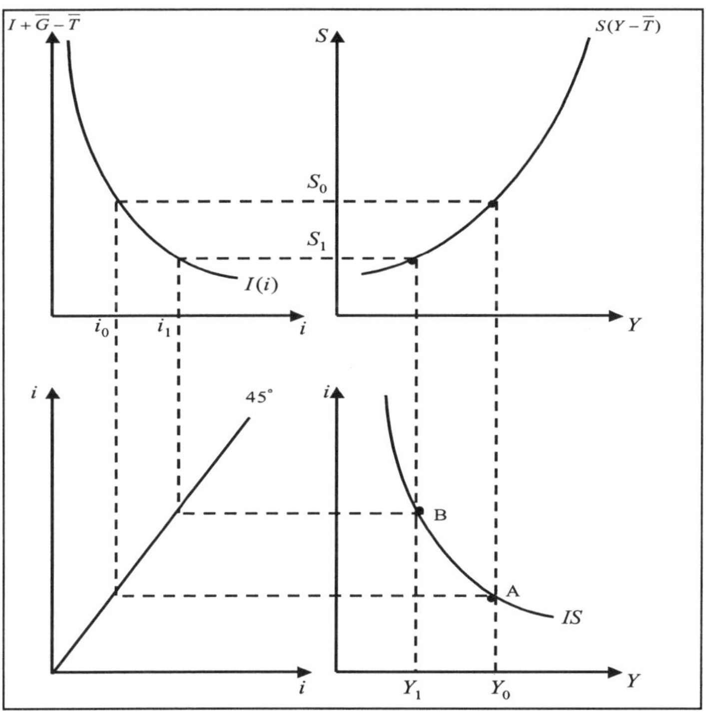

7. Ausgehend von der Gütermarktgleichung $S(Y-\overline{T}) = I(i) + \overline{G} - \overline{T}$ weist die IS-Kurve folgende Steigung auf: $\frac{di}{dY} = \frac{S_{Y-\overline{T}}}{I_i} < 0$.

8. Die Quantitätstheorie ist die Geldlehre der neoklassischen Theorie. Ausgangspunkt ist die *Fishersche* Verkehrsgleichung: $M \cdot v = P \cdot Y$. Das Produkt aus Geldmenge M und der Umlaufgeschwindigkeit des Geldes v entspricht dem Produkt aus Preisniveau P und Sozialprodukt Y. Die Geldmenge ist exogen. Wird weiterhin angenommen, dass Y und v gegeben sind, ergibt sich ein unmittelbarer Zusammenhang zwischen einer Geldmengenänderung und Preisniveauänderungen. Die Veränderung verläuft proportional. Hier wird die Dichotomie zwischen realem und monetären Sektor deutlich: Eine Geldmengenänderung hat keine realen Effekte, sondern lediglich Auswirkungen auf das Preisniveau.

9. Die Cambridge-Gleichung $M = h \cdot P \cdot Y$ ist prinzipiell identisch mit der Quantitätstheorie, da die Umlaufgeschwindigkeit v definitorisch der reziproke Wert des Kassenhaltungskoeffizienten h ist. Die Cambridge-Gleichung bietet mit der Nutzung des Kassenhaltungskoeffizienten einen Ansatz zur Erklärung der Geldnachfrage, die im Verhalten der Wirtschaftssubjekte liegt. Im Gleichgewicht muss die Geldnachfrage $h \cdot P \cdot Y$ gleich dem Geldangebot M sein.

10. Die Umlaufgeschwindigkeit hängt von den Zahlungsgewohnheiten der Wirtschaftssubjekte ab. Kurz– bis mittelfristig wird zwar die Konstanz der Umlaufgeschwindigkeit unterstellt, dennoch verändern z.B. Innovationen im monetären Sektor oder die Umstellungen von Lohnzahlungen die Umlaufgeschwindigkeit.

11. Richtig ist Antwort a.

12.

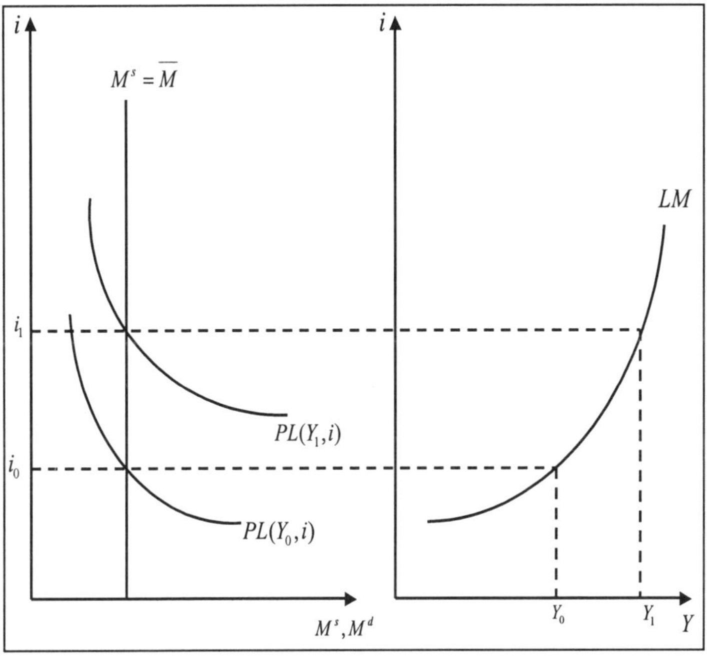

In der linken Teilgrafik ist das Einkommen Lageparameter der Geldnachfragekurve, wobei höhere Einkommen durch höherliegende Kurven ausgedrückt werden. Überträgt man die Schnittpunkte der so variierten Geldnachfragekurven mit der Geldangebotskurve in die rechte Teilgrafik, so erhält man eine LM-Kurve mit positiver Steigung, die alle Kombinationen von Zins und Einkommen darstellt, die mit Gleichgewichten auf dem Geldmarkt vereinbar sind.

12.b. $\frac{di}{dY} = \frac{-L_Y}{L_i} > 0$

12.c. $di\Big|_{d\bar{P}=dY=0} = \frac{d\overline{M}}{P \cdot L_i} < 0$

13.a.

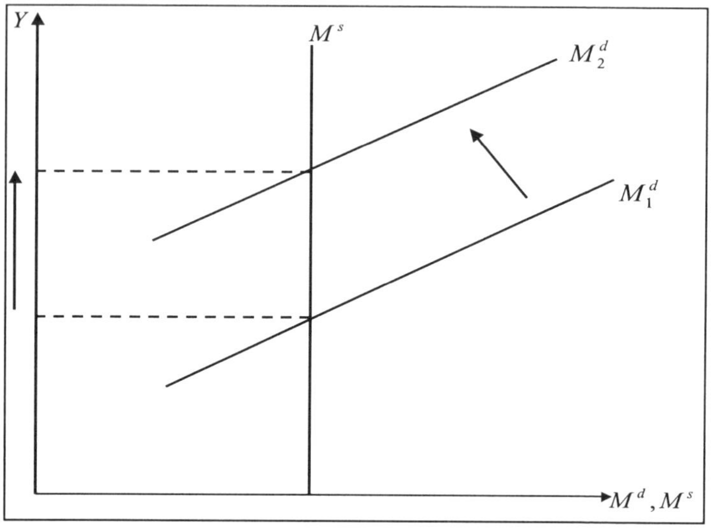

13.b. $\frac{di}{dP} = -\frac{L(i,Y)}{P \cdot L_i} > 0$

13.c. $\frac{di}{d\bar{\gamma}} = \frac{1}{P \cdot L_i} < 0$

13.d.

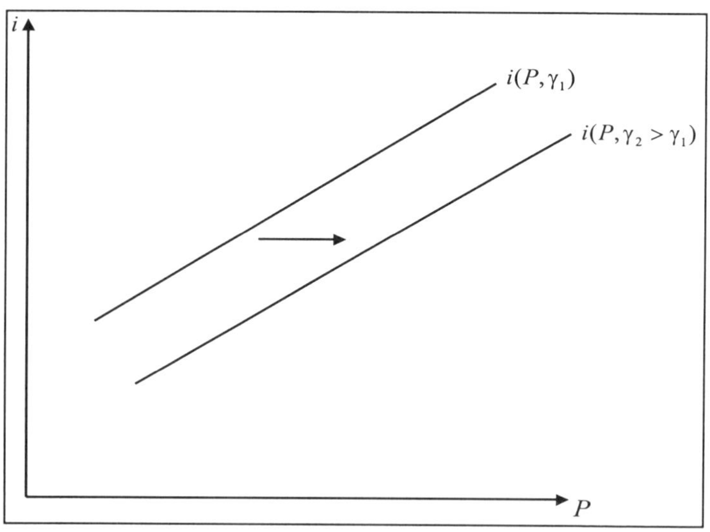

14.a. In B liegt ein **Überschussangebot** am Gütermarkt vor.

14.b. In C liegt eine **Überschussnachfrage** am Geldmarkt vor.

14.c. Die Konsumnachfrage ist in **C größer als in A.**

14.d. Die reale Geldnachfrage ist in **B gleich groß wie in A.**

14.e. Die reale Ersparnis in C ist **zu hoch** für ein simultanes Gleichgewicht am Güter- und am Geldmarkt.

15.a. $dY\big|_{di=0} = \dfrac{d\overline{M}}{\overline{P} \cdot L_Y} > 0$

15.b. $\dfrac{dY}{d\overline{M}} = \dfrac{I_i}{(S_{Y-\overline{T}} \cdot L_i + L_Y \cdot I_i) \cdot P} > 0$

15.c.

	richtig	falsch
In den Punkten A und B ist die reale Ersparnis gleichgroß.		+
Im Punkt B herrscht eine Übernachfrage auf dem Gütermarkt.		+
Die Investitionsnachfrage in C ist kleiner als in A.	+	
Die reale Geldnachfrage in C ist kleiner als in B.	+	

15.d.

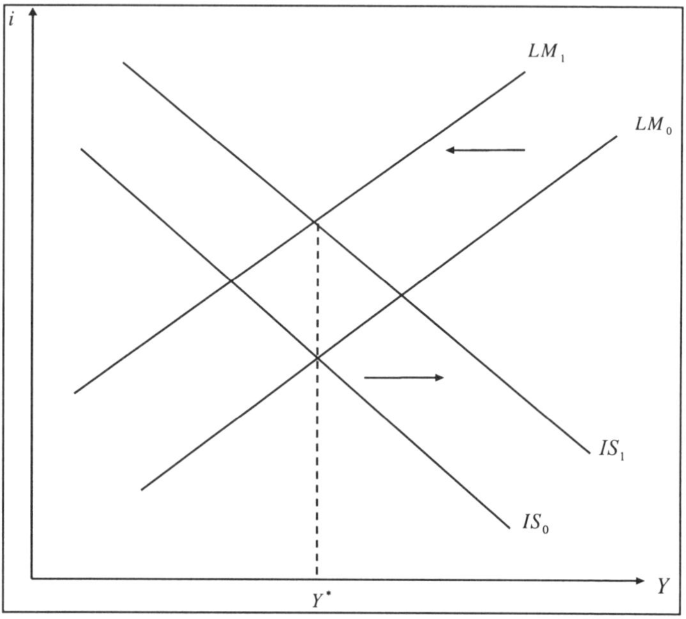

Mit Hilfe einer Staatsausgabenerhöhung oder einer Steuersenkung kann der Staat versuchen, die Einkommenswirkungen einer restriktiven Geldpolitik zu verhindern. Beide exogenen Impulse verschieben die IS-Kurve nach rechts und zwar soweit bis der Einkommensrückgang ausgeglichen ist.

16.

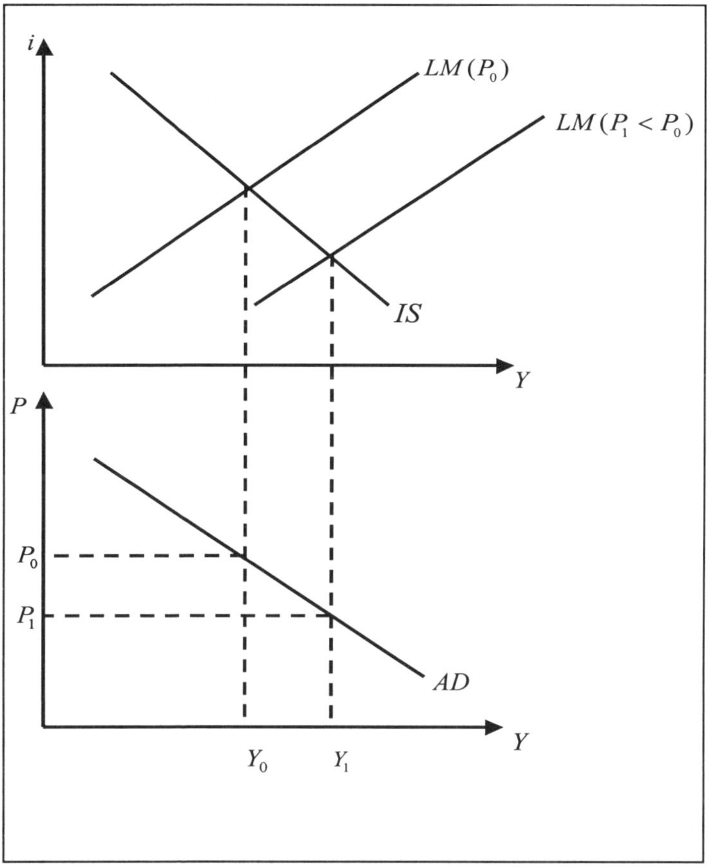

17. Die Punkte auf der AD-Kurve bezeichnen Kombinationen von P und Y, bei denen sowohl auf dem Gütermarkt als auch zugleich auf dem Geldmarkt ein Gleichgewicht herrscht.

18. $$\frac{dP}{dY} = -\frac{P \cdot (L_Y \cdot I_i + L_i \cdot S_{Y-\bar{T}})}{L \cdot I_i} < 0$$

19. $$\frac{dY}{d\overline{G}} = \frac{L_i}{S_{Y-\bar{T}} \cdot L_i + L_Y \cdot I_i} > 0$$

20. Mögliche Antworten:

    - Erhöhung der Staatsausgaben
    - Steuersenkung
    - höhere Investitionsneigung
    - höhere Sparneigung
    - Erhöhung des Geldangebots
    - geringere Liquiditätspräferenz.

Kapitel 8

Ein makroökonomisches Grundmodell

Inhaltsverzeichnis

Schlüsselbegriffe

Arbeitsmarktgleichgewicht	AS-Kurve
Lohn-Preis-Elastizität	aggregiertes Angebot
keynesianische Unterbeschäftigung	Rationierung
Unterbeschäftigungsgleichgewicht	klassisch-neoklassisches Modell

Zusammenfassung

In diesem Kapitel des Lehrbuches wird zuerst ein isoliertes Gleichgewicht auf dem Arbeitsmarkt beschrieben. Dies führt zu der Gleichung

$$N^s\left(W/P\right) = N^d\left(W/P\right) \qquad \text{mit } N^s_{W/P} > 0, \quad N^d_{W/P} < 0 .$$

Sodann wird das *Keynes*'sche Argument der Trägheit der Nominallöhne eingeführt. Dies führt dazu, dass im Weiteren am Arbeitsmarkt von einem keynesianischen Unterbeschäftigungsgleichgewicht ausgegangen wird. Die obige Bedingung wird dann durch folgende zwei Bedingungen ersetzt:

$$\overline{W} = P \cdot Y_N\left(N, \overline{K}\right) \qquad \text{mit } Y_{NN} < 0, \quad Y_{N\overline{K}} > 0$$

$$N^s = \overline{N}^s \qquad \text{mit } \overline{N}^s \geq N\,.$$

Aus der Verbindung dieser Arbeitsmarktbedingung mit der Produktionsfunktion wird dann die AS-Kurve hergeleitet. Die AS-Kurve gibt das Kalkül der Unternehmen an, in dem Angebotsvolumen und Preisniveau in einem positiven Verhältnis zueinander stehen. Die AS-Kurve symbolisiert das aggregierte Angebot der Volkswirtschaft.

Durch Kombination von aggregiertem Angebot und aggregierter Nachfrage gelangt man zum gesamtwirtschaftlichen Gleichgewicht, d.h. zu einem simultanen Gleichgewicht aller Märkte der Volkswirtschaft. Dieses gesamtwirtschaftliche Gleichgewicht, das durch die Gleichungen

$$S(Y-\overline{T}) = I + \overline{G} - \overline{T} \qquad 0 < S_{Y-\overline{T}} < 1, \quad I_i < 0$$

$$\overline{M} = P \cdot L(Y, i) \qquad L_Y > 0, \quad L_i < 0$$

$$Y = Y(N, \overline{K}) \qquad Y_N, Y_{\overline{K}} > 0$$

$$\overline{W} = P \cdot Y_N(N, \overline{K}) \qquad Y_{NN} < 0, \quad Y_{N\overline{K}} > 0$$

beschrieben wird, fußt auf keynesianischem Gedankengut, denn es lässt Rigiditäten und Unterbeschäftigungsgleichgewichte zu. Diesem Modellansatz wird als Alternative das klassisch-neoklassische Modell gegenübergestellt, das sich durch die Gleichungen

$$S(i) = I(i) + \overline{G} - \overline{T} \qquad S_i > 0 > I_i$$

$$\overline{M} = P \cdot L(Y) \qquad L_Y > 0$$

$$N^s(W/P) = N^d(W/P) \qquad N^s_{W/P}, N^d_{\overline{K}} > 0 > N^d_{W/P}$$

$$Y = Y(N, \overline{K}) \qquad Y_N, Y_{\overline{K}} > 0$$

$$N = N^d(W/P)$$

darstellen lässt.

Übungsaufgaben aus dem Lehrbuch

1. Viele Leute glauben, dass ein verstärkter Einsatz des Produktionsfaktors Kapital zu einer geringeren Beschäftigung im Land führt. Trifft dies zu, wenn

   - das Arbeitsangebot positiv reallohnabhängig ist,

- die *Cobb-Douglas*-Produktionsfunktion gilt,
- die Unternehmer Gewinnmaximierung betreiben,
- ein stabiler Lohnanpassungsprozess am Arbeitsmarkt herrscht
- und wir den Arbeitsmarkt isoliert betrachten?

2. Oft ist zu lesen, dass sinkende Nominallöhne notwendig und ausreichend sind, um Arbeitslosigkeit abzubauen. Begründen Sie stattdessen,
   - dass auch bei konstantem Nominallohn Arbeitslosigkeit abgebaut werden kann,
   - dass Arbeitslosigkeit trotz sinkendem Nominallohn erhalten bleiben kann.
3. Welche vier Aussagen charakterisieren das neoklassische Paradigma?
4. Was bedeutet „klassische Dichotomie“?
5. Beschreiben Sie
   a. den neoklassischen Arbeitsmarkt,
   b. den neoklassischen Geldmarkt,
   c. den neoklassischen Gütermarkt.

Weitere Übungsaufgaben

6. Die folgende Frage bezieht sich auf den Arbeitsmarkt, der wie folgt skiziert wird:

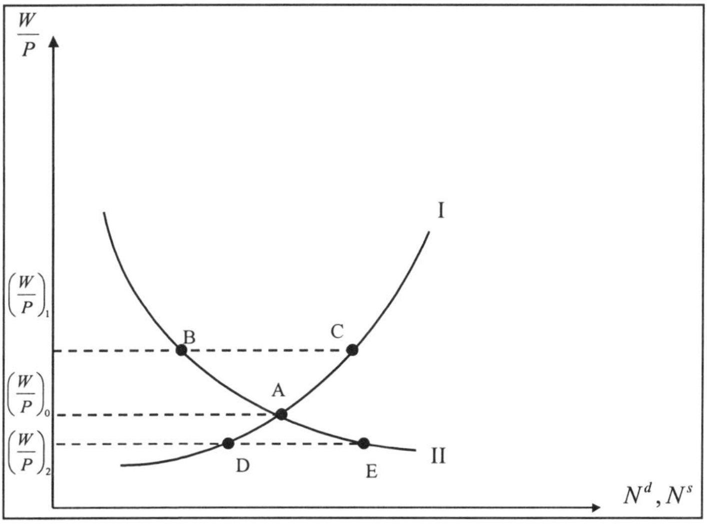

a. Was bedeuten die Graphen I und II?

b. Bei welchem Reallohn herrscht Vollbeschäftigung (in welchem Sinne?) und bei welchem Reallohn herrscht Unterbeschäftigung (in welchem Sinne und in welchem Umfang?)?

7. In dieser Aufgabe geht es um die unterschiedlichen Hypothesen über die Funktionsweisen des gesamtwirtschaftlichen Arbeitsmarktes!

a. Gegeben seien die folgenden neoklassischen Hypothesen:

(1) $N^s = N^s\left(W/P\right)$ $\qquad N^s_{(W/P)} > 0$

(2) $N^d = N^d\left(W/P, \overline{K}\right)$ $\qquad N^d_{(W/P)} < 0, \quad N^d_{\overline{K}} > 0$

(3) $N^s = N^d = N$.

Stellen Sie in der folgenden Abbildung den Arbeitsmarkt grafisch dar, und verdeutlichen Sie die Auswirkungen einer Senkung des gesamtwirtschaftlichen Preisniveaus! Beachten Sie, dass wir an der Ordinate den Nominallohn abgetragen haben!

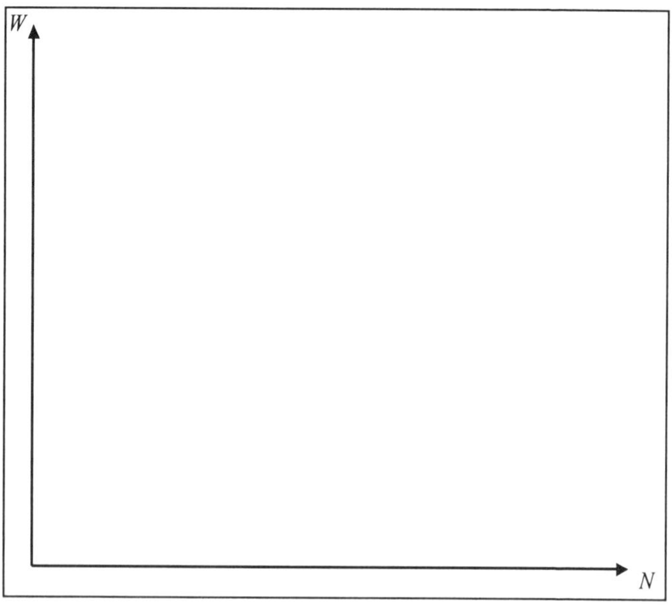

b. Betrachten Sie nun die folgenden keynesianischen Hypothesen:

(1) $N^s = \overline{N^s}$

(2) $N^d = N^d\left(W/P, \overline{K}\right)$ $\qquad N^d_{(W/P)} < 0 < N^d_{\overline{K}}$

(3) $W = \overline{W}$

(4) $N = \min\left\{N^s, N^d\right\}$

Stellen Sie den Arbeitsmarkt ebenfalls (s. Abbildung oben) grafisch dar, und verdeutlichen Sie wieder die Auswirkungen einer Senkung des Preisniveaus! Unterstellen Sie hierbei, dass im Ausgangszustand ein Vollbeschäftigungsgleichgewicht herrscht.

8. Als Hypothese über die Arbeitsnachfrage wird in dieser Aufgabe davon ausgegangen, dass gewinnmaximierende Unternehmen unter den Bedingungen vollkommener Konkurrenz ihre Arbeitsnachfrage so bestimmen, dass sie cet. par. $\left(K = \overline{K}\right)$ durch folgende Funktion beschrieben werden kann:

(1) $N^d = N^d\left(W/P\right)$ $\qquad N^d_{W/P} < 0$

a. Die folgende Gleichung (2) beschreibt nun das Arbeitsangebotsverhalten der privaten Haushalte. Am Arbeitsmarkt führen Anpassungsprozesse zu einem stabilen Gleichgewicht, das durch Gleichung (3) beschrieben wird:

(2) $N^s = N^s\left(W/P\right)$ $\qquad N^s_{W/P} > 0$

(3) $N = N^s = N^d$

Für den Nominallohn W sei angenommen, dass er genau proportional auf Änderungen des Preisniveaus reagiert.

Stellen Sie in der linken Teilgrafik des folgenden Schaubildes die Reaktion von Arbeitsangebot und Arbeitsnachfrage auf Variationen des Preisniveaus dar und leiten Sie daraus in der rechten Teilgrafik eine Kurve zur Darstellung aller Gleichgewichte am Arbeitsmarkt her:

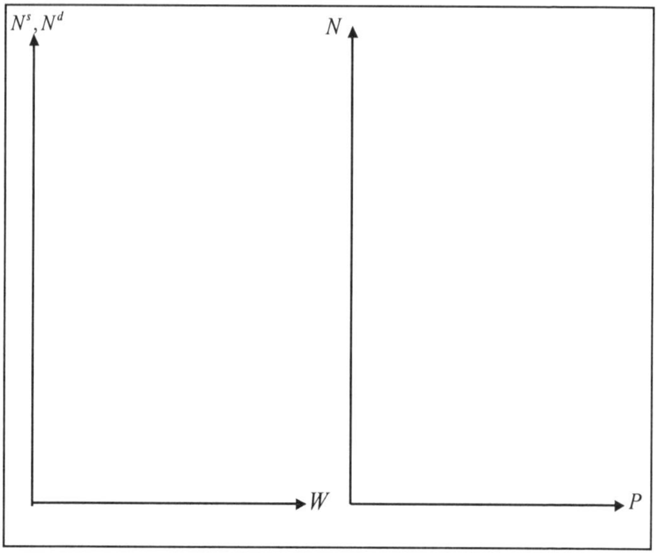

b. An die Stelle der Gleichungen (2) und (3) treten nun folgende Gleichungen:

(2′) $N^s = \overline{N}^s$ $\qquad\qquad \overline{N}^s > 0$

(3′) $N = \min\left\{N^s, N^d\right\}$.

Für den Nominallohn W gelte, dass er auf einem exogenen Niveau fixiert ist, also $W = \overline{W}$. Erstellen Sie ein Schaubild wie in Aufgabenteil a. und leiten Sie darin eine Gleichgewichtskurve für den durch die Gleichungen (1), (2′) und (3′) beschriebenen Arbeitsmarkt her.

9. Gegeben seien folgende Gleichungen:

(1) $\overline{W} = P \cdot Y_N(N, \overline{K})$

(2) $Y = Y(N, \overline{K})$ $\qquad\qquad Y_{NN}, Y_{\overline{K}\overline{K}} < 0 < Y_N, Y_{\overline{K}}, Y_{N\overline{K}}$.

a. Leiten Sie die AS-Kurve ab und zeigen Sie die Auswirkungen einer Nominallohnerhöhung!

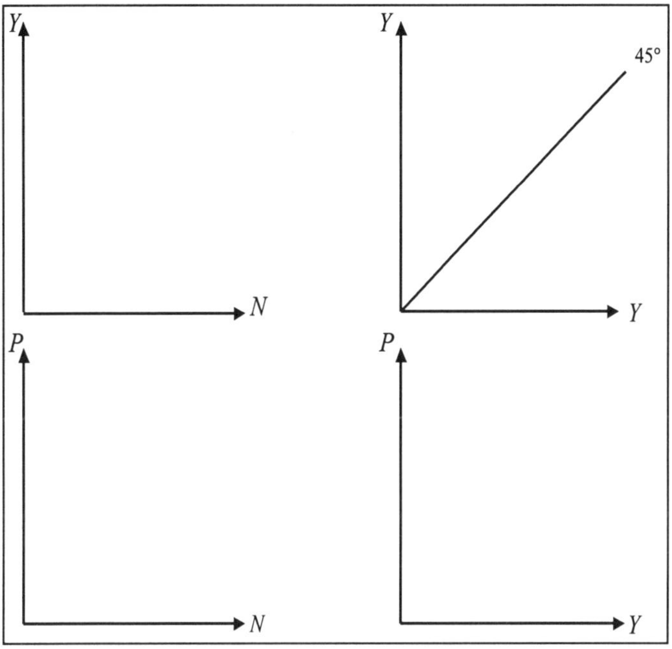

b. Berechnen Sie die Wirkung einer Lohnerhöhung auf die Beschäftigung.

c. Berechnen Sie für die Gleichungen (1) und (2) den Multiplikator $dY/d\overline{W}$ unter der Annahme eines konstanten Preisniveaus.

d. Nehmen Sie weiterhin an, dass das Preisniveau fixiert ist und berechnen Sie die Wirkungen einer Kapitalstockerhöhung auf die Beschäftigung.

10. In dieser Aufgabe geht es um den Arbeitsmarkt. Gegeben seien folgende Gleichungen eines keynesianischen Modells:

(1) $Y = \sqrt{N}$

(2) $N^d = N^d(\overline{W}/P)$ $\qquad N^d_{(\overline{W}/P)} < 0$

(3) $N^s = 100$

(4) $N = \min\{N^s, N^d\}$.

Exogene Größen sind mit einem Querstrich versehen! Es sei angenommen, dass die Unternehmen sich unter den Bedingungen vollkommener Konkurrenz gewinnmaximierend verhalten.

a. Geben Sie eine formale Bedingung für numerische Werte des Reallohns an, bei denen in diesem Modell Unterbeschäftigung herrscht!

b. Gehen Sie davon aus, dass keynesianische Unterbeschäftigung vorherrscht. Stellen Sie in dem vorgegebenem N,P – Diagramm die Gleichgewichtsbeschäftigung dar!

c. Berechnen Sie die Steigung der in b. ermittelten Kurve!

d. Nehmen Sie an, dass der Nominallohn nicht exogen ist, sondern nur nach unten rigide. Zeigen Sie in dem vorgegebenem N,P – Diagramm die Wirkungen einer geldmengeninduzierten Erhöhung des Preisniveaus, wenn der Nominallohn mit der $\varepsilon(W,P)=1$ reagiert!

e. Erläutern Sie verbal, welche Beschäftigungswirkungen von einer geldmengeninduzierten Preiserhöhung unter der Annahme einer Lohn-Preis-Elastizität von $0 \leq \varepsilon(W,P) < 1$. Vergleichen Sie dieses Ergebnis mit der neoklassischen Sichtweise des Arbeitmarktes!

11. Welche Antwort ist richtig? Im Rahmen des keynesianischen Modell

a. führt eine Geldmengensenkung zu steigenden Wertpapierkursen.

b. führt eine Staatsausgabenerhöhung zu einer vollständigen Verdrängung der privaten Nachfrage.

c. ist Arbeitslosigkeit auch im Gleichgewicht möglich.

d. Keine der Aussagen ist richtig.

12. Welche Antwort ist richtig? Im neoklassischen Modell

a. reagiert der Nominallohn proportional auf eine Preisniveauänderung.

b. wird eine Lohn-Preis-Elastizität von $0 < \varepsilon(W, P) < 1$ unterstellt.

c. können Rigiditäten auftreten.

d. Keine der vorherigen Aussagen ist richtig.

Lösungen

1. Es trifft nicht zu!

Durch den verstärkten Kapitaleinsatz erhöht sich die Grenzproduktivität der Arbeit (da ja $Y_N = a \cdot N^{a-1} \cdot K^b$ ist). Die Grenzproduktivität ist identisch mit der Arbeitsnachfragefunktion, die sich folglich nach rechts verlagert. Die Beschäftigung wird ausgedehnt (und der Reallohn steigt). Also:

Mehr Kapital $\rightarrow$ höhere Grenzproduktivität der Arbeit $\rightarrow$ steigende „Attraktivität" des Arbeitseinsatzes $\rightarrow$ mehr Beschäftigung

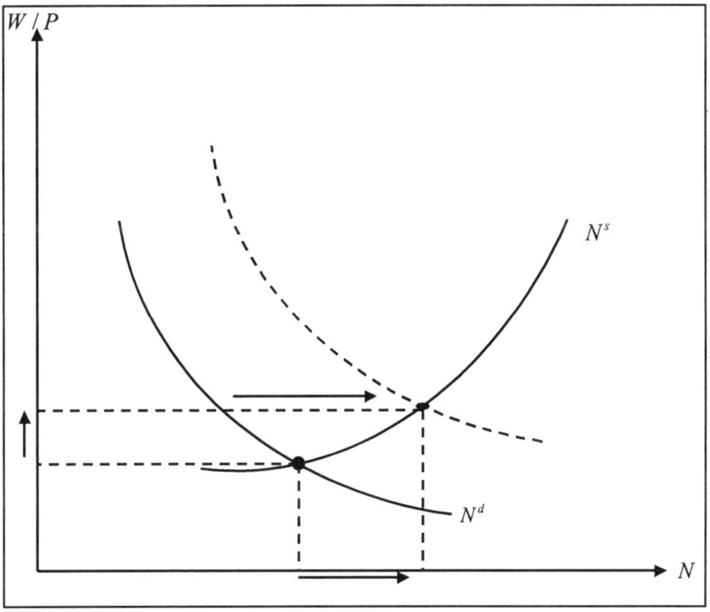

2. Bei einem konstanten Nominallohn W kann Arbeitslosigkeit abgebaut werden, wenn das Preisniveau P steigt. Worauf es ankommt, ist die Reduktion des Reallohns W/P, und das geht bei $W = cst$ auch über einen Anstieg des Preisniveaus.

   Bei sinkendem Nominallohn W bleibt die Arbeitslosigkeit erhalten, wenn das Preisniveau P proportional mit dem Nominallohn sinkt. Der für die Beschäftigung entscheidende Reallohn bleibt dann nämlich unverändert.

3. - Funktionsfähiges Preissystem: Die Mengendispositionen der Wirtschaftssubjekte werden über den Preis (Güterpreise, Reallohn, Zins) bzw. Preisänderungen gesteuert.
   - Stabiles Gleichgewicht: Ein Ungleichgewicht löst Preisänderungen aus. Bei der unterstellten Mengenreaktion der Wirtschaftssubjekte baut dies die Ungleichgewichte ab.
   - Vollbeschäftigung: Im Sinne der Übereinstimmung von Arbeitsangebot und Arbeitsnachfrage zum herrschenden Reallohn ist sie ein Merkmal des gesamtwirtschaftlichen Gleichgewichts.
   - Inaktive Wirtschaftspolitik: Da das Preissystem zu einem stabilen Vollbeschäftigungsgleichgewicht führt, braucht die Wirtschaftspolitik nicht bei aktuellen Störungen einzugreifen. Sie setzt nur die Spielregeln („Flexibilität des Preissystems") in Kraft und garantiert sie.

4. Dichotomie ist ein Kennzeichen der klassischen Theorie. Darunter wird die gedankliche Zweiteilung einer Volkswirtschaft in realen und monetären Sektor verstanden. Geldpolitische Maßnahmen bewirken demnach lediglich Preisniveauänderungen und beeinflussen nicht die reale Sphäre. Oder anders ausgedrückt: das Outputniveau ist unabhängig vom Geldangebot („Neutralität des Geldes").

5. **Neoklassischer Arbeitsmarkt**:

   - Am Arbeitsmarkt werden Reallohn und Beschäftigung bestimmt.
   - Das Arbeitsangebot ist positiv abhängig vom Reallohn. Die Arbeitsnachfrage ist negativ abhängig vom Reallohn.
   - Gleichgewicht herrscht bei einem Reallohn $\left(W/P\right)^*$, der $N^d = N^s$ impliziert.

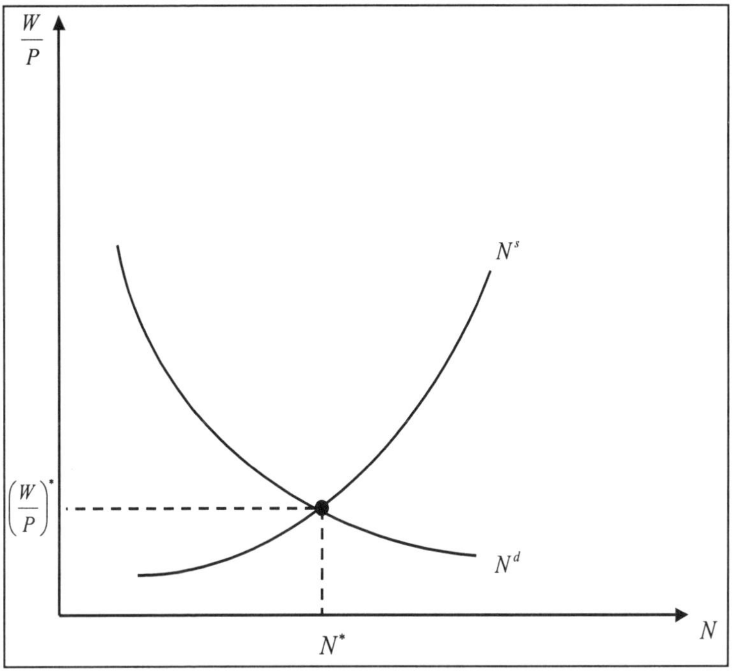

Neoklassischer Geldmarkt:

- Am Geldmarkt wird das Preisniveau bestimmt.
- Exogenes Geldangebot $\overline{M}$.
- Einkommensabhängige reale Geldnachfrage $L(Y)$.
- Gleichgewicht herrscht beim Preisniveau P^*, welches das reale Geldangebot $\overline{M}/P^*$ mit der realen Geldnachfrage in Übereinstimmung bringt.

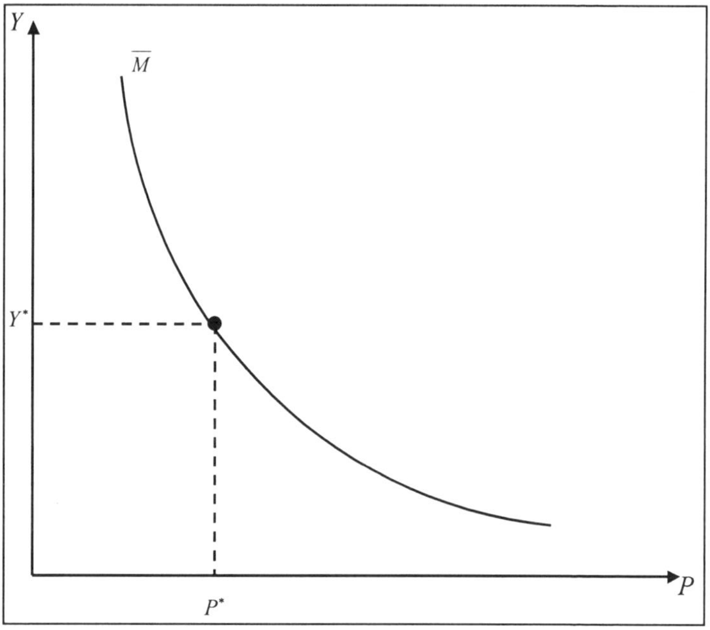

Neoklassischer Gütermarkt:

- Am Gütermarkt wird der Zinssatz bestimmt.
- Die Ersparnis ist positiv abhängig vom Zinssatz.
- Die Investitionen sind negativ abhängig vom Zinssatz.
- Gleichgewicht herrscht einem Zinssatz i^*, bei dem Güterangebot und Güternachfrage übereinstimmen.

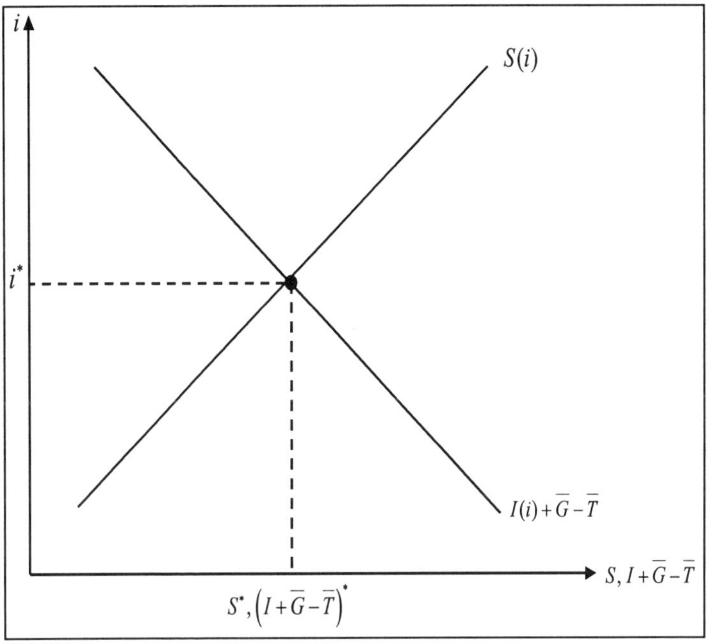

6.a. Graph I stellt die Arbeitsangebotsfunktion dar und Graph II die Arbeitsnachfragefunktion.

6.b. Vollbeschäftigung bei $(W/P)_0$: bei diesem Reallohn stimmen Arbeitsangebot und -nachfrage überein. Unterbeschäftigung bei $(W/P)_1$: Bei diesem Reallohn übersteigt das Arbeitsangebot die Arbeitsnachfrage im Umfang BC.

7.a.

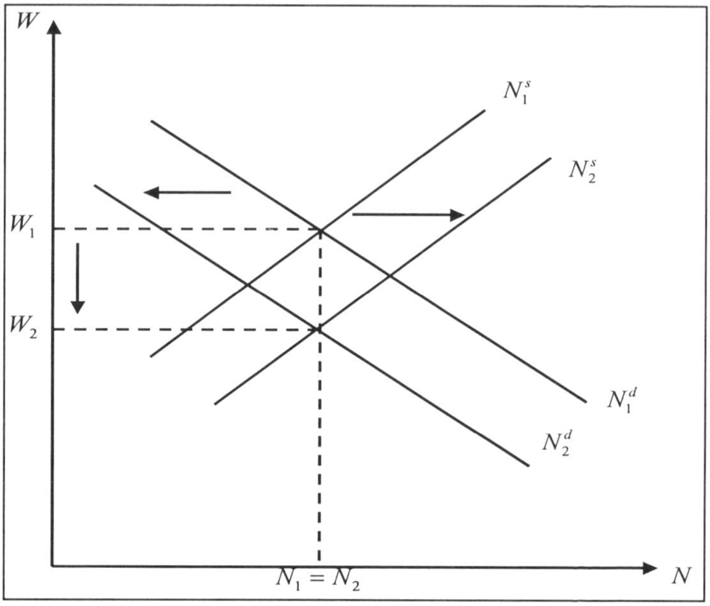

7.b.

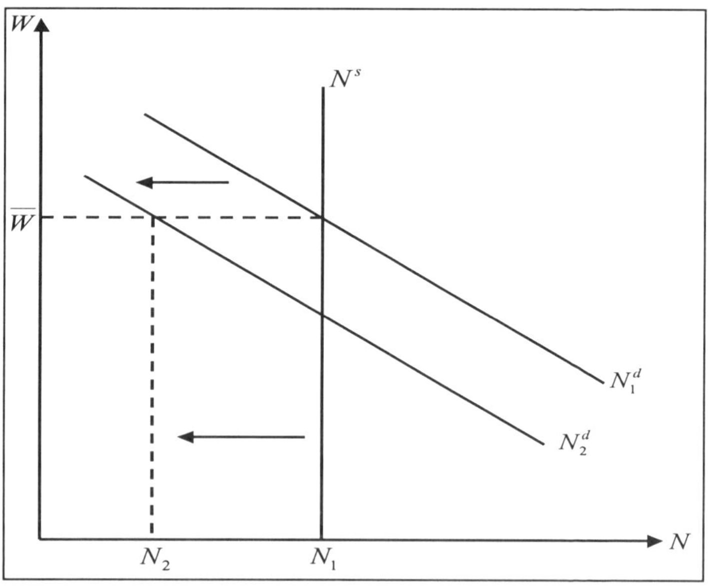

8.a.

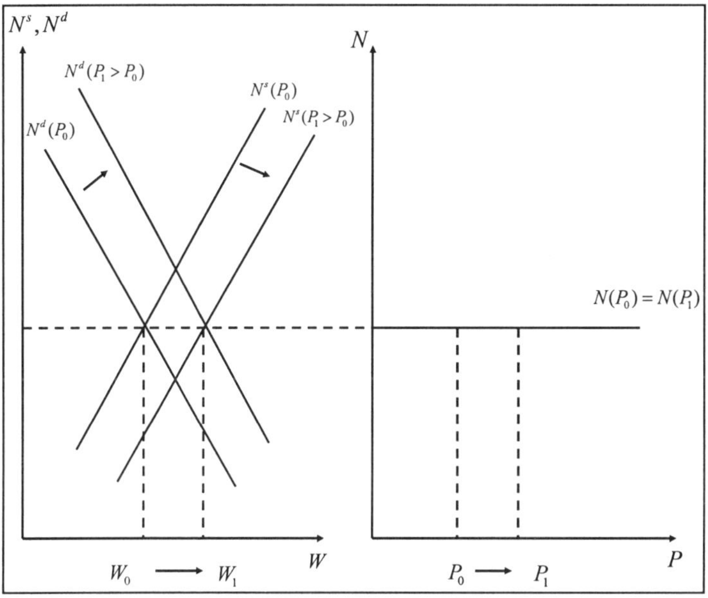
N^s, N^d
$N^d(P_1 > P_0)$
$N^d(P_0)$
$N^s(P_0)$
$N^s(P_1 > P_0)$
N
$N(P_0) = N(P_1)$
W_0 → W_1
W
P_0 → P_1
P

8.b.

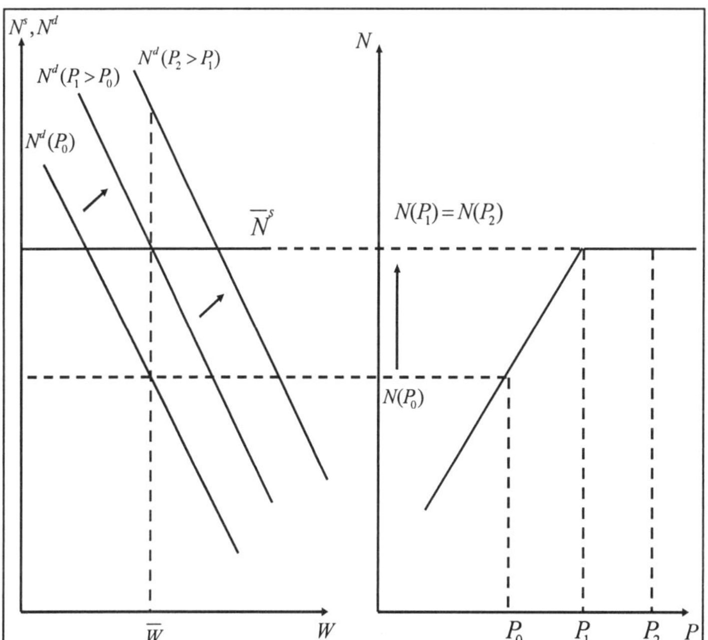
N^s, N^d
$N^d(P_1 > P_0)$
$N^d(P_2 > P_1)$
$N^d(P_0)$
$\overline{N}^s$
N
$N(P_1) = N(P_2)$
$N(P_0)$
$\overline{W}$
W
P_0
P_1
P_2
P

9.a.

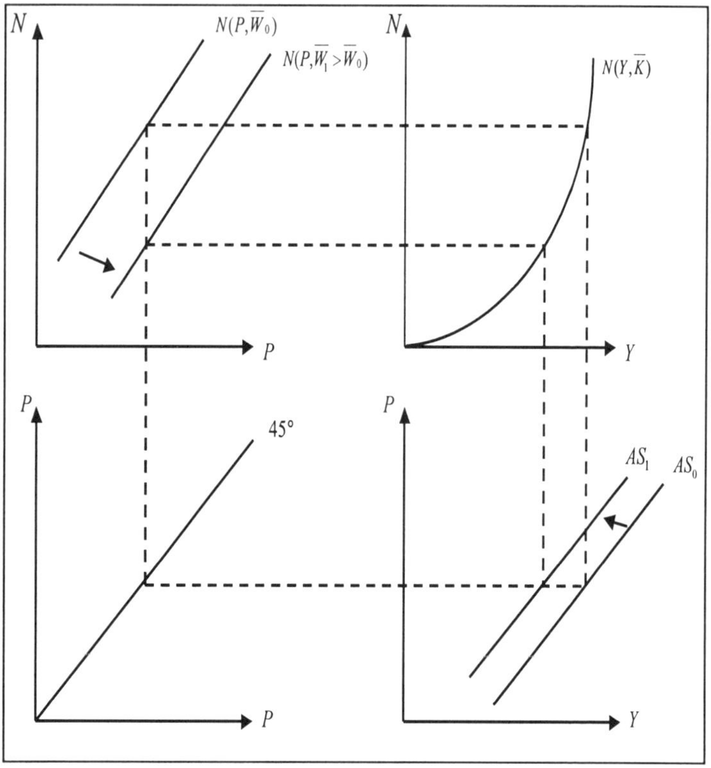

9.b. $\dfrac{dN}{d\overline{W}} = \dfrac{1}{Y_{NN} \cdot P}$

9.c. $\dfrac{dY}{d\overline{W}} = \dfrac{Y_N}{P \cdot Y_{NN}}$

9.d. $\dfrac{dN}{d\overline{K}} = -\dfrac{Y_{N\overline{K}}}{Y_{NN}}$

10.a. $\dfrac{\overline{W}}{P} > \dfrac{1}{20}$

10.b.

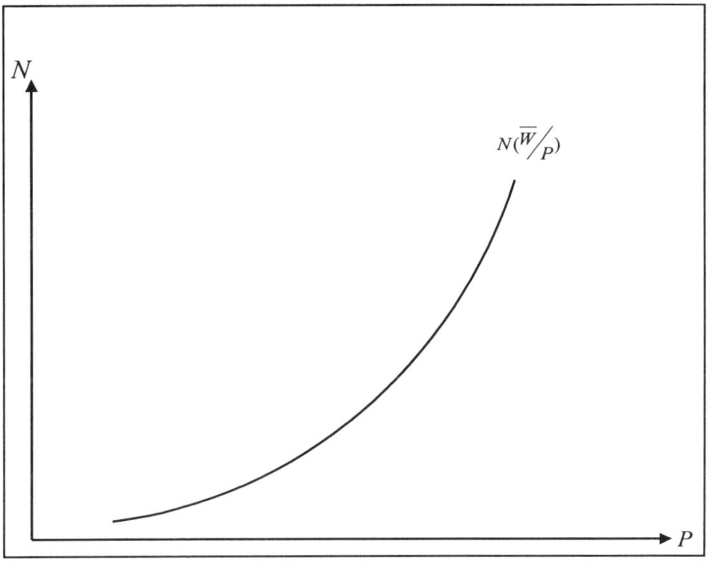

10.c. $\frac{dN}{dP} = \frac{P}{2W^2}$

10.d

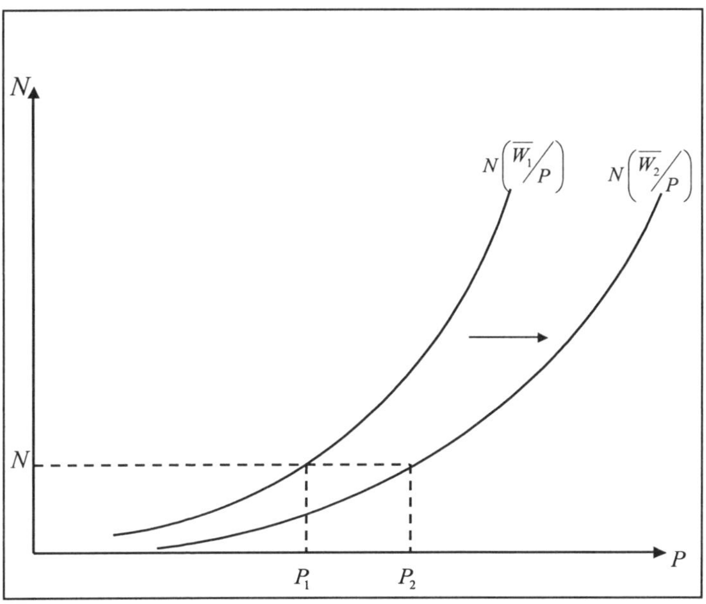

10.e. Bei einer Lohn-Preis Elastizität kleiner als 1 reagiert der Nominallohn unterproportional stark auf die Preiserhöhung, sodass der Reallohn sinkt. Dadurch kommt es zu einem Beschäftigungsanstieg.

In der neoklassischen Sichtweise des Arbeitsmarktes können geldmengeninduzierte Preisänderungen jedoch keine Beschäftigungseffekte haben.

Da nur bei einer Lohn-Preis-Elastizität gleich 1 die Nominallohnreaktion zu einem konstanten Reallohn führt, widerspricht die getroffene Elastizitätsannahme neoklassischem Denken.

11. Richtig ist Antwort c.

12. Richtig ist Antwort a.

Kapitel 9

Analyse des Grundmodells

Inhaltsverzeichnis

Schlüsselbegriffe

statische Analyse	Rigidität
reduzierte Form	Tatônnement-Prozess
komparativ-statische Analyse	Auktionator
Multiplikatoren	Neoklassik
dynamische Analyse	Keynesianismus
Stabilität	Crowding-Out-Effekt
lange Frist	Investitionsfalle
kurze Frist	Liquiditätsfalle

Zusammenfassung

1. Ausgangspunkt von Teil II des Lehrbuches sind Annahmen über Verhaltensweisen der drei Sektoren einer geschlossenen Volkswirtschaft, nämlich Staat, Unternehmen und Haushalte. Daraus kann das Geschehen an Güter-, Arbeits- und Finanzmärkten abgebildet und konkrete Hypothesen über die zu Grunde liegenden Verhaltensweisen getroffen werden.

2. Diese Vorstellung wird formal in Gleichgewichtsbedingungen an den drei Märkten Gütermarkt, Geldmarkt und Arbeitsmarkt gefasst und daraus zusammen mit der Produktionsfunktion schrittweise ein makroökonomisches Modell entwickelt. Dieses Modell fußt auf keynesianischem Gedankengut, denn es lässt Rigiditäten und Unterbeschäftigungsgleichgewichte zu. Es kann als Modell der „kurzen Frist" interpretieren werden.

3. Innerhalb eines vollständigen Modells können statische und komparativ-statische Fragestellungen bearbeitet werden. Im Mittelpunkt des Interesses statischer Analysen stehen die Werte der endogenen Variablen, die die Modellgleichungen lösen. Bei der komparativ-statischen Analyse geht es um die Reaktionen der endogenen Modellvariablen auf exogene Impulse, wobei stets von der Stabilität der formulierten Gleichgewichte ausgegangen wird.

4. Im Rahmen einiger Beispielanalysen sind wirtschaftspolitische Eingriffe in Form von fiskalpolitischen und geldpolitischen Maßnahmen im Rahmen des Modells vorgenommen worden. Es zeigt sich, dass die Wirkung von Wirtschaftspolitik auf spezifischen Annahmen des Modells beruht, sodass sich bei Variationen der Modellannahmen ganz andere Folgerungen ergeben können.

Übungsaufgaben aus dem Lehrbuch

1. Wie lautet die notwendige Bedingung für die Lösbarkeit eines Modells?
2. Was besagen „Gleichungen der reduzierten Form" allgemein?
3. Welche Auswirkungen hat die Erhöhung der Staatsnachfrage im neoklassischen Modell und wie nennt man diesen Effekt?
4. Welchen Einfluss hat die Zinselastizität der Ersparnis auf die Verdrängung der privaten Nachfrage?
5. Welche Betrachtungsperioden unterscheiden wir in diesem Kapitel und wie lassen sie sich interpretieren?

Weitere Übungsaufgaben

6. Gegeben sei folgendes Modell:

   (1) $a = a(b, \bar{c}, \bar{d})$

   (2) $0 = B(a, b, \bar{d}, \bar{e})$.

   Die exogenen Größen sind mit einem Querstrich versehen.

   a. Prüfen Sie, ob die notwendige Bedingung für die Lösbarkeit des Modells erfüllt ist.
   b. Wie sieht die reduzierte Form des Modells aus?

7. Gegeben seien folgende Gleichungen:

   (1) $\overline{W} = P \cdot Y_N(N, \overline{K})$

   (2) $Y = Y(N, \overline{K})$ $\qquad Y_{NN}, Y_{\overline{KK}} < 0 < Y_N, Y_{\overline{K}}, Y_{N\overline{K}}$.

   Bilden Gleichungen (1) und (2) ein keynesianisches Modell?

8. Ein Modell besteht aus den folgenden Strukturgleichungen:

   (1) $s \cdot (Y - \overline{T}) = \overline{G} - \overline{T} - b \cdot i$

   (2) $\overline{M} / \overline{P} = h \cdot Y - g \cdot i$.

   Wie lautet die reduzierte Form dieses Modells?

9. Was versteht man unter einer komparativ-statischen Analyse?
10. Gehen Sie von einem Unterbeschäftigungsgleichgewicht im keynesianischen Modell aus und geben Sie an, wie die angegebenen Störungen auf die endogenen Variablen wirken. Nutzen Sie folgende Symbolik:

+ : die endogene Variable wird erhöht

\- : die endogene Variable wird gesenkt

= : die endogene Variable bleibt unverändert

Störungen	Y	N	P	i
Zunahme der nominalen Geldmenge M				
Zunahme der realen Staatsausgaben G				
Zunahme des nominalen Lohnsatzes W				
Zunahme der Sparneigung				
Zunahme der Investitionsneigung				
Zunahme der Liquiditätspräferenz				

11. Gegeben sei folgendes Modell:

(1) $S(Y-\overline{T}) = I(i) + \overline{G} - \overline{T}$ $\qquad 0 < S_{Y-\overline{T}} < 1,\; I_i < 0$

(2) $\overline{M} = P \cdot L(Y,i)$ $\qquad L_Y > 0 > L_i$

(3) $Y = Y(N,\overline{K})$ $\qquad Y_N, Y_{\overline{K}} > 0$

(4) $P = \dfrac{\overline{W}}{Y_N(N,\overline{K})}$ $\qquad Y_{N\overline{K}} > 0 > Y_{NN}$.

Exogen gegebene Größen sind mit einem Querstrich versehen.

a. Analysieren Sie grafisch die makroökonomischen Auswirkungen einer expansiven geldpolitischen Maßnahme.

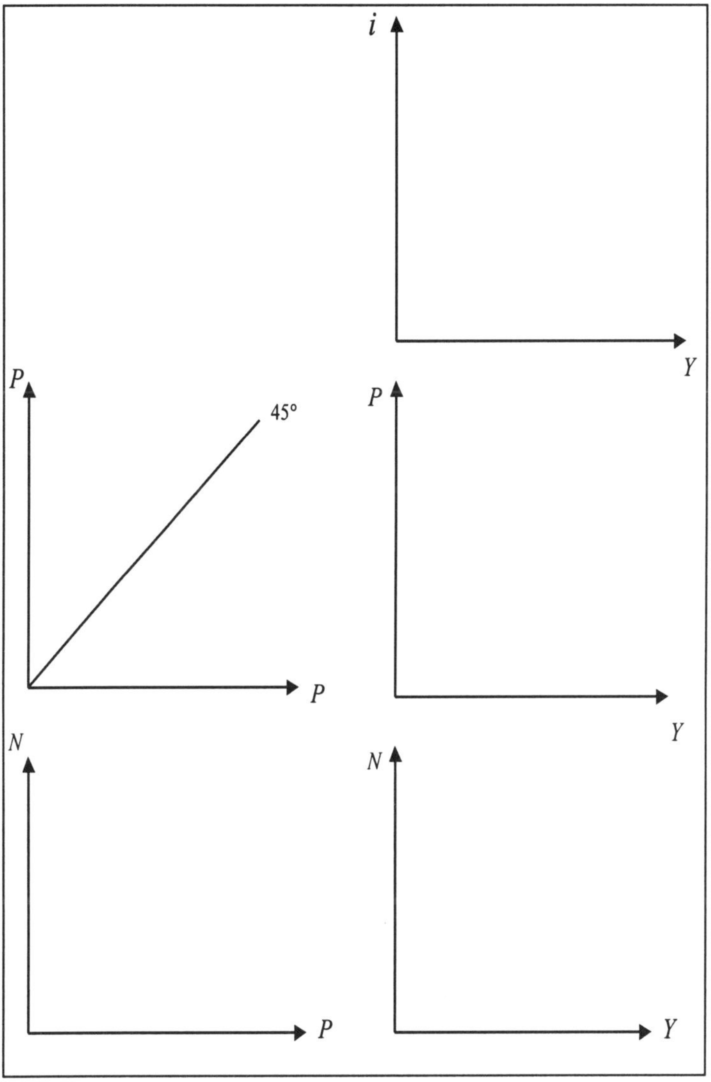

b. Berechnen Sie den Beschäftigungseffekt einer expansiven geldpolitischen Maßnahme!

12. Gegeben sei das folgende neoklassische Modell:

(1) $S(i) = I(i) + \overline{G} - \overline{T}$ $\qquad S_i > 0 > I_i$

(2) $\overline{M} = P \cdot L(Y)$ $\qquad L_Y > 0$

(3) $Y = Y(N, \overline{K})$ $\qquad Y_{N\overline{K}}, Y_{\overline{K}}, Y_N > 0 > Y_{\overline{KK}}, Y_{NN}$

(4) $N = N^s$

(5) $N^s = \overline{a} \cdot \frac{W}{P}$ $\qquad \overline{a} > 0$

(6) $\frac{W}{P} = Y_N(N, \overline{K}).$

Exogene Größen sind mit einem Querstrich versehen!

a. Berechnen Sie die Auswirkungen einer Erhöhung des Arbeitsangebotsparameters $\overline{a}$ auf den Reallohn. Geben Sie auch das Vorzeichen des Multiplikators an!

b. Stellen Sie die gesamtwirtschaftlichen Effekte einer Erhöhung des Arbeitsangebotsparameters $\overline{a}$ grafisch dar!

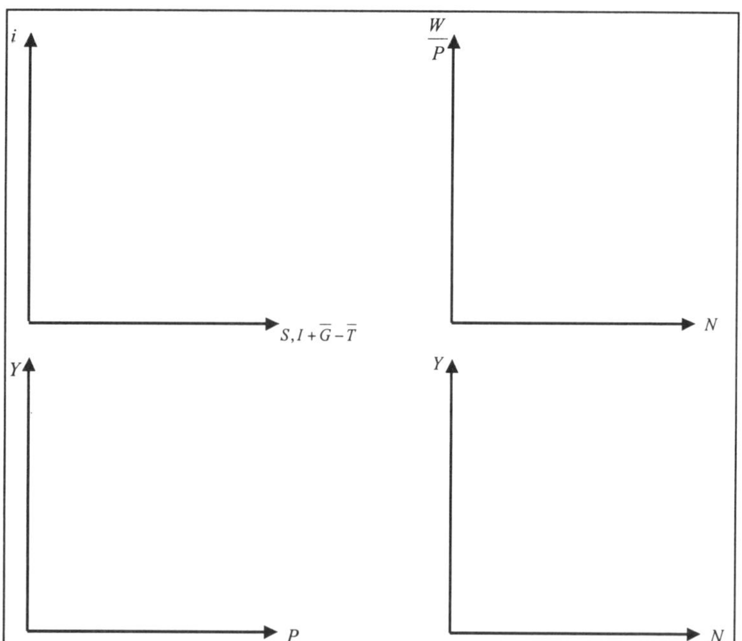

13. Erläutern Sie verbal und grafisch zwei typische Situationen, in denen die Geldpolitik keine Outputeffekte erzielen kann!

14. Gegeben sei das folgende makroökonomische Modell:

(1) $S(Y-\overline{T}) = (I,\overline{\eta}) + \overline{G} - \overline{T}$ $\qquad 1 > S_{Y-\overline{T}} > 0 > I_i, \quad I_{\overline{\eta}} > 0$

(2) $\overline{M} = P \cdot L(Y,i)$ $\qquad L_Y > 0 > L_i$

(3) $P = \frac{\overline{W}}{Y_N(N,\overline{K})}$ $\qquad Y_{NN} < 0 < Y_N$

(4) $Y = Y(N,\overline{K})$ $\qquad Y_{\overline{KK}} < 0 < Y_{\overline{K}}, Y_{N\overline{K}}$.

Exogene Größen sind mit einem Querstrich versehen! In der Investitionsfunktion ist ein Erwartungsparameter (η) berücksichtigt, der das allgemeine „Investitionsklima" erfassen soll!

a. Berechnen Sie die **Preisniveau-** und **Einkommenseffekte** einer Veränderung des Investitionsklimas! Unterstellen Sie hierbei, dass im Ausgangsgleichgewicht $P = L = Y_N = \overline{W} = 1$ gilt! Geben Sie auch das Vorzeichen des jeweiligen Multiplikators an!

b. Stellen Sie die gesamtwirtschaftlichen Auswirkungen einer „Eintrübung" des Investitionsklimas ($d\overline{\eta} < 0$) grafisch dar.

15. In dieser Aufgabe geht es um die Wirkung von Fiskalpolitik.

Gegeben sind die Gleichungen des folgenden Modells :

(1) $S(i) = I(i) + \overline{G} - \overline{T}$ $\qquad S_i > 0 > I_i$

(2) $\overline{M} = P \cdot L(Y)$ $\qquad L_Y > 0$

(3) $Y = \overline{Y}$ $\qquad \overline{Y} > 0$.

Exogene Größen sind mit einem Querstrich versehen!

a. Veranschaulichen Sie die Wirkungen einer Erhöhung der Staatsausgaben. Unterscheiden Sie dabei zwischen den Änderungen der Investitionsnachfrage und der Konsumnachfrage!

b. Kommt es in diesem Modell zu einem vollständigem Crowding out? Begründen Sie Ihre Antwort!

16. Welche ist die richtige Antwort? Ein totales Crowding out ergibt sich durch die Annahme

    a. einer zinsunelastischen Investitionsnachfrage.

    b. einer zinsunelastischen Geldnachfrage.

    c. einer vollkommen zinselastischen Geldnachfrage.

    d. Keine der Aussagen ist richtig.

17. Welche ist die richtige Antwort? Der Crowding-out-Effekt einer Staatsausgabenerhöhung

    a. tritt nur auf, wenn die Staatsausgabenerhöhung durch eine Steuererhöhung finanziert wird.

    b. tritt nur im keynesianischen Modell auf.

    c. hat im keynesianischen Modell ein schwächeres Ausmaß als im neoklassischen Modell.

    d. Keine der vorherigen Aussagen ist richtig.

18. Welche Aussage ist richtig? In der Liquiditätsfalle gilt bezüglich der Geldpolitik:

    a. Die Geldpolitik ist wirksam.

    b. Die Wirtschaftssubjekte erwarten eine Zinserhöhung.

    c. Die Wirtschaftssubjekte erwarten Zinssenkungen.

    d. Keine der vorherigen Antworten ist richtig.

19. In dieser Aufgabe geht es um den neoklassischen Gütermarkt.

    a. Stellen Sie den neoklassischen Gütermarkt grafisch dar und zeigen Sie die Auswirkungen einer Staatsausgabenerhöhung. Kennzeichnen Sie dazu die Veränderung der privaten Konsumnachfrage. Unterscheiden Sie bei der grafischen Darstellung zwei Fälle:

       Fall 1: Unterstellen Sie eine zinselastische Ersparnis.

       Fall 2: Unterstellen Sie eine zinsunelastische Ersparnis.

    b. Welchen Einfluss hat die Zinselastizität der Ersparnis auf den Crowding-out-Effekt?

20. Gegeben sei das folgende makroökonomische Modell:

$$(1)\ S(i) = I(i) + \overline{G} - \overline{T} \qquad S_i > 0 > I_i$$

$$(2)\ \overline{M} = P \cdot L(Y) \qquad L_Y > 0$$

$$(3)\ N^s\left(\frac{W}{P}\right) = N^d\left(\frac{W}{P}, \overline{K}\right) \qquad N^s_{\frac{W}{P}}, N^d_{\overline{K}} > 0 > N^d_{\frac{W}{P}}$$

$$(4)\ Y = (N, \overline{K}) \qquad Y_N, Y_{\overline{K}} > 0$$

$$(5)\ N = N^d\left(\frac{W}{P}, \overline{K}\right).$$

Exogene Größen sind mit einem Querstrich versehen!

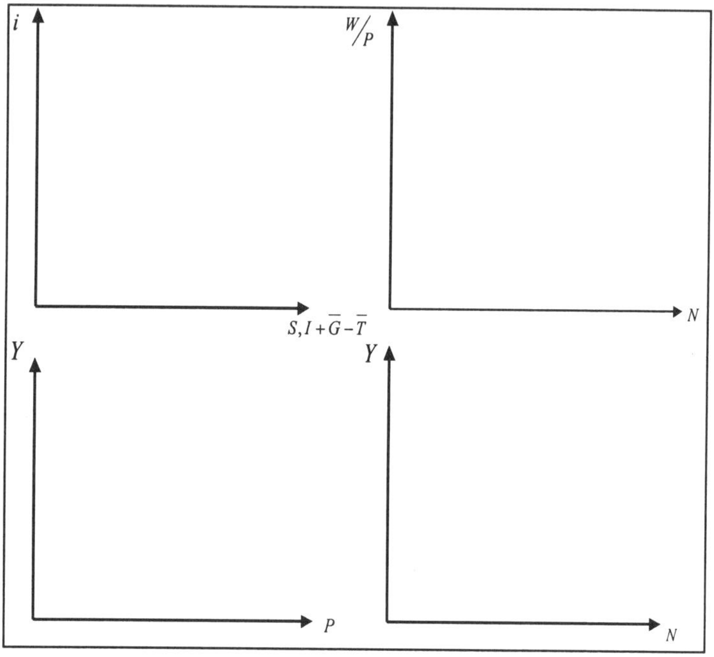

Stellen Sie die Auswirkungen einer Geldmengenerhöhung im obigen Diagramm grafisch dar!

Lösungen

1. Die notwendige Bedingung für die Lösbarkeit eines Modells ist, dass die Zahl der unabhängigen Gleichungen gleich der Zahl der endogenen Variablen sein muss.

2. Gleichungen der reduzierten Form geben die endogenen Variablen nur noch als Funktion der exogenen Variablen wieder.

3. Im neoklassischen Modell führt eine Erhöhung der Staatsnachfrage zu einer gleichgerichteten Veränderung des Zinssatzes. Der gestiegene Zinssatz wiederum führt zu einem Rückgang der privaten Investitionen ($I_i < 0$). Aufgrund ihrer Zinsabhängigkeit steigt die Ersparnis und verdrängt die private Konsumnachfrage. Die Verdrängung der privaten Investitionsnachfrage und Konsumnachfrage wird als Crowding out bezeichnet.

4. Inwieweit sich die Verdrängung der privaten Nachfrage im neoklassischen Modell auf die Investitionsnachfrage bzw. Konsumnachfrage aufteilt, ist abhängig von der Zinselastizität der Ersparnis. Je zinsunelastischer die Ersparnis ist, umso stärker geht die Verdrängung zu Lasten der privaten Investitionen. Im Falle einer senkrecht verlaufenden Ersparniskurve (vollkommen zinsunelastisch) geht die Verdrängung voll zu Lasten der privaten Investitionen. Im Fall einer horizontal verlaufenden Ersparniskurve (vollkommen zinselastisch) geht die Verdrängung voll zu Lasten des privaten Konsums (vgl. auch Aufgabe 19).

5. Es wird unterschieden zwischen der kurzfristigen und langfristigen Perspektive. Die kurzfristige Perspektive wird als keynesianische Sichtweise interpretiert, in der Rigiditäten auftreten können und die Markträumung nicht gesichert ist und deshalb reale Größen (Produktion und Beschäftigung) angepasst werden müssen. Die langfristige Perspektive ist der Neoklassik zu zuordnen. Ein funktionierendes Preissystem sorgt für den Ausgleich der geplanten Mengen. Es kommt daher stets zur Übereinstimmung von Nachfrage- und Angebotsplänen.

6.a. Neben drei exogenen Variablen (*c, d, e*) kommen zwei endogene Variablen vor (*a, b*). Die Anzahl der Gleichungen stimmt mit der Anzahl der endogenen Variablen überein. Die notwendige Bedingung zur Lösbarkeit des Modells ist insoweit gegeben.

6.b. Die reduzierte Form ist ein aus dem Modellansatz (1) und (2) abgeleitetes System aus Gleichungen, welches die endogenen Variablen nur noch als Funktion der exogenen Variablen ausdrückt. Die Lösungswerte der endogenen Variablen sind mit einem Stern gekennzeichnet:

$$a^* = a^*(\bar{c}, \bar{d}, \bar{e})$$

$$b^* = b^*(\bar{c}, \bar{d}, \bar{e}).$$

7. Nein, es ist kein vollständiges Modell, da die Zahl der endogenen Variablen die Anzahl der unabhängigen Gleichungen übertrifft.

8. Löse die Strukturgleichungen nach den endogenen Variablen auf:

1. Schritt: Gleichung (1) umformen nach i : $i = \frac{-s \cdot Y + s \cdot \overline{T} + \overline{G} - \overline{T}}{b}$

2. Schritt: Einsetzen in Gleichung (2):

$$\overline{M} / \overline{P} = h \cdot Y - g\left(\frac{-s \cdot Y + s \cdot \overline{T} + \overline{G} - \overline{T}}{b}\right)$$ und auflösen nach Y :

$$Y = \frac{g}{h \cdot b + g \cdot s}\left(\frac{b}{g}\left(\overline{M} / \overline{P}\right) - (1-s) \cdot \overline{T} + \overline{G}\right)$$

3. Schritt: Gleichung (1) nach Y umformen:

$Y = \frac{\overline{G} - \overline{T} - b \cdot i + s \cdot \overline{T}}{s}$ und einsetzen in Gleichung (2) und nach i auflösen: $i = \frac{h}{h \cdot b + s \cdot g}\left(\overline{G} - (1-s) \cdot \overline{T} - \frac{s}{h}\left(\frac{\overline{M}}{\overline{P}}\right)\right)$

9. Unter einer komparativ-statischen Analyse versteht man den Vergleich unterschiedlicher statischer Zustände in unterschiedlichen Zeitpunkten, d.h. wie wirkt sich die Änderung einer exogenen Größe cet. par. auf die endogenen Größen aus.

10.

Störungen	Y	N	P	i
Zunahme der nominalen Geldmenge M	+	+	+	-
Zunahme der realen Staatsausgaben G	+	+	+	+
Zunahme des nominalen Lohnsatzes W	-	-	+	+
Zunahme der Sparneigung	-	-	-	-
Zunahme der Investitionsneigung	+	+	+	+
Zunahme der Liquiditätspräferenz	-	-	-	+

11.a.

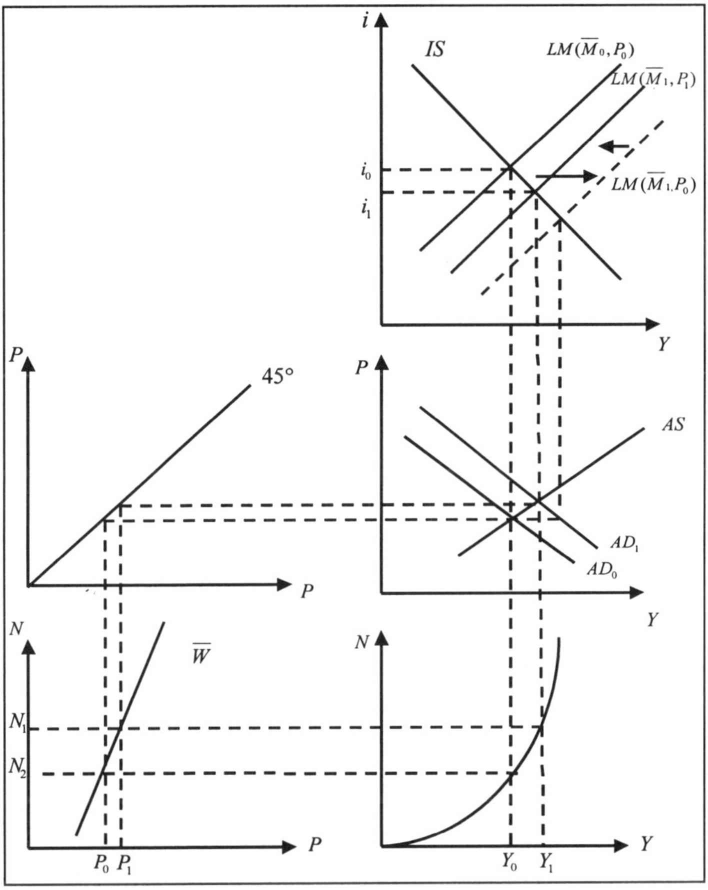

11.b. Berechnung des Multiplikators:

1. Totales Differenzial bilden:

(1) $S_{Y-\bar{T}} \cdot Y_N \cdot dN - di \cdot I_i = 0$

(2) $dP \cdot L + dY \cdot L_Y \cdot P + di \cdot P \cdot L_i = d\overline{M}$

(3) $dY = Y_N \cdot dN$

(4) $dP \cdot Y_N + dN \cdot Y_{NN} \cdot P = 0$

2. Gleichung (3) eingesetzt:

$$S_{Y-\bar{T}} \cdot Y_N \cdot dN - di \cdot I_i = 0$$

$$dN \cdot Y_N \cdot L_Y \cdot P + di \cdot P \cdot L_i + dP \cdot L = d\overline{M}$$

$$dN \cdot Y_{NN} \cdot P + dP \cdot Y_N = 0$$

3. Matrixbildung:

$$\begin{pmatrix} S_{Y-T} \cdot Y_N & -I_i & 0 \\ Y_N \cdot L_Y \cdot P & P \cdot L_i & L \\ Y_{NN} \cdot P & 0 & Y_N \end{pmatrix} \begin{pmatrix} dN \\ di \\ dP \end{pmatrix} = \begin{pmatrix} 0 \\ d\overline{M} \\ 0 \end{pmatrix}$$

4. Berechnung der Determinante:

$$\det = P((S_{Y-\bar{T}} \cdot L_i + I_i \cdot L_Y)Y_N^2 - I_i \cdot L \cdot Y_{NN})$$

5. Berechnung des Multiplikators:

$$\frac{dN}{d\overline{M}} = \frac{I_i \cdot Y_N}{P((S_{Y-\bar{T}} \cdot L_i + I_i \cdot L_Y)Y_N^2 - I_i \cdot L \cdot Y_{NN})} > 0\,.$$

12.a. Zunächst müssen Gleichung (5) und (6) total differenziert werden:

(4′) $dN^s = d\bar{a} \cdot \left(\frac{W}{P}\right) + \left(d\frac{W}{P}\right) \cdot \bar{a}$

(5′) $\left(d\frac{W}{P}\right) = Y_{NN} \cdot dN\,.$

Unter Berücksichtigung von Gleichung (4) ergibt sich umgeformt:

$$\frac{d\left(\frac{W}{P}\right)}{d\bar{a}} = \frac{Y_N \cdot Y_{NN}}{1 - \bar{a} \cdot Y_{NN}} < 0\,.$$

12.b.

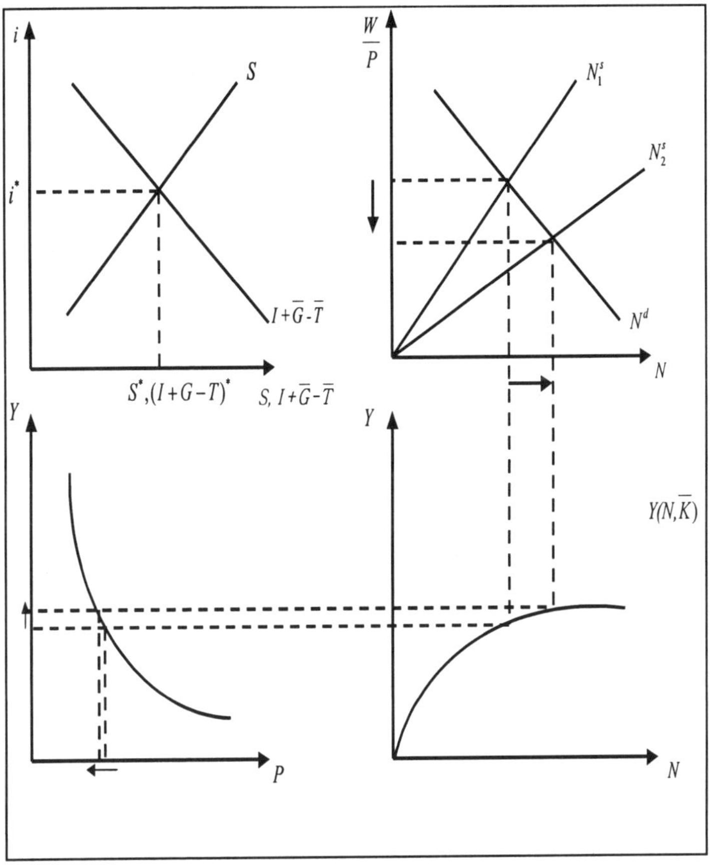

Eine Erhöhung des Arbeitsangebots führt zu einer Senkung des Reallohns und einem Anstieg von Beschäftigung und Output. Der Zins bleibt jedoch von den Veränderungen auf dem Arbeitsmarkt unberührt.

13. Eine Situation wird durch die Existenz einer **Liquiditätsfalle** charakterisiert. In einer solchen Situation ist der Zins so niedrig, dass alle Marktteilnehmer mit steigenden Zinsen rechnen.

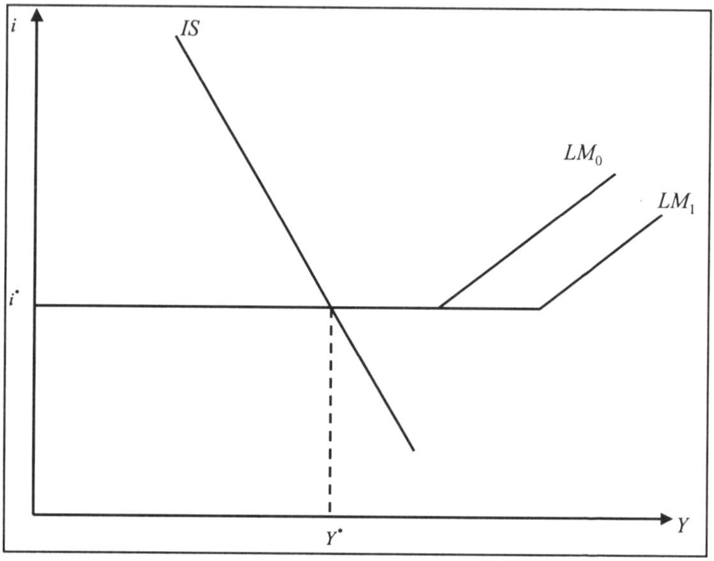

Die Geldpolitik bleibt real auch wirkungslos, wenn die Investitionsgüternachfrage zinsunelastisch ist. Man spricht dann von einer **Investitionsfalle**:

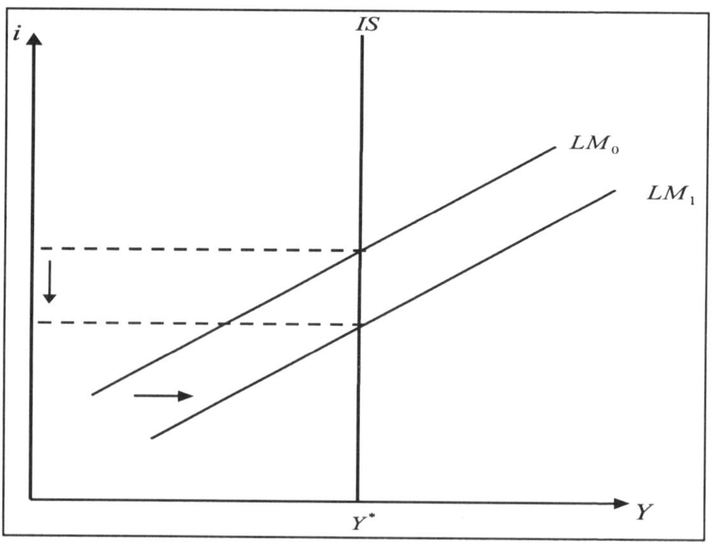

14.a. $$\frac{dP}{d\bar{\eta}} = \frac{-Y_{NN} \cdot L_i \cdot I_{\bar{\eta}}}{S_{\bar{Y}-\bar{T}} \cdot L_i + I_i \cdot (L_Y - Y_{NN})} > 0$$

$$\frac{dY}{d\bar{\eta}} = \frac{L_i \cdot I_{\bar{\eta}}}{S_{\bar{Y}-\bar{T}} \cdot L_i + I_i \cdot (L_Y - Y_{NN})} > 0$$

14.b.

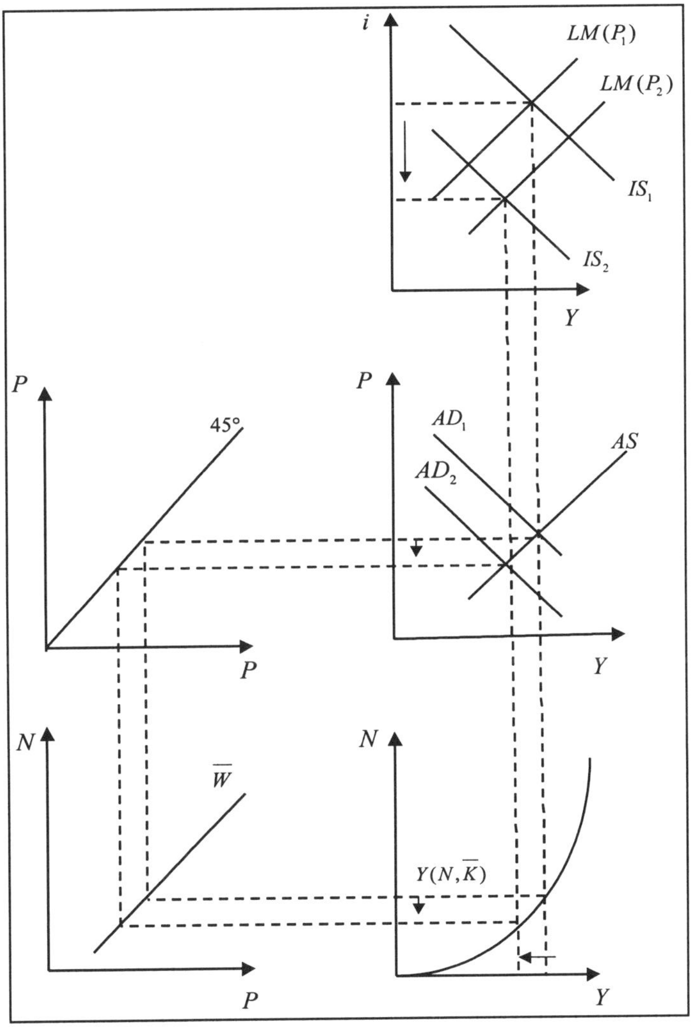

15.a.

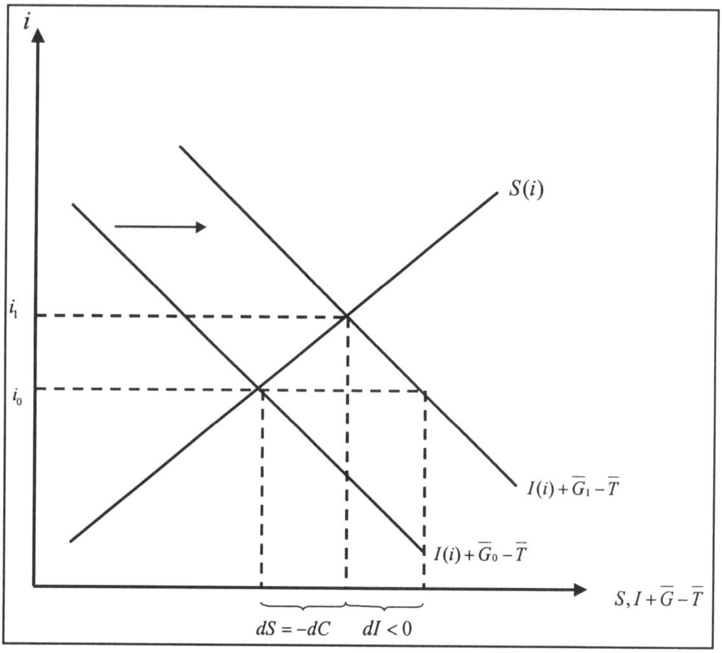

15.b. Im Modell findet bei einer Staatsausgabenerhöhung ein vollständiges Crowding out statt. Die Staatsausgabenerhöhung führt am Gütermarkt zunächst unmittelbar zu einer Überschussnachfrage $Y^d = G + I + C > \overline{Y}$, die nur durch eine Zinssteigerung abgebaut werden kann. Die Zinssteigerung führt zu einem Rückgang von Konsum- und Investitionsnachfrage, der den Anstieg der Staatsausgaben gerade ausgleicht, sodass die gesamtwirtschaftliche Güternachfrage auf dem durch Gleichung (3) vorgegebenen Wert verbleiben kann. Man sagt, dass die zusätzliche staatliche Nachfrage die private Nachfrage „verdrängt" hat („Crowding-out-Effekt").

16. Richtig ist Antwort b.

17. Richtig ist Antwort c.

18. Richtig ist Antwort b.

19.a. **Fall 1**: zinselastische Ersparnis

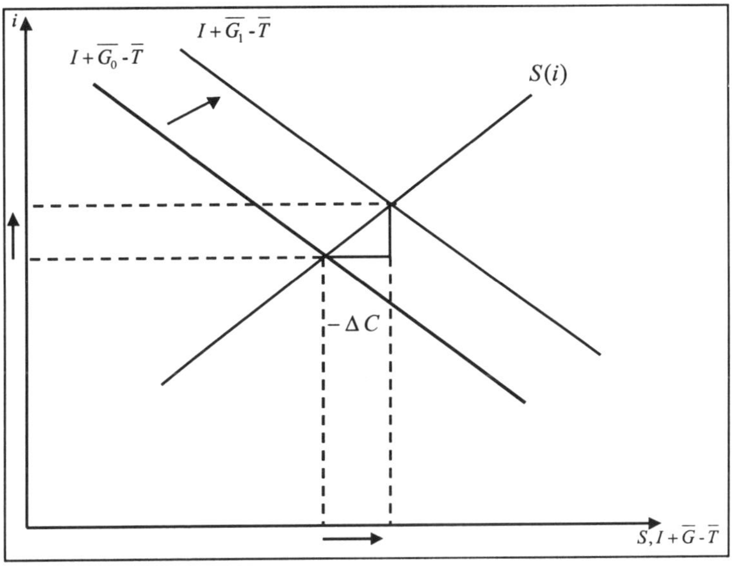

Fall 2: zinsunelastische Ersparnis

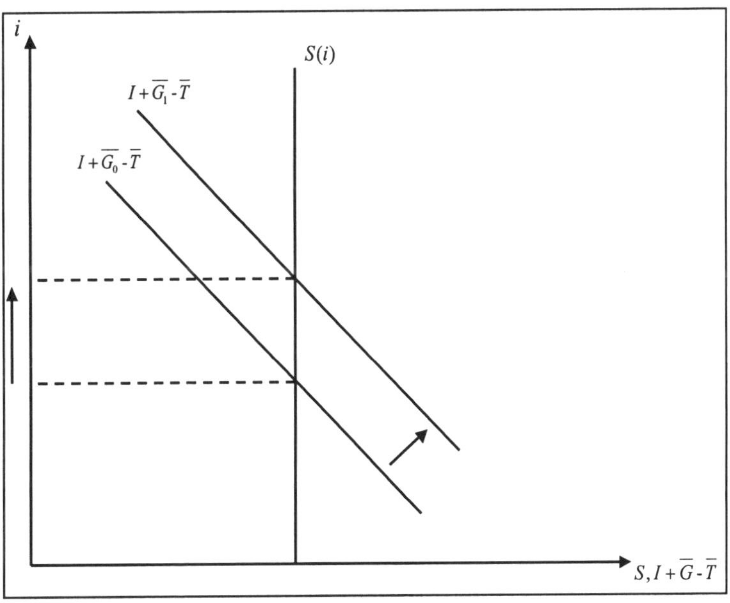

19.b. Je zinselastischer die Ersparnis, um so stärker geht die Verdrängung der privaten Nachfrage durch eine Staatsausgabenerhöhung zu Lasten der privaten Konsumnachfrage. Bei einer zinsunelastischen Ersparnis geht die Verdrängung voll zu Lasten der privaten Investitionsnachfrage.

20.

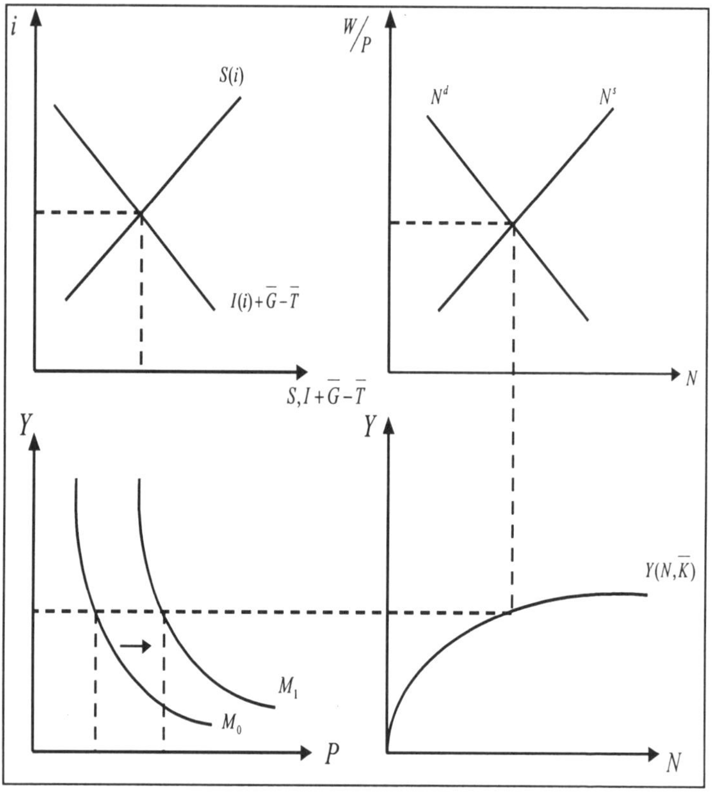

Teil III

Erweiterungen

Kapitel 10

Einführung*

Kapitel 11

Öffnung der Volkswirtschaft

Inhaltsverzeichnis

---

* Da Kapitel 10 des Lehrbuchs einen einführenden Charakter hat, wurden dazu keine Übungsaufgaben formuliert.

Schlüsselbegriffe

Zahlungsbilanz
Export
Import
Kapitalexport
Kapitalimport
Wechselkurs
Preisnotierung
Aufwertung
Mengennotierung
Devisenmarkt
außenwirtschaftliches Gleichgewicht
Terms of Trade
BP-Kurve
Mundell-Fleming-Modell
Abwertung

Zusammenfassung

Das makroökonomische Grundmodell aus Teil II wird in diesem Kapitel des Lehrbuches in einem ersten Schritt erweitert. Die bisher geschlossene Volkswirtschaft wird geöffnet, um damit die Interaktion zwischen In- und Ausland untersuchen zu können. Gerade vor dem Hintergrund der zunehmenden Globalisierung erklärt sich die Relevanz dieser Vorgehensweise von selbst.

Außenwirtschaftliche Einflüsse schlagen sich in der Zahlungsbilanz eines Landes nieder. Die Zahlungsbilanz lässt sich unterteilen in die Leistungsbilanz, in der alle Gütertransaktionen zwischen dem In- und Ausland erfasst werden, die Kapitalbilanz, die die Kapitalströme zwischen den Volkswirtschaften aufzeichnet, und schließlich die Devisenbilanz (Kapitalbilanz der Zentralbank), in der Änderungen des Währungsreservenbestandes festgehalten werden. Die Salden dieser drei Teilbilanzen addieren sich stets zu null, oder anders formuliert: Leistungsbilanzsaldo plus Kapitalbilanzsaldo ergibt den Devisenbilanzsaldo. Aus dieser wichtigen Eigenschaft der Zahlungsbilanz ergibt sich unmittelbar das im Mittelpunkt der theoretischen Analyse stehende Konzept des außenwirtschaftlichen Gleichgewichts.

Die Berücksichtigung von Transaktionen mit dem Ausland macht es notwendig, den Wert eines Gutes oder einer Forderung/Verbindlichkeit sowohl in der Währung des Inlandes als auch in der Währung des Auslandes ausdrücken zu können. Es muss also ein Maß gefunden werden, mit dem unterschiedliche Währungen umgerechnet werden können. Mit dem Wechselkurs ist ein solches Maß gegeben. In Preisnotierung ausgedrückt (= Inlands-/Auslandswährung bzw. Euro/Dollar) bedeutet ein Anstieg des Wechselkurses einen Wertverlust des

Euro gegenüber dem Dollar. Der Euro wertet ab. Eine Abnahme des Wechselkurses (Aufwertung) ist genau gegenteilig zu interpretieren. Der Wechselkurs bildet sich auf dem Devisenmarkt, dem zum Grundmodell des Teils II neu hinzukommenden Markt. Grundsätzlich lassen sich flexible und fixe Wechselkurse unterscheiden. Ersteres liegt vor, wenn lediglich der private Sektor das Marktgeschehen am Devisenmarkt bestimmt, während im zweiten Fall auch die Zentralbank am Devisenmarkt auftritt (interveniert).

Die theoretische Analyse der Politikwirkungen erfolgt in einer erweiterten Version des aus dem Teil II bekannten IS-LM-Modells. Dadurch, dass nun ein zusätzlicher Markt - der Devisenmarkt - zu berücksichtigen ist, erhalten wir eine zusätzliche Kurve, die BP-Kurve, und das Modell wird zum IS-LM-BP-Modell (*Mundell-Fleming*-Modell). Die BP-Kurve gibt alle Zins-Einkommens-Kombinationen an, die zum außenwirtschaftlichen Gleichgewicht führen, also jenen Zustand, in dem sich die privatwirtschaftlichen Transaktionen zu null saldieren. Um diese Kurve herzuleiten ist es notwendig, Verhaltenshypothesen für den Import und Export von Gütern und Kapital zu formulieren. Es wird gezeigt, dass der Güterexport vom realen Wechselkurs sowie dem ausländischen Einkommen, der Güterimport vom realen Wechselkurs sowie dem inländischen Einkommen und der Nettokapitalexport von der Zinsdifferenz zwischen In- und Ausland abhängt.

Im Rahmen des nun vollständigen Modells einer offenen Volkswirtschaft werden die Wirkungen fiskal- und geldpolitischer Maßnahmen untersucht. Im Unterschied zum Grundmodell des Teils II ist nun mit dem Wechselkurs eine zusätzliche Variable für die Transmission politischer Impulse zu berücksichtigen. In Übereinstimmung mit dem Grundmodell der geschlossenen Volkswirtschaft erhöht eine expansive Fiskalpolitik auch in einer offenen Volkswirtschaft das Einkommen.

Zusätzlich wird deutlich, dass die Wechselkurseffekte der Fiskalpolitik nicht eindeutig sind. Während die mit einer fiskalpolitischen Expansion einhergehende Zinserhöhung die Nettokapitalexporte sinken lässt und eine Aufwertungstendenz begründet, lässt die Einkommenssteigerung durch die gestiegenen Staatsausgaben den Außenbeitrag sinken und begründet damit eine Abwertungstendenz. Welcher Effekt überwiegt, lässt sich mit Hilfe des theoretischen Modells nicht ermitteln.

Eine expansive Geldpolitik - die zweite der von uns untersuchten Politikmaßnahmen - hat in einer offenen Volkswirtschaft eine stärkere Einkommenswirkung als in einer geschlossenen. Die aus dem Teil II bekannte expansive Outputwirkung einer Ausdehnung der Geldmenge wird nun durch eine Abwertung des Wechselkurses verstärkt. Die Reaktion des Wechselkurses führt zu einer Zunahme des Außenbeitrags und damit einer weiteren Einkommenssteigerung.

Übungsaufgaben aus dem Lehrbuch

1. Aus welchen Quellen stammt das Devisenangebot? Aus welchen Quellen die Devisennachfrage?
2. Was wird unter einem außenwirtschaftlichen Gleichgewicht verstanden?
3. Ist ein Devisenmarktgleichgewicht immer ein außenwirtschaftliches Gleichgewicht?
4. Begründen Sie den Verlauf der BP-Kurve.
5. Warum und in welcher Weise führt eine Wechselkursänderung zu einer Verschiebung der IS-Kurve?

Weitere Übungsaufgaben

6. Aus welchen Teilbilanzen besteht die Zahlungsbilanz?
7. In einer offenen Volkswirtschaft werden folgende Transaktionen vorgenommen:

Unternehmen A hat einen Exportüberschuss von 125 €. Die Devisen verkauft es an die Zentralbank.
Unternehmen B nimmt im Ausland Kredite im Umfang von 100 € auf. Die zugeflossenen Devisen verkauft es an die Zentralbank.
Unternehmen C hat einen Importüberschuss von 125 €. Die Devisen beschafft es sich durch Kreditaufnahme im Ausland.

Tragen Sie die Veränderungen des jeweiligen Bilanzsaldos in das vorgegebene Schema ein. Benutzen Sie folgende Zeichen zur Darstellung

- einer Zunahme des Saldos: +

- einer Abnahme des Saldos: -

- eines unveränderten Saldos: o

	Leistungsbilanzsaldo	Kapitalbilanzsaldo	Devisenbilanzsaldo
A			
B			
C			

8. Stellen Sie den Devisenmarkt grafisch dar. Kennzeichnen Sie das Devisenmarktgleichgewicht.

9. Begründen Sie den Verlauf der Devisennachfrage- und der Devisenangebotsfunktion.

10. Am Devisenmarkt habe es eine Rechtsverschiebung der Devisennachfragefunktion gegeben, wie sie in folgender Abbildung dargestellt ist. Im Ausgangsgleichgewicht herrsche der Wechselkurs e_0.

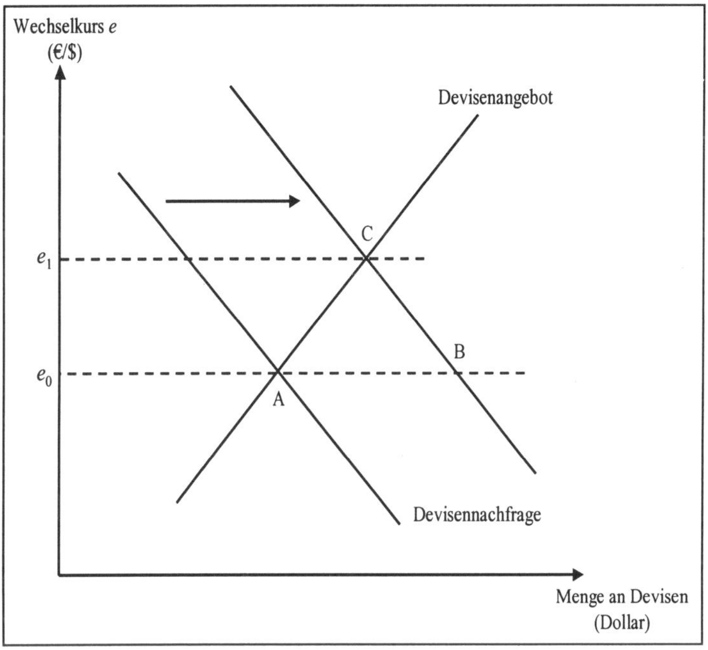

    a. Welche Ursachen kann eine solche Zunahme der Devisennachfrage haben?

    b. Welche Konsequenzen hat dieser Impuls bei flexiblem und bei festem Wechselkurs?

11. Im Wirtschaftsteil Ihrer Zeitung lesen Sie folgende Nachricht:

    „Der Preis für einen Dollar betrug heute 1,25 Euro, nach 1,20 Euro am Vortag."

    a. Erfolgt die Wechselkurnotierung als Preis- oder Mengennotierung?

    b. Hat der Euro seit gestern aufgewertet oder abgewertet?

12. In dieser Aufgabe geht es um die Partialanalyse des Devisenmarktes, wobei von internationalem Kapitalverkehr abgesehen wird.

    Gegeben seien die folgenden Gleichungen für den Devisenmarkt:

    (1) $D^s = {EX(Y^a, q) \cdot P}/{e}$ $\quad\quad EX_{Y^a}, EX_q > 0$

    (2) $D^d = IM(Y, q) \cdot P^a$ $\quad\quad IM_Y > 0 < IM_q$

    (3) $D^s = D^d$

    (4) $q = {e \cdot P^a}/{P}$.

    a. Stellen Sie den Devisenmarkt grafisch dar und zeigen Sie cet. par. die Auswirkungen einer exogenen Einkommenserhöhung im Ausland auf den Wechselkurs, das Devisenangebot und die Devisennachfrage.

    b. Vergleichen Sie das Ausgangsgleichgewicht mit dem neuen Devisenmarktgleichgewicht und prüfen Sie folgende Aussagen.

	wahr	falsch
Der Devisenbilanzsaldo steigt.	☐	☐
Die Inlandswährung hat aufgewertet.	☐	☐
Die Devisennachfrage ist gesunken.	☐	☐

    c. Angenommen, die Zentralbank fixiert den Wechselkurs auf seinem ursprünglichen Niveau und führt entsprechende Devisenmarktinterventionen durch. Geben Sie an, welche Intervention die Zentralbank dazu in dem dargestellten Fall ausführen muss.

13. Was bedeutet ökonomisch die Annahme einer „kleinen offenen Volkswirtschaft“?

14. Woran lässt sich die Annahme eines „kleinen Landes“ an den Modellvariablen erkennen?

15. Es ist folgendes Gleichungssystem gegeben:

(1) $Y = C(Y) + I(i) + \overline{G} + NX(Y, \overline{Y^a}, q)$ $\qquad 1 > C_Y > 0 > I_i,$ $\quad NX_Y < 0, \quad NX_{\overline{Y^a}}, NX_q > 0$

(2) $\overline{M} = \overline{P} \cdot L(Y, i)$ $\qquad L_Y > 0 > L_i$

(3) $\overline{P} \cdot NX(Y, \overline{Y^a}, q) = NKA(i - \overline{i^a})$ $\qquad NKA_{i-\overline{i^a}} < 0$

(4) $q = e \cdot \overline{P^a} / \overline{P}$.

Exogene Größen sind mit einem Querstrich versehen, Größen des Auslandes mit einem hochgestellten „ a “. Ferner gilt $\overline{P^a} = \overline{P}$.

Berechnen Sie die Auswirkungen einer expansiven Geld- und Fiskalpolitik auf das Einkommen und den nominalen Wechselkurs! Geben Sie auch die Vorzeichen der Multiplikatoren an!

Gehen Sie bei Ihren Berechnungen schrittweise vor:

a. Bilden Sie die totalen Differenziale der Modellgleichungen!

b. Bringen Sie das Gleichungssystem aus Aufgabenteil a. in die Form $A \cdot x = z$, wobei A eine Koeffizientenmatrix, x ein Spaltenvektor der Veränderungen endogener Größen und z ein Spaltenvektor mit den Veränderungen der exogenen Größen ist!

c. Berechnen Sie die Determinante (Δ) der Koeffizientenmatrix mit Hilfe der Sarrus´schen Regel!

d. Ersetzen Sie nun die zu dY gehörende Spalte der Koeffizientenmatrix durch den Vektor z und berechnen Sie die Determinante Δ_Y! Berechnen Sie analog Δ_e!

e. Berechnen Sie nun die gesuchten Multiplikatoren und geben Sie die Vorzeichen an! (Hinweis: $dj = \frac{\Delta_j}{\Delta}$, mit $j = Y, e$)

16. In dieser Aufgabe geht es um die offene Volkswirtschaft. Gegeben seien folgende Gleichungen:

(1) $Y = C(Y) + I(i) + \overline{G} + NX(Y, \overline{Y^a}, q)$ $\quad 1 > C_Y > 0 > I_i,$
$NX_Y < 0, \quad NX_{\overline{Y}^a}, NX_q > 0$

(2) $\overline{M} = \overline{P} \cdot L(Y, i)$ $\quad L_Y > 0 > L_i$

(3) $\overline{P} \cdot NX(Y, \overline{Y^a}, q) = NKA(i - \overline{i^a})$ $\quad NKA_{i-\overline{i}^a} < 0$

(4) $q = \dfrac{e \cdot \overline{P^a}}{\overline{P}}$.

a. Berechnen Sie die Steigung der BP-Kurve und geben Sie das Vorzeichen an!

b. Berechnen Sie, wie bei gegebenem Zinssatz $(di = 0)$ das Einkommen Y auf eine Änderung des realen Wechselkurses q reagieren muss, damit das außenwirtschaftliche Gleichgewicht bestehen bleiben kann. Unterstellen Sie, dass alle anderen Einflussgrößen unverändert bleiben.

c. Unterstellen Sie, dass der internationale Kapitalverkehr im obigen Modell vollkommen elastisch auf Zinsvariationen reagiert. Stellen Sie die Auswirkungen einer expansiven Fiskalpolitik in einem Y, i-Diagramm dar und erläutern Sie kurz den Wirkungsablauf.

d. Unterstellen Sie nun einen zinsunelastischen Kapitalverkehr. Stellen Sie die Auswirkungen einer expansiven Fiskalpolitik unter dieser Annahme in einem Y, i-Diagramm dar. Erläutern Sie auch hier kurz die sich ergebenden Wirkungsabläufe.

e. Welche Schlussfolgerung lässt sich hinsichtlich des Einkommenseffektes einer expansiven Fiskalpolitik im System flexibler Wechselkurse in Abhängigkeit von der Zinselastizität ziehen?

17. Gegeben sei folgende Darstellung einer offenen Volkswirtschaft:

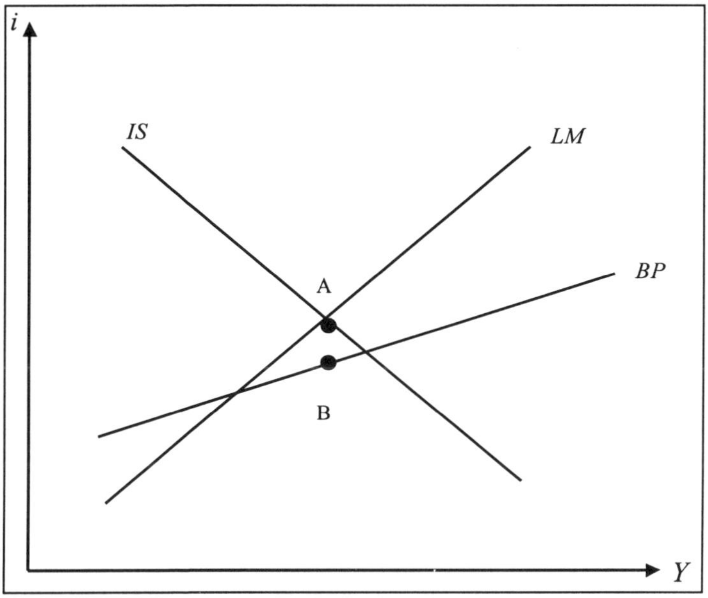

a. Liegt in Punkt B ein Devisenbilanzdefizit, ein Devisenbilanzüberschuss oder eine ausgeglichene Devisenbilanz vor? Begründen Sie Ihre Entscheidung!

b. Welche Situation liegt im Punkt A im Vergleich zu Punkt B vor? Begründen Sie Ihre Entscheidung!

18. Welche Antwort ist richtig? Die Terms of Trade

a. entsprechen dem realen Wechselkurs.

b. geben an, wie viele Einheiten Importgüter pro Exportgut am Weltmarkt erworben werden können.

c. geben das Preisverhältnis zwischen dem Inland und Ausland an.

19. Gehen Sie von folgendem Modell einer offenen Volkswirtschaft aus:

(1) $Y = C(Y) + I(i) + \bar{G} + NX\left(Y, \overline{Y^a}, q\right)$ $\quad 1 > C_Y > 0,\; NX_{\overline{Y^a}}, NX_q > 0 > I_i, NX_Y$

(2) $\bar{M} = \bar{P} \cdot L(Y,i)$ $\quad L_Y > 0 > L_i$

(3) $\bar{P} \cdot NX\left(Y, \overline{Y^a}, q\right) = 0$

(4) $q = e \cdot \overline{P^a} / \overline{P}$.

Exogene Größen sind mit einem Querstrich versehen, Größen des Auslandes mit einem hochgestellten „ a “.

a. Interpretieren Sie die Gleichung (3).

b. Analysieren Sie nun die Wirkung einer expansiven Fiskalpolitik auf den nominalen Wechselkurs. Berechnen Sie dazu den relevanten Multiplikator.

20. Gehen Sie von folgendem Modell einer offenen Volkswirtschaft aus:

(1) $Y = C(Y) + I(i) + \overline{G} + NX\left(Y, \overline{Y^a}, q\right)$ $\qquad C_Y, NX_{\overline{Y^a}}, NX_q > 0 > I_i, NX_Y$

(2) $\overline{M} = \overline{P} \cdot L(Y,i)$ $\qquad L_Y > 0 > L_i$

(3) $\overline{P} \cdot NX\left(Y, \overline{Y^a}, q\right) = NKA\left(i - \overline{i^a}\right)$ $\qquad NKA_{i-\overline{i^a}} < 0$

(4) $q = e \cdot \overline{P^a} / \overline{P}$.

Exogene Größen sind mit einem Querstrich versehen, Größen des Auslandes mit einem hochgestellten „ a “.

Erläutern Sie grafisch und verbal die makroökonomischen Auswirkungen einer restriktiven Geldpolitik!

Lösungen

1. Das Devisenangebot stammt aus dem (nominalen) Güterexport sowie dem (privaten) Kapitalimport.

   Die Devisennachfrage stammt aus dem (nominalen) Güterimport sowie dem (privaten) Kapitalexport.

2. Es wird von einem außenwirtschaftlichen Gleichgewicht gesprochen, wenn ein Gleichgewicht auf dem Devisenmarkt ohne Interventionen der Zentralbank zu Stande kommt. In einem außenwirtschaftlichen Gleichgewicht saldieren sich zum herrschenden Wechselkurs die privaten außenwirtschaftlichen Transaktionen zu null. Es gilt also:

   $$EX^n - IM^n + KIM - KEX = 0\,.$$

   Dieser Zustand wird bei völlig freier Wechselkursbildung automatisch erreicht.

3. Ein außenwirtschaftliches Gleichgewicht ist ein Devisenmarktgleichgewicht, das ohne Interventionen der Zentralbank zu Stande kommt. Ein Devisenmarktgleichgewicht ist also nicht immer ein außenwirtschaftliches Gleichgewicht. Hingegen ist ein außenwirtschaftliches Gleichgewicht immer ein Devisenmarktgleichgewicht.

4. Die BP-Kurve gibt alle Kombinationen von Y und i an, bei denen ein außenwirtschaftliches Gleichgewicht herrscht. Formal ausgedrückt gilt :

   $$\overline{P} \cdot NX(\underset{-}{Y}, \underset{+}{\overline{Y^a}}, \underset{+}{q}) = NKA(\underset{-}{i - \overline{i^a}}) .$$

   Bei gegebenen Werten der übrigen Einflussgrößen muss i umso höher sein je höher Y ist, wenn ein außenwirtschaftliches Gleichgewicht herrschen soll, d.h. wenn die Devisenbilanz unverändert einen Saldo von null aufweisen soll. Die BP-Kurve hat somit einen steigenden Verlauf.

5. Die Gleichgewichtsbedingung für den Gütermarkt (IS-Kurve) wird in der offenen Volkswirtschaft um den Außenbeitrag erweitert:

   $$Y = C + I + \overline{G} + NX , \qquad \text{mit } NX = EX(\overline{Y^a}, q) - q \cdot IM(Y, q) .$$

   Es wird dabei unterstellt, dass die realen Exporte positiv vom ausländischen Einkommen und positiv vom realen Wechselkurs abhängen:

   $$EX = EX(\underset{+}{\overline{Y^a}}, \underset{+}{q}) .$$

   Je höher das Einkommen im Ausland $\overline{Y^a}$ ist, desto höher ist auch die Nachfrage im Ausland, und desto mehr Güter werden Ausländer im Inland nachfragen. Eine Erhöhung von $\overline{Y^a}$ wirkt demnach positiv auf die Exporte des Inlandes. Je höher der reale Wechselkurs $\left(e \cdot \overline{P^a}\right) / \overline{P}$ ist, d.h. je höher das in Euro gemessene Preisniveau des Auslandes $e \cdot \overline{P^a}$ in Relation zum inländischen Preisniveau $\overline{P}$ ist, desto preiswerter sind die inländischen Güter im Vergleich zu den ausländischen Gütern, und desto mehr Güter werden die Ausländer im Inland nachfragen. Der reale Export des Inlandes steigt. Es wird weiterhin unterstellt, dass die realen Importe positiv vom inländischen Einkommen und negativ vom realen Wechselkurs abhängig sind: $IM = IM(\underset{+}{Y}, \underset{-}{q})$.

   Je höher das inländische Einkommen ist, desto höher ist die Güternachfrage der Inländer, und desto mehr Güter werden Inländer im Ausland nachfragen. Folglich steigen die Importe mit einer Zunahme des inländischen

Einkommens. Je höher der reale Wechselkurs q ist, desto mehr werden die Inländer ihre Güternachfrage ins Inland verlagern, weil die ausländischen Güter im Vergleich zu den inländischen Gütern teurer werden. Die Importe sinken also. Eine Änderung des realen Wechselkurses übt also zwei gegenläufige Effekte auf die Güternachfrage aus, wie die Gleichgewichtsbedingung für den Gütermarkt zeigt:

$$Y = C(Y) + I(i) + \overline{G} + NX(Y, \overline{Y^a}, q) .$$

Ein Anstieg (Rückgang) des realen Wechselkurses führt über die Abhängigkeit des Imports vom realen Wechselkurs zu einem Rückgang (Anstieg) der Importe. Allerdings wird die Importmenge noch mit dem realen Wechselkurs multipliziert, sodass hier ein gegenläufiger Effekt entsteht. In Übereinstimmung mit der Literatur gehen wir davon aus, dass der zweite Effekt (Mengeneffekt) schwächer als der erste (Preiseffekt) ist. Eine Abwertung (Aufwertung) des realen Wechselkurses lässt also den Außenbeitrag eindeutig steigen (sinken). Bei gegebenem Zins führt ein Anstieg (Rückgang) des Außenbeitrags wiederum zur Erhöhung (Senkung) des inländischen Einkommens. Die IS-Kurve verschiebt sich also als Folge einer Wechselkursänderung. Die IS-Kurve verschiebt sich als Folge einer Abwertung nach rechts und als Folge einer Aufwertung nach links. Der Wechselkurs ist damit Lageparameter der IS-Kurve.

6. Die Zahlungsbilanz setzt sich aus der Leistungsbilanz, der Kapitalbilanz und der Devisenbilanz zusammen.

7.

	Leistungsbilanzsaldo	Kapitalbilanzsaldo	Devisenbilanzsaldo
A	+	0	+
B	0	+	+
C	-	+	0

8.

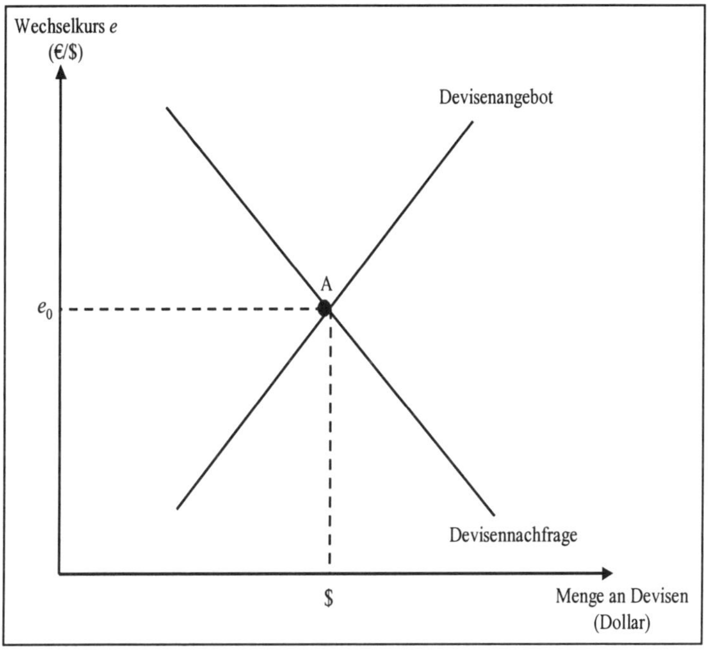

Das Devisenmarktgleichgewicht ist bei einem Wechselkurs von e_0 und einer Devisenmenge von \$ gegeben (Punkt A in obiger Abbildung). Da in Punkt A das (private) Devisenangebot und die (private) Devisennachfrage übereinstimmen, die Zentralbank also nicht am Devisenmarkt intervenieren muss, herrscht zugleich auch ein außenwirtschaftliches Gleichgewicht.

9. Die Devisenangebotskurve verläuft steigend, da bei einem höheren Wechselkurs e die Exporte steigen. Eine Zunahme des Wechselkurses e senkt den Preis der inländischen Exportgüter für Ausländer; d.h. die Inlandsgüter werden preisgünstiger für das Ausland, sodass die Exporttätigkeit des Inlandes angeregt wird. Dies führt wiederum zu einer Zunahme des Devisenangebots.

   Die Devisennachfragekurve verläuft fallend, da die Importe bei steigendem Wechselkurs e zurückgehen. Der Grund für diesen Zusammenhang liegt darin, dass eine Zunahme des Wechselkurses e den Preis, den die Inländer für ausländische Güter zahlen müssen, steigen lässt; d.h. bei gegebenem Dollar-Preis der Importgüter steigt deren Euro-Preis. Die Importtätigkeit wird dadurch gedämpft.

10.a. Erstens besteht die Möglichkeit, dass die Güterimporte zugenommen haben. Mögliche Gründe hierfür sind ein Anstieg des inländischen Einkommens, eine Zunahme des inländischen Preisniveaus oder eine Abnahme des ausländischen Preisniveaus (vgl. dazu die Importfunktion 11.12, die Definition des realen Wechselkurses in Gleichung 11.10 sowie die Ausführungen unter Gleichung 11.12 im Lehrbuch). Zweitens ist es denkbar, dass die Kapitalexporte zugenommen haben, weil sich die Zinsdifferenz zwischen dem In- und Ausland zu Gunsten des Auslandes entwickelt hat, d.h. der inländische Zins gesunken und/oder der ausländische Zins gestiegen ist (vgl. die Kapitalexportfunktion 11.15).

10.b. Bei einem flexiblen Wechselkurs würde der Wechselkurs von e_0 auf e_1 steigen, d.h. es käme zu einer Abwertung des Euro gegenüber dem Dollar. Bei einem festen Wechselkurs bleibt der Wechselkurs bei e_0. Die zum vorgegebenen Wechselkurs e_0 bestehende Übernachfrage nach Devisen muss die Zentralbank ausgleichen, d.h. sie wird Devisen aus ihrem Bestand im Umfang von AB anbieten.

11.a. Der Wechselkurs wurde hier in Preisnotierung $e = 1{,}25€/1\$$ definiert. Für den Erwerb eines Dollars mussten „heute" 1,25 Euro bezahlt werden. Die Mengennotierung dagegen gibt an, wie viele Einheiten der ausländischen Währung man für eine Einheit der inländischen Währung erhält. Der Wechselkurs in Mengennotierung ist der Kehrwert des Wechselkurses in Preisnotierung $1/e = 0{,}8\ \$/€$. Für einen Euro erhält man „heute" 0,8 Dollar.

11.b. Der Euro hat abgewertet, da der Wechselkurs in Preisnotierung gestiegen ist.

12.a.

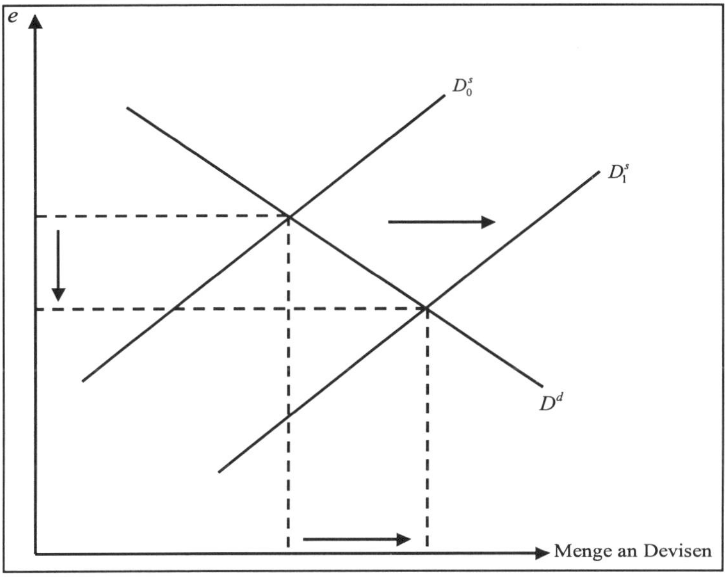

12.b.

	wahr	**falsch**
Der Devisenbilanzsaldo steigt.	□	■
Die Inlandswährung hat aufgewertet.	■	□
Die Devisennachfrage ist gesunken.	□	■

12.c. Die Zentralbank muss Devisen kaufen.

13. „Klein" bezieht sich hier auf die ökonomische Bedeutung eines Landes relativ zum Ausland. Wird ein kleines Land unterstellt, wird angenommen, dass die ökonomischen Größen dieses Landes von der internationalen Wirtschaftsentwicklung beeinflusst werden. Umgekehrt hat das kleine Land selbst aber keinen spürbaren Einfluss auf die internationale Wirtschaftsentwicklung.

14. Die Annahme eines „kleinen“ Landes spiegelt sich in der Exogenität aller ausländischen Variablen wieder.

15.a. Die Modellgleichungen total differenziert und unter Berücksichtigung von $d\overline{Y^a} = d\overline{P} = d\overline{P^a} = d\overline{i^a} = 0$ ergeben folgendes Gleichungssystem:

(1) $dY - dY \cdot C_Y - dY \cdot NX_Y - di \cdot I_i - dq \cdot NX_q = d\overline{G}$

(2) $dY \cdot L_Y \cdot \overline{P} + di \cdot L_i \cdot \overline{P} = d\overline{M}$

(3) $dY \cdot \overline{P} \cdot NX_Y - di \cdot NKA_{i-\overline{i^a}} + dq \cdot \overline{P} \cdot NX_q = 0$

(4) $dq \cdot \overline{P} = de \cdot \overline{P^a}$ mit $\overline{P} = \overline{P^a}$ gilt $dq = de$

15.b.

$$\begin{pmatrix} (1 - C_Y - NX_Y) & -I_i & -NX_q \\ L_Y \cdot \overline{P} & L_i \cdot \overline{P} & 0 \\ \overline{P} \cdot NX_Y & -NKA_{i-\overline{i^a}} & \overline{P} \cdot NX_q \end{pmatrix} \begin{pmatrix} dY \\ di \\ de \end{pmatrix} = \begin{pmatrix} d\overline{G} \\ d\overline{M} \\ 0 \end{pmatrix}$$

15.c. $\det = NX_q \cdot \overline{P} \cdot ((1 - C_Y) \cdot L_i \cdot \overline{P} + L_Y \cdot (I_i \cdot \overline{P} + NKA_{i-\overline{i^a}}))$

15.d. $$\Delta_Y = \begin{pmatrix} d\overline{G} & -I_i & -NX_q \\ 0 & L_i \cdot \overline{P} & 0 \\ 0 & -NKA_{i-\overline{i^a}} & \overline{P} \cdot NX_q \end{pmatrix} = d\overline{G} \cdot L_i \cdot \overline{P}^2 \cdot NX_q$$

$$\Delta_Y = \begin{pmatrix} 0 & -I_i & -NX_q \\ d\overline{M} & L_i \cdot \overline{P} & 0 \\ 0 & -NKA_{i-\overline{i^a}} & \overline{P} \cdot NX_q \end{pmatrix} = d\overline{M} \cdot NX_q (NKA_{i-\overline{i^a}} + I_i \cdot \overline{P})$$

$$\Delta_e = \begin{pmatrix} (1 - C_Y - NX_Y) & -I_i & d\overline{G} \\ L_Y \cdot \overline{P} & L_i \cdot \overline{P} & 0 \\ \overline{P} \cdot NX_Y & -NKA_{i-\overline{i^a}} & 0 \end{pmatrix}$$

$$= d\overline{G} \cdot \overline{P} \cdot (-L_Y \cdot NKA_{i-\overline{i^a}} - L_i \cdot \overline{P} \cdot NX_Y)$$

$$\Delta_e = \begin{pmatrix} (1-C_Y-NX_Y) & -I_i & 0 \\ L_Y \cdot \overline{P} & L_i \cdot \overline{P} & d\overline{M} \\ \overline{P} \cdot NX_Y & -NKA_{i-\overline{i^a}} & 0 \end{pmatrix}$$

$$= d\overline{M} \cdot (-I_i \cdot \overline{P} \cdot NX_Y + NKA_{i-\overline{i^a}}(1-C_Y-NX_Y))$$

15.e. $$\frac{dY}{d\overline{G}} = \frac{L_i \cdot \overline{P}}{(1-C_Y)\cdot \overline{P} \cdot L_i + L_Y \cdot (I_i \cdot \overline{P} + NKA_{i-\overline{i^a}})} > 0$$

$$\frac{dY}{d\overline{M}} = \frac{NKA_{i-\overline{i^a}} + I_i \cdot \overline{P}}{\overline{P} \cdot ((1-C_Y)\cdot L_i \cdot \overline{P} + L_Y \cdot (I_i \cdot \overline{P} + NKA_{i-\overline{i^a}}))} > 0$$

$$\frac{de}{d\overline{G}} = \frac{-L_Y \cdot NKA_{i-\overline{i^a}} - L_i \cdot NX_Y \cdot \overline{P}}{NX_q \cdot ((1-C_Y)\cdot L_i \cdot \overline{P} + L_Y \cdot (I_i \cdot \overline{P} + NKA_{i-\overline{i^a}}))} \gtreqless 0$$

$$\frac{de}{d\overline{M}} = \frac{-I_i \cdot \overline{P} \cdot NX_Y + NKA_{i-\overline{i^a}}(1-C_Y-NX_Y)}{NX_q \cdot \overline{P}((1-C_Y)\cdot L_i \cdot \overline{P} + L_Y \cdot (I_i \cdot \overline{P} + NKA_{i-\overline{i^a}}))} > 0$$

16.a. Die Gleichung (3) ist total zu differenzieren mit $d\overline{i^a} = dq = d\overline{Y^a} = 0$. Als Steigung ergibt sich:

$$\frac{di}{dY} = \frac{\partial NX / \partial Y \cdot \overline{P}}{\partial NKA / \partial i} = \frac{\overline{P} \cdot NX_Y}{NKA_{i-\overline{i^a}}} > 0.$$

16.b. Die Gleichung (3) ist total zu differenzieren mit $di = d\overline{i^a} = d\overline{Y^a} = 0$. Als Lösung ergibt sich:

$$\frac{dY}{dq} = \frac{\partial NX / \partial q}{-\partial NX / \partial Y} = \frac{NX_q}{-NX_Y} > 0.$$

16.c.

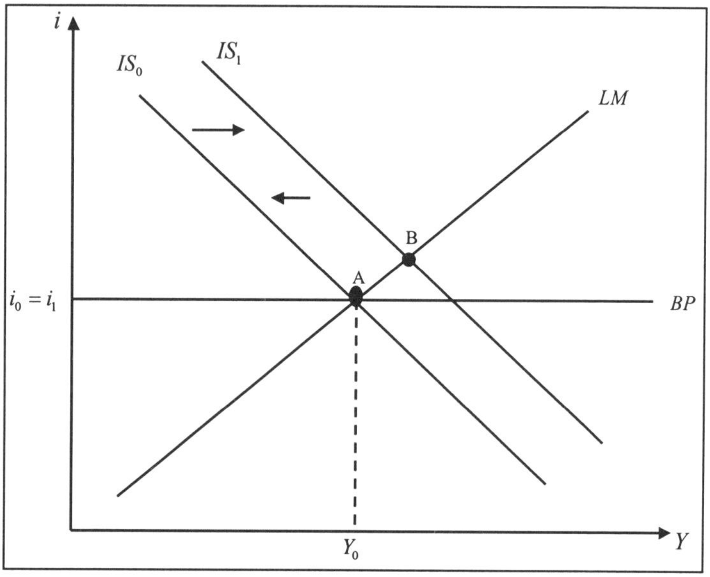

Im Fall eines vollkommen zinselastischen Kapitalverkehrs verläuft die BP-Kurve horizontal zur Abszissc. Infolgc cincr cxpansiven Fiskalpolitik verschiebt sich die IS-Kurve nach rechts. Die gestiegene Güternachfrage führt tendenziell zu einer Einkommenserhöhung und einem Zinsanstieg im Inland. Im Modell einer offenen Volkswirtschaft mit flexiblen Wechselkursen bleibt es nicht bei diesen Wirkungen, sondern es treten zwei weitere, gegenläufige Effekte auf. Zum einen führt die Zunahme der Importnachfrage zu einer Verschlechterung des realen Außenbeitrages, zum anderen führt der Zinsanstieg zu einer höheren Zinsdifferenz zwischen In- und Ausland, welche zu einer Verbesserung der Kapitalbilanz führt. Auf dem Devisenmarkt führt die gestiegene Importnachfrage zu einer verstärkten Nachfrage nach Devisen. Der Zinsanstieg führt verstärkt zu einer Nachfrage nach inländischer Währung. Da im Fall einer horizontal verlaufenden BP-Kurve die Reaktion des Kapitalverkehrs stärker ist, entsteht insgesamt eine Übernachfrage nach inländischer Währung. Die inländische Währung gerät deshalb unter Aufwertungsdruck. Daraus resultiert eine Verschlechterung des Außenbeitrages. Das außenwirtschaftliche Gleichgewicht ist erst wieder hergestellt, wenn der einkommensinduzierte Zinsanstieg durch eine wechselkursinduzierte Verschlechterung des Außenbeitrages aufgehoben wird. In der Zeichnung kommt dies durch eine Linksverschiebung der IS-Kurve in ihre Ausgangslage zum Ausdruck. Das Einkommen hat sich nicht verändert.

16.d.

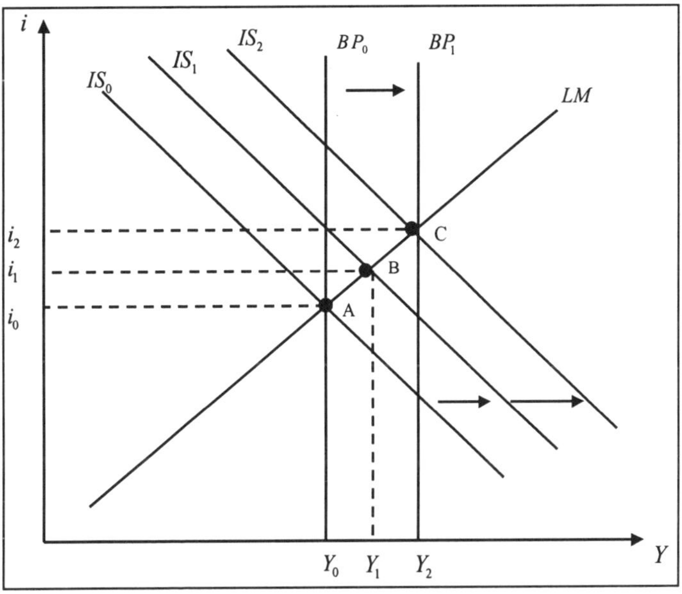

Im Fall des zinsunelastischen Kapitalverkehrs verläuft die BP-Kurve parallel zur Ordinate. Zinsvariationen haben keinen Einfluss auf den Nettokapitalexport, da die internationalen Kapitalbewegungen zinsunelastisch reagieren. Da der Nettokapitalexport unverändert bleibt, bleiben entsprechende Wirkungen auf den Wechselkurs aus. Aus der Einkommenserhöhung (Verschiebung der IS-Kurve nach IS_1) und der damit verbundenen Verschlechterung des Außenbeitrages resultiert eine Abwertung der inländischen Währung. Unter der Voraussetzung, dass der Außenbeitrag „normal" reagiert, bewirkt die Abwertung eine Verbesserung des Außenbeitrages. Der Abwertungseffekt (Verschiebung der BP-Kurve) kompensiert die einkommensinduzierte Verschlechterung des Außenbeitrages. In der Zeichnung drückt sich der Abwertungseffekt durch eine Rechtsverschiebung der BP-Kurve und der IS-Kurve von IS_1 nach IS_2 aus. Ein neues Gleichgewicht stellt sich im Punkt C ein. Das inländische Einkommen hat sich auf Y_2 erhöht.

16.e. In einem System flexibler Wechselkurse ist der Einkommenseffekt einer expansiven Fiskalpolitik umso geringer, je höher die Zinsreagibilität des internationalen Kapitalverkehrs ist. Im Extremfall eines vollkommen zinselastischen Kapitalverkehrs kommt es zu keinem Einkommenseffekt.

17.a. Im Punkt B liegt ein Devisenbilanzgleichgewicht vor, denn Punkt B liegt auf der BP-Kurve, die den geometrischen Ort von Y und i Werten darstellt, bei denen die Devisenbilanz ausgeglichen ist.

17.b. In Punkt A liegt im Vergleich zu Punkt B ein Devisenbilanzüberschuss vor. In Punkt B ist die Devisenbilanz ausgeglichen $(\Delta D = 0)$. Im Vergleich zu Punkt B sind in Punkt A die Nettokapitalimporte höher $(i_B < i_A)$. Da das Einkommen in beiden Punkten gleich ist, muss die Devisenbilanz einen Überschuss aufweisen.

18. b ist die richtige Antwort (vgl. die Definition der *Terms of Trade* in Kapitel 11 des Buches).

19.a. Gleichung (3) enthält die Bedingung für ein Devisenmarktgleichgewicht. Der Devisenmarkt soll dabei ohne Interventionen der Zentralbank $(\Delta D = 0)$ ins Gleichgewicht gelangen, da, wie Gleichung (4) zeigt, ein System flexibler Wechselkurse vorliegt. Ist Gleichung (3) erfüllt, liegt somit ein außenwirtschaftliches Gleichgewicht vor. Dies ist genau dann der Fall, wenn der nominale Außenbeitrag null ist, die nominalen Exporte also genau den nominalen Importen entsprechen. Im Unterschied zu der Ihnen aus dem Buch „Makroökonomik" bekannten Formulierung des Modells einer offenen Volkswirtschaft (vgl. die Gleichungen 11.19 – 11.21) wird hier vom Kapitalverkehr zwischen In- und Ausland abstrahiert. Dementsprechend kann ein positiver (negativer) Außenbeitrag im außenwirtschaftlichen Gleichgewicht nicht mehr durch einen positiven (negativen) Nettokapitalexport ausgeglichen werden. Es muss also $EX^n - IM^n = 0$ im außenwirtschaftlichen Gleichgewicht gelten. Dies bringt Gleichung (3) zum Ausdruck.

19.b. Der Multiplikator lautet: $\frac{de}{d\overline{G}} = \frac{-PNX_Y}{\overline{P^a}NX_q\left(1 - C_Y + L_y\frac{I_i}{L_i}\right)} > 0.$

20. Die von einer restriktiven Geldpolitik ausgelösten Effekte sind in der folgenden Grafik dargestellt.

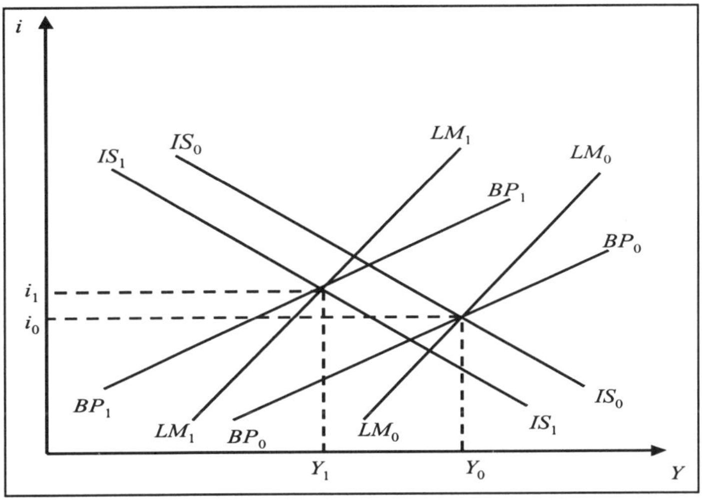

Eine restriktive Geldpolitik hat zur Folge, dass die Kassenhaltung der Wirtschaftssubjekte bei gegebenem Einkommen und Zins unterhalb des gewünschten Niveaus liegt. Die Wirtschaftssubjekte werden also Wertpapiere verkaufen, um die erwünschte Kassenhaltung zu realisieren. Damit kommt es zu Kurssenkungen und auf Grund des inversen Kurs-Zins-Zusammenhangs zu Zinssteigerungen. Grafisch wird dieser Schritt durch eine Linksverlagerung der LM-Kurve von LM_0 auf LM_1 erfasst. Die erhöhten Zinsen regen in einer offenen Volkswirtschaft einen verstärkten Zufluss von Kapital ins Inland an. Der Nettokapitalexport sinkt also. Gleichzeitig geht infolge der Zinserhöhungen jedoch auch die Investitionstätigkeit zurück, sodass das Volkseinkommen sinkt. Damit sinkt die Importnachfrage des Inlandes und der Außenbeitrag steigt. Beide Entwicklungen - der Rückgang des Nettokapitalexports sowie die Zunahme des Außenbeitrags - führen zu einem Überschussangebot an Devisen am Devisenmarkt. Eine Aufwertung der inländischen gegenüber der ausländischen Währung, d.h. ein Rückgang des Wechselkurses, bringt den Devisenmarkt wieder ins Gleichgewicht (außenwirtschaftliches Gleichgewicht). Infolge der Aufwertung verschiebt sich ebenfalls die BP-Kurve, und zwar von BP_0 auf BP_1. Auf dem Gütermarkt wirken nun kontraktive Effekte, weil die Aufwertung zu einem Rückgang der Exportnachfrage aus dem Ausland und einer Erhöhung der Importnachfrage des Inlandes führt. D.h. der Außenbeitrag sinkt. Die IS-Kurve verschiebt sich von IS_0 auf IS_1. Es stellt sich nach der geldpolitischen Maßnahme ein neues Gleichgewicht bei einem gegenüber der Ausgangssituation gesunkenem Einkommen Y_1 und gestiegenem Zins i_1 ein.

Kapitel 12

Einführung von Dynamik

Inhaltsverzeichnis

Schlüsselbegriffe

Konjunkturzyklus	neoklassische Wachstumstheorie
Boom	langfristiges Gleichgewicht (steady state)
Depression	Multiplikator-Akzelerator-Modell
Expansion	Wachstum
Rezession	Preisniveau
Inflationsrate	

Zusammenfassung

In diesem Kapitel des Lehrbuches wird erstmals im Modell Dynamik integriert, indem Wirkungsverzögerungen berücksichtigt werden. Auf diese Weise spielen Variablen unterschiedlicher Zeitperioden in den Modellen eine Rolle. Zuerst wird innerhalb eines einfachen Einkommen-Ausgaben-Modells gezeigt, wie durch die Einführung von Wirkungsverzögerungen Konjunkturschwankungen abgebildet werden können.

Dann wird die Annahme eines konstanten Kapitalstocks aufgegeben und berücksichtigt, dass Investitionen den Kapitalstock erhöhen. Damit wird eine langfristige Betrachtungsweise eingeführt, um Wachstumsprozesse darstellen zu können. Es kann gezeigt werden, dass auch ohne technologischen Fortschritt, der erst in Kapitel 21 einführt wird, der Kapitalstock und damit auch der Output so lange wachsen, bis sie ihre Gleichgewichtswerte erreicht haben. Als drittes Beispiel wird der Inflationsprozess betrachtet, also der Prozess andauernder Preisniveausteigerungen, und erläutert, dass ein solcher Inflationsprozess mit hohen Kosten verbunden sein kann.

Übungsaufgaben aus dem Lehrbuch

1. Erläutern Sie den Begriff „Konjunkturschwankungen“.
2. Wie sieht das typische Erscheinungsbild des Konjunkturzyklus aus?
3. Beschreiben Sie das Multiplikator-Akzelerator-Modell.
4. Erläutern Sie den Begriff eines langfristigen Gleichgewichtes (steady state).
5. Unterscheiden Sie die Begriffe Inflationsrate und Preisniveau.

Weitere Übungsaufgaben

6. Gegeben ist folgendes Modell:

   (1) $I_t = \bar{I} + a(Y_{t-1} - Y_{t-2})$ $\qquad \bar{I}, a > 0$

   (2) $C_t = \bar{C} + cY_{t-1}$ $\qquad \bar{C} > 0 ; 1 > c > 0$

   (3) $Y_t = C_t + I_t$.

   a. Schreiben Sie das Volkseinkommen der Periode t als Funktion des Volkseinkommens der Periode $t-1$ und der Periode $t-2$, der autonomen Investitionen $\bar{I}$ und des autonomen Konsums $\bar{C}$.

   b. Berechnen Sie das gleichgewichtige Volkseinkommen im steady state!

   c. Nehmen Sie an, die Parameter sind so gewählt, dass ein stabiles Gleichgewicht existiert und das Einkommen nicht monoton auf Abweichungen vom Gleichgewicht reagiert. Stellen Sie - ausgehend von einem unterhalb des Gleichgewichts liegenden tatsächlichen Einkommen - die Entwicklung des Volkseinkommens im Zeitablauf grafisch dar.

7. Definieren Sie die Wachstumsrate des Bruttoinlandsproduktes (BIP).

8. Gegeben ist folgendes Modell:

(1) $Y = (N^a + K^a)^{\frac{1}{a}}$ $\qquad 0 < a < 1$

(2) $\dot{K} = sY - \delta K$ $\qquad 0 < s, \delta < 1$.

a. Schreiben Sie den Pro-Kopf-Output y $(y = Y/N)$ in Abhängigkeit von der Kapitalintensität k $(k = K/N)$!

b. Berechnen Sie die Wachstumsrate der Kapitalintensität in Abhängigkeit von dem Niveau der Kapitalintensität!

c. Unter welcher Bedingung wird langfristig eine positive Wachstumsrate der Kapitalintensität realisiert?

d. Stellen Sie die Wachstumsrate der Kapitalintensität unter der in Teilaufgabe c. abgeleiteten Bedingung grafisch dar.

9. Gegeben sei die Bewegungsgleichung

$$\dot{K} = sY - \delta K .$$

Als Produktionsfunktion wird eine *Cobb-Douglas*-Produktionsfunktion unterstellt.

a. Berechnen Sie die Veränderung des gleichgewichtigen Kapitalstocks und des gleichgewichtigen Outputs auf Grund einer Erhöhung der Abschreibungsrate!

b. Stellen Sie die Auswirkungen einer Erhöhung der Abschreibungsrate auf den gleichgewichtigen Kapitalstock grafisch dar!

10. Gegeben sei wieder die Bewegungsgleichung

$$\dot{K} = sY - \delta K .$$

Als Produktionsfunktion wird eine *Cobb-Douglas*-Produktionsfunktion unterstellt.

a. Stellen Sie den Verlauf der Produktionsfunktion, das Steady-State-Gleichgewicht sowie die Abschreibung in einem Diagramm dar und tragen Sie die Ersparnis und den Konsum ab.

b. Welchen Einfluss hat die Erhöhung der Sparquote auf das Steady-State-Niveau des Kapitalstocks? Stellen Sie grafisch die Erhöhung der Sparquote dar und erläutern Sie verbal den Anpassungsprozess.

11. Definieren Sie die Inflationsrate im Jahr t als Funktion der Preise P_t und P_{t-1}.

12. Wie gefährdet Inflation die Geldfunktionen?

13. In einer Volkswirtschaft werden 2 Güter produziert und konsumiert. Die folgende Tabelle enthält die Produktionsmengen für die Jahre 2003 und 2004.

	2003	2004
Produktion Gut A	100	105
Produktion Gut B	50	75

Wie stark ist die Volkswirtschaft gewachsen?

Lösungen

1. Unter Konjunkturschwankungen werden üblicherweise systematische Schwankungen des Outputs um seinen Trend verstanden.

2.

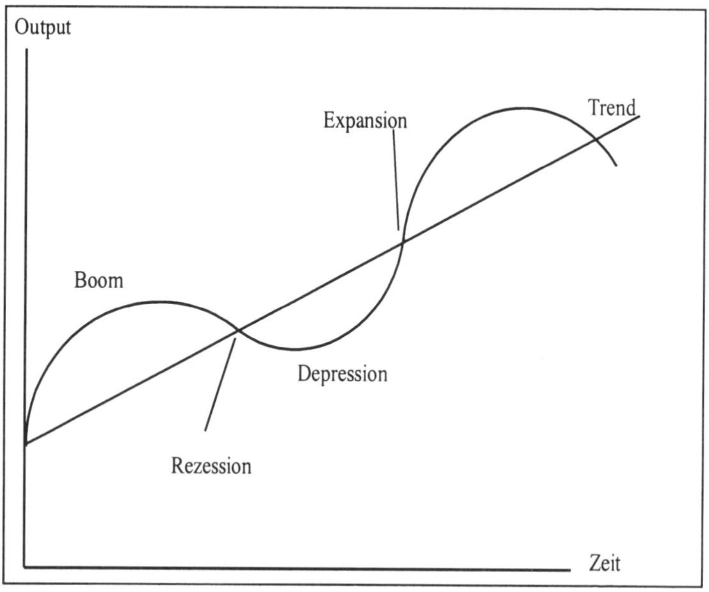

In der Abbildung wird das typische Erscheinungsbildes eines Konjunkturzyklus dargestellt. Die Abweichungen vom Vollbeschäftigungspfad

(„Trend") stellen die Zyklen dar. Die Aufwärtsbewegung im Konjunkturverlauf bezeichnet man als Expansion oder auch Aufschwung. Kommt es zu einer Überhitzung der Wirtschaft mit Inflation als Folge spricht man von einem Boom. Liegen dagegen Abweichungen vom Trend nach „unten" vor, d.h. die Produktionskapazitäten sind nicht ausgelastet mit der Folge von Arbeitslosigkeit, spricht man von einer Depression. Die Abwärtsphase bezeichnet man als Rezession.

3. Das Akzelerationsprinzip stellt eine Investitionshypothese dar. Danach existiert eine optimale Relation von Kapitalstock und Produktion (oder auch Konsum). Veränderungen der Produktion führen zu einer proportionalen Anpassung des Kapitalstocks. Es wird also eine lineare Relation zwischen der absoluten Höhe der Investitionen und der Veränderung der Produktion postuliert. In Kombination mit dem Multiplikator kann das Akzelerationsprinzip konjunkturelle Schwankungen erklären.

4. In der Wachstumstheorie ist ein steady state als Zustand definiert, in dem endogene Größen mit konstanten Raten wachsen. Die Wachstumsraten der einzelnen Größen in einem derartigen langfristigen Gleichgewicht können durchaus unterschiedlich sein. Wesentliches Merkmal ist lediglich, dass sie im Zeitablauf konstant sind. In dem im Lehrbuch erläuterten neoklassischen Wachstumsmodell ohne technologischen Fortschritt ist die Wachstumsrate aller Größen allerdings identisch.

5. Die Inflationsrate wird als Wachstumsrate des Preisniveaus definiert. Als Preisniveau bezeichnet man den Preis eines Warenkorbs oder auch einer Gütermenge. Die Inflationsrate als Wachstumsrate des Preisniveaus gibt die relative Preisänderung des Warenkorbes an.

6.a. Aus dem Einsetzen der Investitions- und der Konsumfunktion in das Gütermarktgleichgewicht resultiert sofort die gesuchte lineare Differenzengleichung 2. Ordnung:

$$Y_t = (a+c)Y_{t-1} - aY_{t-2} + \overline{C} + \overline{I}$$

6.b. Im langfristigen Gleichgewicht ist Y konstant. Wird das gleichgewichtige Einkommen mit Y^* bezeichnet, so folgt aus Teilaufgabe a.:

$$Y^* - (a+c)Y^* + aY^* = \overline{C} + \overline{I} \ .$$

Aufgelöst nach Y^* ergibt sich $Y^* = \dfrac{\overline{C}+\overline{I}}{1-c}$.

6.c. Aus den Angaben in der Aufgabenstellung lässt sich die grundsätzliche Entwicklung des Einkommens eindeutig bestimmen. Da das Gleichgewicht stabil ist, wird das Einkommen langfristig wieder zu seinem Gleichgewichtswert zurückkehren. Darüber hinaus erfolgt eine oszillatorische Annäherung an das Gleichgewicht. Diese Schwingungen werden aber im Zeitablauf schwächer.

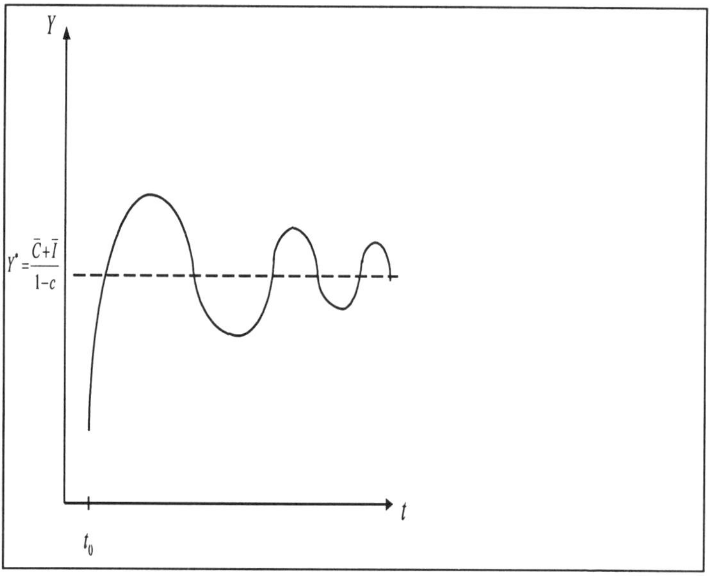

7. $\hat{BIP}_t = \dfrac{BIP_t - BIP_{t-1}}{BIP_{t-1}}$

8.a. $y = \dfrac{Y}{N} = \dfrac{(N^a + K^a)^{\frac{1}{a}}}{N} = \left(\dfrac{N^a + K^a}{N^a}\right)^{\frac{1}{a}} = (1 + k^a)^{\frac{1}{a}}$

8.b Die Veränderung der Kapitalintensität ist $\dot{k} = \dfrac{\dot{K}N - K\dot{N}}{N^2} = \dfrac{\dot{K}}{N}$, wobei angenommen wurde, dass die Wachstumsrate der Bevölkerung gleich null ist. Damit kann die Wachstumsrate der Kapitalintensität unter Berücksichtigung der Bewegungsgleichung des Kapitalstocks (vgl. Gleichung (2)) und unter Berücksichtigung der Ergebnisse von a. wie folgt dargestellt werden:

$$\hat{k} = s\frac{y}{k} - \delta = s\frac{(1 + k^a)^{\frac{1}{a}}}{k} - \delta = s\left(\frac{1 + k^a}{k^a}\right)^{\frac{1}{a}} - \delta = s(1 + k^{-a})^{\frac{1}{a}} - \delta\ .$$

8.c. Eine langfristig positive Wachstumsrate der Kapitalintensität impliziert, dass auch mit steigendem Niveau der Kapitalintensität die Wachstumsrate immer noch positiv ist. Mit Hilfe des Ergebnisses aus Teilaufgabe b. lässt sich zunächst feststellen, dass mit steigender Kapitalintensität die Wachstumsrate der Kapitalintensität fällt

$$\frac{\partial \hat{k}}{\partial k} = -sk^{-a-1}(1+k^{-a})^{\frac{1-a}{a}} < 0 .$$

Es wird somit nur dann langfristig eine positive Wachstumsrate der Kapitalintensität erreicht, wenn auch für sehr große k die Kapitalintensität weiter wächst. Die langfristige Wachstumsrate der Kapitalintensität wird von der Höhe der Sparquote und der Abschreibungsrate determiniert

$$\lim_{k\to\infty} \hat{k} = s - \delta .$$

Solange die Sparquote s höher ist als die Abschreibungsrate δ, wird somit auch langfristig eine positive Wachstumsrate der Kapitalintensität erreicht.

8.d

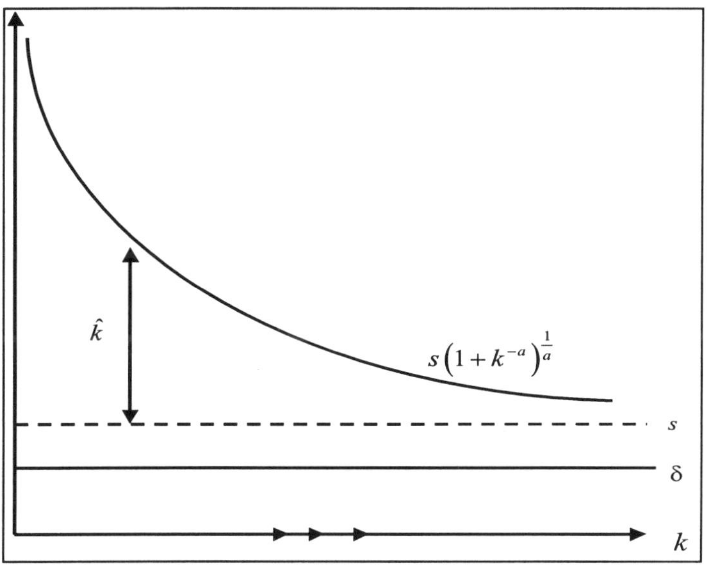

9.a Der gleichgewichtige Kapitalstock ist

$$K^{*} = N\left(\frac{s}{\delta}\right)^{\frac{1}{a}} .$$

Mit steigender Abschreibungsrate fällt der Kapitalstock:

$$\frac{\partial K^*}{\partial \delta} = N\frac{1}{a}\left(\frac{s}{\delta}\right)^{\frac{1-a}{a}}(-s)\delta^{-2} = -\frac{N}{a\delta}\left(\frac{s}{\delta}\right)^{\frac{1}{a}} < 0\,.$$

Unter Berücksichtigung der Produktionsfunktion $Y = N^a \cdot K^{1-a}$ lässt sich dann auch die Veränderung des Outputs auf Grund einer Erhöhung der Abschreibungsrate ermitteln:

Beachte: $y = \dfrac{Y}{N} = \dfrac{N^a \cdot K^{1-a}}{N} = k^{1-a}$.

$$\frac{\partial Y^*}{\partial \delta} = \frac{\partial Y^*}{\partial K^*}\frac{\partial K^*}{\partial \delta} = -\frac{(1-a)k^{-a}N}{a\delta}\left(\frac{s}{\delta}\right)^{\frac{1}{a}} < 0\,.$$

9.b.

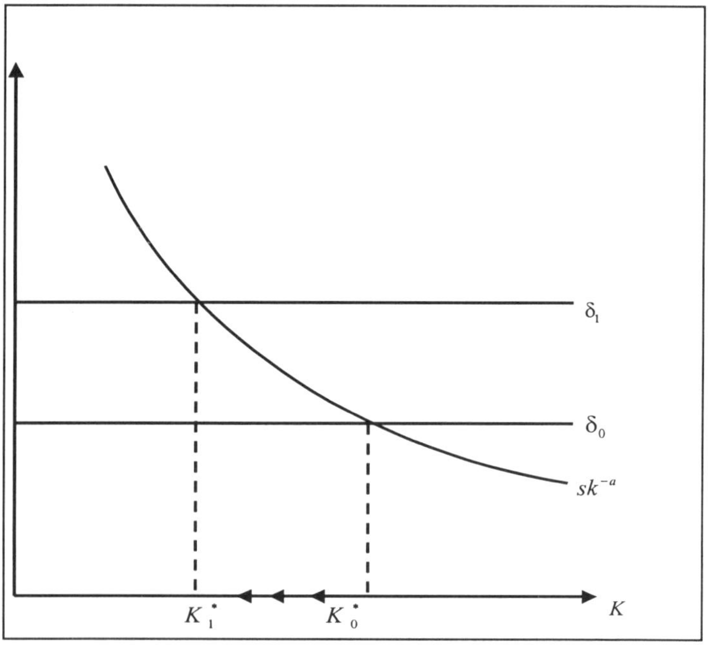

Alternativ kann auch folgende Darstellung gewählt werden:

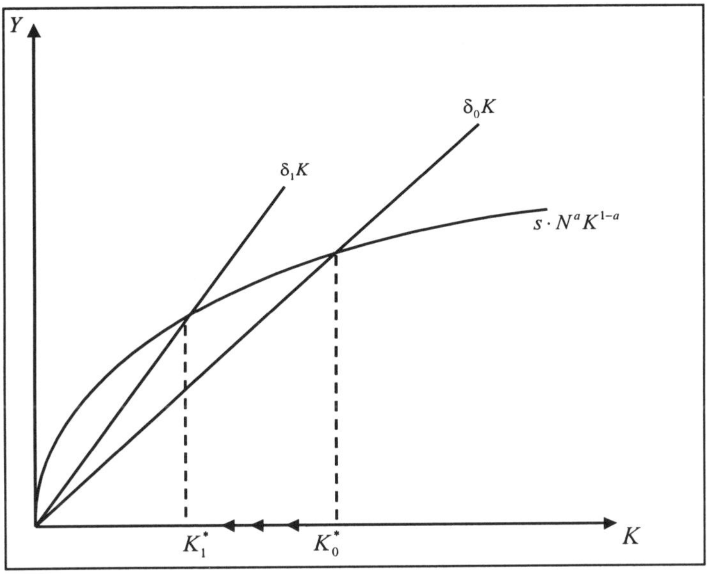

10.a.

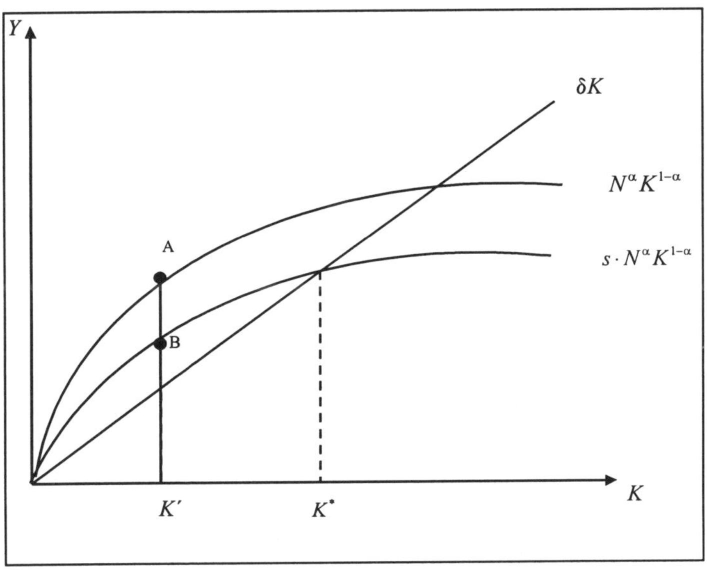

Bei gegebenem Kapitalstock ist die Ersparnis gegeben durch die Strecke: $\overline{BK'}$

Bei gegebenem Kapitalstock ist der Konsum gegeben durch die Strecke: $\overline{AB}$

10.b.

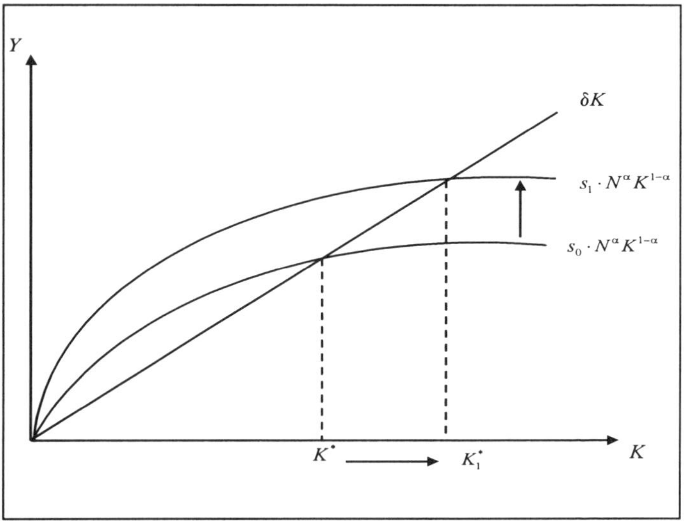

Eine Zunahme der Sparquote verschiebt die Sparfunktion nach oben. Bei einer gegebenen Kapitalausstattung impliziert eine höhere Sparquote ein höheres Investitionsvolumen. Bezogen auf das ursprüngliche Steady-State-Gleichgewicht sind die Investitionen größer als die Abschreibungen, d.h. der Kapitalstock wächst und nähert sich dem neuen Steady-State-Niveau K_1^* an. Im neuen Gleichgewicht entspricht die Ersparnis den Netto-Investitionen und den Abschreibungen. Die Erhöhung der Ersparnis hat zu einer Erhöhung des Kapitalstocks und des Outputs geführt.

11. Die Inflationsrate im Jahr t ist definiert als $\pi_t = \frac{P_t - P_{t-1}}{P_{t-1}}$.

12. Geld übt drei Geldfunktionen aus: Wertaufbewahrungsmittel, Tauschmittel und Rechenmittel. Mit (ansteigender) Inflation verliert Geld zunächst seine Funktion als Wertaufbewahrungsmittel, da der Wert des Geldes („Kaufkraft") durch Inflation sinkt. Geld verliert dann auch seine Funktion als Tauschmittel. Dies gilt insbesondere dann, wenn hohe Inflationsraten vorliegen. Denn verliert Geld sehr schnell an Wert, wird es auch seine Akzeptanz verlieren und ist damit nicht mehr als Tauschmittel geeignet. Geld kann schließlich auch seine Funktion als Recheneinheit verlieren, wenn der Wert des Geldes schnellen Veränderungen unterworfen ist.

13.a. Die Wachstumsrate des BIPs beträgt 20 %.

Kapitel 13

Einführung von Erwartungen und Unsicherheit

Inhaltsverzeichnis

Schlüsselbegriffe

Erwartungen	extrapolative Erwartungen
Unsicherheit	adaptive Erwartungen
Realzins	rationale Erwartungen
exogene Erwartungen	

Zusammenfassung

In diesem Kapitel des Lehrbuches wird das in Teil II entwickelte Grundmodell insofern erweitert, als explizit berücksichtigt wird, dass zukünftige Ereignisse gegenwärtige Gleichgewichte beeinflussen können. Ein wesentliches Merkmal zukünftiger Ereignisse ist, dass sie nicht exakt prognostiziert werden können. Sie zeichnen sich also durch Unsicherheit aus. Wirtschaftssubjekte werden daher Erwartungen bilden.

Zunächst wird untersucht, inwiefern durch die Berücksichtigung von Erwartungen die Komponenten der gesamtwirtschaftlichen Nachfrage beeinflusst werden.

Anschließend wird am Beispiel einer expansiven Geldpolitik die unterschiedliche Wirkungsweise wirtschaftspolitischer Maßnahmen in einem Modell mit Erwartungen im Vergleich zu einem Modell ohne Erwartungen analysiert. Insgesamt lässt sich feststellen, dass die Wirkung wirtschaftspolitischer Maßnahmen (hier: die Wirkungsrichtung einer expansiven Geldpolitik) durch die Beachtung von Erwartungen unsicherer wird. Allerdings ergeben sich auch neue Kanäle, durch die die Wirtschaftspolitik makroökonomische Größen beeinflussen kann. Da die Effektivität politischer Instrumente wesentlich durch die Art der Erwartungsbildung bestimmt wird, werden im nächsten Schritt die verschiedenen Arten der Erwartungsbildung detailliert vorgestellt. Es werden in der Literatur insbesondere drei verschiedene Hypothesen zur Bildung von Erwartungen unterschieden. Neben der exogenen Erwartungsbildung werden Formen der endogenen Erwartungsbildung berücksichtigt. Von besonderer Bedeutung für die moderne Makroökonomie ist die dritte Hypothese, die rationale Erwartungsbildung. Danach werden alle verfügbaren Informationen berücksichtigt, sodass systematische Erwartungsirrtümer ausgeschlossen sind.

Übungsaufgaben aus dem Lehrbuch

1. Nehmen Sie zu folgenden Aussagen Stellung:
   a. Sofern die erwartete und die tatsächliche Inflationsrate gleich null ist, stimmen der nominale und reale Zinssatz überein.
   b. Der reale Zinssatz beeinflusst die Geldnachfrage.
2. Zeigen Sie die Bedeutung von Erwartungen in makroökonomischen Modellen auf.
3. Auf welche Weise wird Unsicherheit formal abgebildet?
4. Welche Formen der Erwartungsbildung unterscheiden wir?
5. Erläutern Sie Gemeinsamkeiten und Unterschiede der extrapolativen und der adaptiven Erwartungsbildung.

Weitere Übungsaufgaben

6. Welcher Zusammenhang besteht zwischen Realzins, Nominalzins und erwarteter Inflation?

7. Vervollständigen Sie die Tabelle.

Nominalzins	tatsächliche Inflationsrate	erwartete Inflationsrate	tatsächlicher realer Zinssatz	erwarteter realer Zinssatz
10 %	6 %	6 %		
10 %	8 %	6 %		
10 %	12 %	6 %		
10 %	4 %	6 %		

8. Angenommen ein Kreditgeber und ein Kreditnehmer einigen sich über einen Nominalzins für einen Kredit. Nach Vertragsabschluß stellen die Vertragspartner fest, dass die Inflationsrate höher ist als erwartet.

   a. Ist der Realzins des Kredites höher oder niedriger als erwartet? Begründen Sie Ihre Entscheidung.

   b. Welche Inflationseffekte ergeben sich aus der höheren Inflationsrate jeweils für Kreditnehmer und Kreditgeber?

9. Gegeben seien folgende Gleichungen:

   (1) $Y = C(Y,\overline{Y^e}) + I(Y,\overline{Y^e},i - \overline{\pi^e}) \qquad C_Y, C_{\overline{Y^e}} > 0,\; I_Y, I_{\overline{Y^e}} > 0 > I_{\overline{i-\pi^e}}$

   (2) $\overline{M} = P \cdot L(Y,i) \qquad L_Y > 0 > L_i$

   a. Stellen Sie grafisch in einem $Y - r$ - Diagramm den Anstieg der erwarteten Inflationsrate $\overline{\pi^e}$ von Null auf einen positiven Wert dar.

   b. Nehmen Sie an, dass im Ausgangsgleichgewicht Y_0, r_0 ein Realzins von 6 % herrscht. Die erwartete Inflationsrate steigt von Null auf 3 %! Welcher Nominalzins muss vorherrschen, damit r_0 unverändert bleibt?

10. Erläutern Sie in einem um Erwartungen erweiterten IS-LM-Modell die Auswirkungen einer Geldmengensenkung auf die makroökonomischen Größen. Gehen Sie bei der Beantwortung von adaptiver Erwartungsbildung aus.

11. Unterstellen Sie folgende zeitliche Entwicklung der Variablen x:

$$x_t = \lambda \sum_{i=1}^{\infty} \varepsilon_{t-i} + \varepsilon_t \,,$$

wobei $0 < \lambda < 1$ und ε ein Schock mit Erwartungswert Null und bekannter Varianz σ_ε^2 ist.

Zeigen Sie, dass in diesem Fall die adaptive Erwartungsbildung zu identischen Ergebnissen führt wie die rationale Erwartungsbildung!

12. Welche Antwort ist richtig? Bei der adaptiven Erwartungsbildung

a. erhöht sich die erwartete Inflationsrate, wenn die tatsächliche Inflationsrate der Vorperiode höher ausfällt als die erwartete Rate.

b. ist die erwartete Inflationsrate der gewichtete Durchschnitt der vergangenen Inflationsrate.

c. unterlaufen den Wirtschaftssubjekten keine systematischen Fehler.

d. Keine der vorherigen Aussagen ist richtig.

Lösungen

1.a. Im Lehrbuch ist folgende Beziehung abgeleitet worden: $r = i - \pi^e$. Ist die erwartete Inflationsrate gleich null, stimmen der nominale und der reale Zinssatz überein.

1.b. Die Aussage ist falsch. Für die Geldhaltung spielen die Opportunitätskosten der Geldanlage gegenüber der Wertpapieranlage eine Rolle. Die Opportunitätskosten der Geldhaltung entsprechen der Differenz zwischen den Verzinsungsraten beider Anlagemöglichkeiten. Da die Geldhaltung eine Verzinsungsrate von Null aufweist, entsprechen die Opportunitätskosten der Geldhaltung dem nominalen Zinssatz der Wertpapierhaltung.

2. Zahlreiche Entscheidungen der Wirtschaftssubjekte in der Realität sind abhängig von zukünftigen Entwicklungen. Im Lehrbuch wird beispielsweise auf Investitionsentscheidungen der Unternehmungen, auf die Kreditaufnahme der privaten Haushalte und Steueränderungen durch den Staat verwiesen. Da die Zukunft nicht mit Sicherheit bekannt ist, müssen Erwartungen gebildet werden. Die Erwartungen bestimmen damit wesentlich das Handeln der Wirtschaftssubjekte. Es ist daher sinnvoll, Erwartungen auch in makroökonomische Modelle zu integrieren.

3. Unabhängig von der Art der Erwartungsbildung treten immer wieder unvorhergesehene Ereignisse auf, die dazu führen, dass sich die Erwartun-

gen nicht erfüllen, und es zu Erwartungsirrtümern kommt. Diese Unsicherheit wird formal durch stochastische Variablen berücksichtigt. Diese Störvariablen sind nicht vorhersehbar und können grundsätzlich jeden Wert annehmen. Es wird in der Regel unterstellt, dass sie den Erwartungswert Null und eine endliche Varianz haben. Falls keine Störvariablen in einem Modell vorkommen, können auch keine unvorhergesehenen Ereignisse auftreten, und es besteht damit die Möglichkeit, die zukünftigen Ereignisse mit Sicherheit vorherzusagen. In diesem Fall herrscht keine Unsicherheit mehr.

4. Im Lehrbuch wurden exogene, extrapolative, adaptive und rationale Erwartungen unterschieden.

5. Sowohl bei extrapolativen als auch bei adaptiven Erwartungen handelt es sich um autoregressive Erwartungen. Beiden Erwartungshypothesen liegt die Vorstellung zu Grunde, dass die Wirtschaftssubjekte aus den Beobachtungen vergangener Perioden auf zukünftige Entwicklungen schließen. So ist bei autoregressiven Erwartungen zum Beispiel die erwartete Inflationsrate der gewichtete Durchschnitt vergangener tatsächlicher Inflationsraten. Andere Informationen fließen nicht in die Erwartungsbildung ein. Im Gegensatz zu statischen Inflationserwartungen sind autoregressive Erwartungen abhängig von den vergangenen Inflationserwartungen und damit grundsätzlich variabel. Resultierende Erwartungsirrtümer werden sowohl bei der extrapolativen als auch bei der adaptiven Erwartungsbildung im Zeitablauf abgebaut. Allerdings sind Erwartungsirrtümer (im Gegensatz zu rationalen Erwartungen) bei einer variablen tatsächlichen Inflationsrate unvermeidlich, da die Prognosen mit zeitlicher Verzögerung auf Änderungen reagieren.
Während extrapolative und adaptive Erwartungen sich somit inhaltlich weitgehend entsprechen, unterscheiden sie sich formal. Bei der extrapolativen Erwartungsbildung entspricht die erwartete Inflationsrate der Summe der gewichteten Inflationsraten der Vergangenheit. Bei der adaptiven Erwartungsbildung wird dagegen auf Erwartungsfehler abgestellt. Danach passen die Wirtschaftssubjekte immer dann die Erwartungen an, wenn in der Vergangenheit ein Prognosefehler aufgetreten ist.

6. Inflation bewirkt eine Verringerung des Realwertes von Verbindlichkeiten, Geld- und Wertpapiervermögen. Haushalte werden sich bei ihren Anlageentscheidungen sowie Unternehmen bei ihren Investitionsentscheidungen nicht am nominalen, sondern am realen Zinssatz orientieren. Der erwartete reale Zinssatz r ergibt sich als Differenz zwischen Nominalzins i und der erwarteten Inflationsrate $r = i - i^e$.

7.

Nominalzins	tatsächliche Inflationsrate	erwartete Inflationsrate	tatsächlicher realer Zinssatz	erwarteter realer Zinssatz
10 %	6 %	6 %	4 %	4 %
10 %	8 %	6 %	2 %	4 %
10 %	12 %	6 %	-2 %	4 %
10 %	4 %	6 %	6 %	4 %

8.a. Der Realzins ist niedriger als erwartet. Damit Kreditkosten entsprechend signalisiert werden, müssen bei Inflation an Stelle der Nominalzinsen die Realzinsen betrachtet werden. Unterstellt man moderate Inflationserwartungen so berechnet sich der reale Zinssatz wie folgt: $r = i - \pi^e$. Ist die tatsächliche Inflationsrate höher als die erwartete, ist also $\pi > \pi^e$, ist der Realzins kleiner als erwartet.

8.b. Der Kreditnehmer (Schuldner) erzielt durch die unerwartet höhere Inflationsrate einen Inflationsgewinn und der Kreditgeber einen Inflationsverlust. Der Schuldner kann den Kredit mit Geld zurückzahlen, das gegenüber dem Zeitpunkt der Kreditaufnahme an Wert verloren hat. Angenommen die Inflationsrate ist 5 % und die Nominalverzinsung 3 %. In diesem Fall könnte ein Schuldner mit dem Kredit Waren kaufen, die er aufgrund der Inflation ein Jahr später zu einem um 5 % höheren Betrag wieder verkaufen würde. Aus diesem Gewinn kann er die Zinsen zahlen und er wäre dennoch um 2 % besser gestellt. Inflation bewirkt also neben der Verringerung der realen Verbindlichkeiten auch eine Verringerung des realen Geld- und Wertpapiervermögens, sodass sich rationale Wirtschaftssubjekte bei der Anlage am Realzins orientieren anstatt am Nominalzins.

9.a.

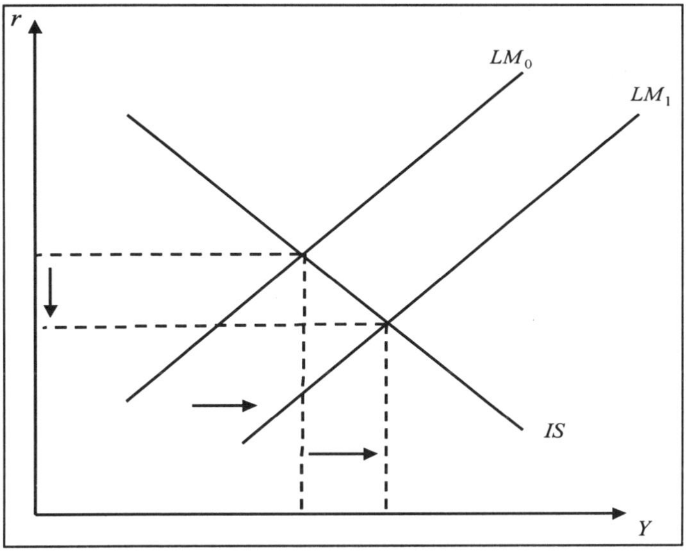

9.b. Unter Berücksichtigung von $r = i - \pi^e$ muss der Nominalzins 9 % betragen.

10.

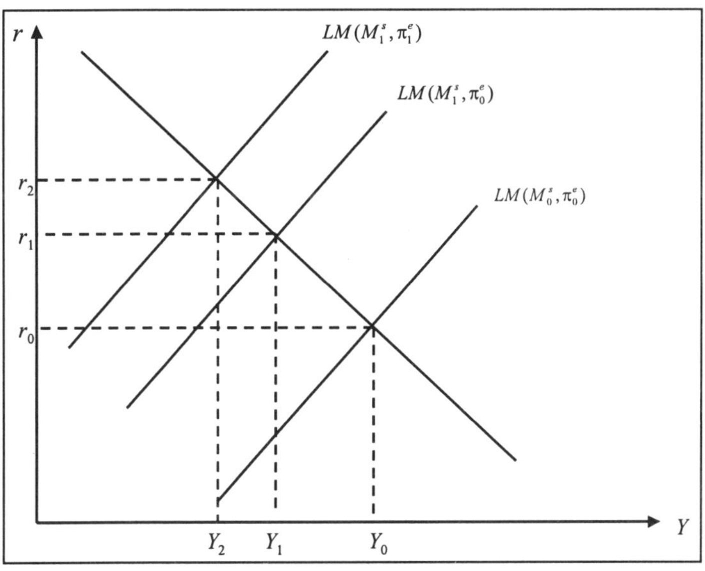

Es ist zunächst zu betonen, dass bei adaptiven Erwartungen überraschende oder auch angekündigte geldpolitische Maßnahmen die Inflationserwartungen zunächst nicht verändern. Autoregressive Erwartungen beziehen sich ausschließlich auf Vergangenheitswerte, sodass in dem Zeitpunkt der geldpolitischen Maßnahme keine Reaktion der Inflationserwartungen erfolgt. Auf Grund der Geldmengensenkung verschiebt sich nun die LM-Kurve nach links, die IS-Kurve bleibt unverändert. Es kommt zu einem Steigen des Realzinses und wegen der zunächst unveränderten Inflationserwartungen auch des Nominalzinses. Das Einkommen fällt. Von diesen kurzfristigen Effekten zu unterscheiden sind die langfristigen Effekte. Auf Grund der Geldmengensenkung werden sich langfristig die Inflationserwartungen reduzieren. Dadurch steigt die Geldnachfrage weiter an und die LM-Kurve verlagert sich weiter nach links. Der Realzins steigt noch weiter und das Einkommen fällt. Allgemein gültige Aussagen über die Veränderung des Nominalzinses sind hingegen nicht mehr möglich. Die fallenden Inflationserwartungen wirken grundsätzlich zinssenkend, der Anstieg des Realzinses dagegen impliziert einen tendenziell steigenden Nominalzins.

11. Die adaptive Erwartung für die Variable x ergibt sich als Erwartung der Vorperiode korrigiert um den Erwartungsfehler der Vorperiode:

$$x_t^e = x_{t-1}^e + \lambda(x_{t-1} - x_{t-1}^e) .$$

Es wird nun gezeigt, dass in diesem Fall rationale Erwartungen ebenfalls zu einer derartigen Erwartungsbildung führen. Es gilt:

$$x_t = \lambda \sum_{i=1}^{\infty} \varepsilon_{t-i} + \varepsilon_t = \lambda \sum_{i=2}^{\infty} \varepsilon_{t-i} + \lambda\varepsilon_{t-1} + \varepsilon_t .$$

Analog zu x_t gilt für x_{t-1}:

$$x_{t-1} = \lambda \sum_{i=2}^{\infty} \varepsilon_{t-i} + \varepsilon_{t-1}$$

beziehungsweise umgestellt

$$\lambda \sum_{i=2}^{\infty} \varepsilon_{t-i} = x_{t-1} - \varepsilon_{t-1} .$$

Der Erwartungswert von x_{t-1} (gebildet in der Periode $t-2$, verdeutlicht durch den Index $t-2$) ist dann:

$$E_{t-2}x_{t-1} = \lambda \sum_{i=2}^{\infty} \varepsilon_{t-i} = x_{t-1} - \varepsilon_{t-1} .$$

Diese Ergebnisse können nun verwendet werden, um x_t wie folgt darzustellen:

$$x_t = x_{t-1} - \varepsilon_{t-1} + \lambda\varepsilon_{t-1} + \varepsilon_t = \lambda x_{t-1} - (1-\lambda)(\varepsilon_{t-1} - x_{t-1}) + \varepsilon_t$$
$$= \lambda x_{t-1} + (1-\lambda)E_{t-2}x_{t-1} + \varepsilon_t = E_{t-2}x_{t-1} + \lambda(x_{t-1} - E_{t-2}x_{t-1}) + \varepsilon.$$

Werden nun in der Periode $t-1$ rationale Erwartungen über x_t gebildet, so folgt

$$E_{t-1}x_t = E_{t-2}x_{t-1} + \lambda(x_{t-1} - E_{t-2}x_{t-1}).$$

Da der Schock den Erwartungswert Null hat, fällt er bei der Erwartungsbildung heraus. Die rationalen Erwartungen über x_t entsprechen damit gerade den adaptiven Erwartungen. Es wird die Erwartung der Vorperiode übernommen, gegebenenfalls korrigiert um einen Prognosefehler.

Es ist aber wichtig zu beachten, dass diese Identität nicht grundsätzlich gilt, sondern lediglich bei der hier unterstellten zeitlichen Entwicklung der Variablen x. Da die Variable keinen eindeutigen Trend aufweist, sondern der Wert der Variablen durch das zufällige Auftreten von Schocks bestimmt wird, bezeichnet man den Pfad, dem die Variable x folgt, auch als Random Walk.

12. Antwort a ist richtig.

Kapitel 14

Fundiertere Analyse der Angebotsseite

Inhaltsverzeichnis

Schlüsselbegriffe

senkrechte Angebotskurve	natürliche Arbeitslosenrate
klassische Dichotomie	natürliches Outputniveau
Neuklassik	Phillipskurve
Lohnbestimmungsgleichung	Lohnindexierung
Preisbestimmungsgleichung	

Zusammenfassung

Nachdem in Kapitel 13 des Lehrbuches die Nachfrageseite des in Teil II entwickelten Grundmodells erweitert worden ist, ist das Anliegen dieses Kapitels, auch auf der Angebotsseite Erwartungen zu berücksichtigen. Zu diesem Zweck wird eine Lohnbestimmungsgleichung hergeleitet, die einen positiven Zusammenhang zwischen dem Geldlohn und dem erwarteten Preisniveau postuliert. In Verbindung mit einer Preisbestimmungsgleichung wird daraus die gleichgewichtige Arbeitslosenrate abgeleitet. In einem nächsten Schritt wird aus der Lohn- und der Preisbestimmungsgleichung eine positive Beziehung zwischen dem Preisniveau und dem Output entwickelt. Es zeigt sich, dass der Verlauf der aggregierten Angebotskurve entscheidend von der Modellierung der Erwartungen und dem betrachteten Zeithorizont determiniert wird.

Von diesen Erkenntnissen ausgehend werden verschiedene Varianten der Phillipskurve, die eine negative Beziehung zwischen der Inflationsrate und der Arbeitslosenrate postuliert, abgeleitet. Man sieht, dass die Art des Trade off entscheidend von der unterstellten Erwartungshypothese bestimmt wird. Während bei exogenen Erwartungen sowohl kurz- als auch langfristig eine wirtschaftspolitisch ausnutzbare Beziehung existiert, führen autoregressive Erwartungen zu einem Verschwinden des langfristigen Zusammenhangs. Falls rationale Erwartungen unterstellt werden, verschwindet sogar der kurzfristige Trade off, und lediglich unerwartete wirtschaftspolitische Maßnahmen oder Schocks führen noch zu einer Beeinflussung der Arbeitslosenrate durch eine Variation der Inflationsrate. Damit werden die Möglichkeiten des Staates gestaltend einzugreifen natürlich stark eingeschränkt. Welche Möglichkeiten dem Staat bei unterschiedlichen Erwartungshypothesen noch bleiben, wird im nächsten Kapitel analysiert, in dem die Rolle des Staates ausführlich diskutiert wird.

Übungsaufgaben aus dem Lehrbuch

1. Begründen Sie, warum im klassisch-neoklassischen Modell das Realeinkommen unabhängig von der Geldmenge ist.
2. Erläutern Sie den Begriff natürliche Arbeitslosigkeit.
3. Welchen Zusammenhang drückt die Phillipskurve aus?
4. Warum gibt es langfristig keinen Trade off zwischen Arbeitslosigkeit und Inflation?
5. Was versteht man unter Lohnindexierung und welche Auswirkungen hat sie auf den Inflationsprozess?

Weitere Übungsaufgaben

6. In dem klassisch-neoklassischen Modell ist die Sparfunktion positiv abhängig von dem Zins. Erläutern Sie, welche Annahme hinsichtlich der von einer Zinsänderung ausgelöste Effekte getroffen werden muss, damit sich diese Beziehung ergibt!

7. Im Lehrbuch wurden verschiedene Verläufe der Angebotsfunktion analysiert.

   a. Stellen Sie die gesamtwirtschaftliche Angebots- und Nachfragekurve in einem P,Y - Diagramm dar und unterscheiden Sie folgende Fälle bei der Darstellung der aggregierten Angebotsfunktion:

      Fall 1: kurze Frist

      Fall 2: mittlere Frist

      Fall 3: lange Frist.

   b. Welche Theoriezweige können Sie dem Fall 1 und Fall 3 zuordnen?

   c. Vergleichen Sie Fall 1 und Fall 3 hinsichtlich der Auswirkungen einer Staatsausgabenerhöhung auf das Outputniveau und das Preisniveau. Argumentieren Sie grafisch und verbal.

8. Unterstellen Sie folgende Lohngleichungsfunktion:

   $$W = P^e \cdot f(U,Z) \qquad P^e = P^\gamma,\ \gamma > 0\,.$$

   Erläutern Sie die Auswirkungen unterschiedlicher Werte von γ.

9. Gegeben seien folgende Lohnbestimmungs- und Preisbestimmungsgleichungen:

   (1) $W = P^e \cdot f(U,Z)$

   (2) $P = (1+\theta) \cdot W$.

   Stellen Sie in einem $U,W/P$ – Diagramm die Auswirkungen einer Erhöhung von Z auf die gleichgewichtige Arbeitslosenrate und den Reallohn dar!

10. Gegeben seien wieder die folgende Lohnbestimmungs- und Preisbestimmungsgleichungen:

    (1) $W = P^e \cdot f(U,Z)$

    (2) $P = (1+\theta) \cdot W$.

    Es werden strengere Wettbewerbsgesetzte durchgesetzt. Zeigen Sie die Auswirkungen dieser Gesetzesänderung in einem $U,W/P$ – Diagramm!

11. Erläutern Sie die verschiedenen Konzepte der Phillipskurve!

12. Die aggregierte Angebotsfunktion laute

$$Y_t = Y^* + (\pi_t - \pi_t^e) + v_t ,$$

wobei Y^* das natürliche Outputniveau und v_t einen Schock mit Erwartungswert Null kennzeichnet. Es werden rationale Erwartungen unterstellt. Stellen Sie die Angebotsfunktion in einem Y,π - Diagramm grafisch dar. Das auf der Ordinate abgetragene π soll einmal als antizipierte, also erwartete Inflation, und einmal als nicht antizipierte, also überraschende Inflation, verstanden werden. Unterscheiden sich die resultierenden Angebotsfunktionen? Stellen Sie anschließend die Auswirkung eines positiven Angebotsschocks auf die Angebotsfunktion(en) dar!

13. Für die erweiterte Phillipskurve wird folgende Form unterstellt

$$\pi_t = \beta\pi_t^e + (\theta + Z) - \alpha U_t \qquad \beta > 0 .$$

a. Stellen Sie grafisch die kurz- und langfristige Phillipskurve bei autoregressiven Erwartungen dar. Welchen Einfluss hat β auf die Phillipskurve?

b. Unterstellen Sie nun $\pi_t^e = \gamma\pi_t$, $\gamma > 0$. Leiten Sie eine Bedingung ab, sodass die natürliche Arbeitslosenrate realisiert wird!

14. Gehen Sie wieder von der in Aufgabe 13 postulierten Phillipskurve aus.

a. Leiten Sie die kurz- und langfristige Phillipskurve bei adaptiven Erwartungen ab.

b. Beschreiben Sie unter der Annahme $\beta = 1$ grafisch und verbal die kurz- und langfristigen Auswirkungen expansiver Geldpolitik auf Inflation und Beschäftigung.

15. Unter welcher Annahme ist eine systematische Beeinflussung der Beschäftigung durch wirtschaftspolitische Maßnahmen auch kurzfristig nicht möglich?

16. Die kurzfristige Phillipskurve sei

$$\pi_t = \pi_t^e + 0{,}1 - 2 \cdot U_t$$

a. Wie hoch ist die natürliche Arbeitslosenrate?

b. Angenommen, ein Teil λ aller Arbeitsverträge werden durch Indexierung an das aktuelle Preisniveau gekoppelt. Bestimmen Sie die veränderte Gleichung der kurzfristigen Phillipskurve. Gehen Sie davon aus, dass $\pi^e = \pi_{t-1}$.

Lösungen

1. Das klassisch-neoklassische Modell ist ein Gleichgewichtsmodell. Im Gleichgewicht entspricht das Realeinkommen dem Güterangebot. Das Güterangebot wird durch die Höhe der Beschäftigung determiniert. Die gleichgewichtige Beschäftigung ergibt sich aber auf dem Arbeitsmarkt durch den Schnittpunkt von Arbeitsangebots- und Arbeitsnachfragekurve. Damit wird auch der Reallohn eindeutig bestimmt. Verändert sich nun die Geldmenge, so reagiert auch das Preisniveau. Allerdings passt sich der Nominallohn so an, dass der Reallohn unverändert bleibt, da es ansonsten zu einem Ungleichgewicht auf dem Arbeitsmarkt kommt. Das bedeutet auch, die Beschäftigung und damit das Güterangebot und das Realeinkommen verändern sich nicht.

2. Als natürliche Arbeitslosigkeit wird diejenige bezeichnet, die sich bei gegebenen strukturellen Bedingungen auf dem Güter- und Arbeitsmarkt langfristig ergibt. Durch den von *Milton Friedman* eingeführten Begriff der natürlichen Arbeitslosenrate soll verdeutlicht werden, dass auch in einem Gleichgewicht eine positive Arbeitslosenrate existiert. Gleichzeitig soll damit zum Ausdruck gebracht werden, dass diese Arbeitslosenrate durch geldpolitische Maßnahmen nicht systematisch zu beeinflussen ist. Langfristig werden die Wirtschaftssubjekte ihre Erwartungen anpassen, sodass reale Effekte ausbleiben.

   Sehr wohl können aber arbeitsmarktpolitische oder wettbewerbspolitische Maßnahmen die Höhe der natürlichen Arbeitslosenrate verändern. Im Lehrbuch wird beispielsweise auf die Höhe der Arbeitslosenunterstützung verwiesen. (Für weitere Beispiele arbeitsmarktpolitischer Maßnahmen wie Lohnkostenzuschüsse, Fortbildungsmaßnahmen oder Mobilitätsbeihilfen siehe näher im Lehrbuch Teil IV „Problemfelder“.) Die natürliche Arbeitslosenrate ist demnach im Zeitablauf nicht konstant. Formal ergibt sich die natürliche Arbeitslosenrate im Schnittpunkt der Lohn- und der Preisbestimmungsgleichung. Je nach der durchgeführten Maßnahme verändert sich die Lohn- und/oder die Preisbestimmungsgleichung und damit auch die Höhe der natürlichen Arbeitslosenrate.

3. Die Phillipskurve drückt einen negativen Zusammenhang zwischen Arbeitslosigkeit und Inflationsrate aus. Vgl. auch Aufgabe 8.

4. Langfristig besteht bei autoregressiven Erwartungen kein Trade off zwischen Arbeitslosigkeit und Inflation, da angenommen werden kann, dass die Wirtschaftssubjekte ihre Erwartungen anpassen, wenn sie feststellen, dass sie die Inflation in der laufenden Periode unterschätzt haben. Die Wirtschaftssubjekte werden in der nächsten Periode eine höhere Inflation

erwarten. Es ist deshalb nur noch kurzfristig möglich den Trade off zwischen Arbeitslosigkeit und Inflation auszunutzen, wie ihn die Phillipskurve darstellt. Unterstellt man rationale Erwartungen, d.h. es unterlaufen keine systematischen Fehler bei der Erwartungsbildung, wird im Durchschnitt die natürliche Arbeitslosenrate realisiert. Lediglich unerwartete Störungen können zu einer von der natürlichen Arbeitslosigkeit abweichenden Arbeitslosigkeit führen. Während also bei der autoregressiven Erwartungsbildung noch kurzfristige Effekte erzielt werden konnten, verläuft bei der rationalen Erwartungsbildung sowohl die langfristige als auch die kurzfristige Phillipskurve senkrecht.

5. Wird im Rahmen der Lohnvereinbarungen eine Lohnindexierung eingeführt, werden die Lohnsteigerungen automatisch an die Inflation angepasst. Lohnindexierung steigert den Effekt von Arbeitslosigkeit auf Inflation. Ökonomisch lässt sich dies wie folgt erklären: Ohne Indexierung führt eine niedrigere Arbeitslosigkeit zu Lohnerhöhungen. Diese führen zu steigenden Preisen. In der Periode kommt es zu keinen weiteren Preissteigerungen. Dagegen führt ein Preisanstieg bei Indexierung zu erneuten Lohnsteigerungen, welche zu weiteren Preissteigerungen führen und so weiter. Der Effekt der Arbeitslosigkeit auf Inflation ist bei Indexierung stärker.

6. Entscheidend für eine positive Abhängigkeit ist, dass der Substitutionseffekt den Einkommenseffekt dominiert. In Teil I des Lehrbuchs ist dargestellt worden, dass Ersparnis das Ergebnis einer Wahl zwischen dem Konsum „heute“ und dem Konsum „morgen“ ist. Steigt der Zins, so hat dies zwei Effekte. Einerseits steigen die Opportunitätskosten des Konsums „heute“ relativ zu dem Konsum „morgen“ und der Anreiz zur Substitution steigt. Anderseits steigt auf Grund des höheren Zinses der Zukunftswert des Einkommens (das heißt, bei unveränderter Konsumentscheidung kann auf Grund der höheren Zinseinkünfte „morgen“ mehr konsumiert werden), dies ist der Einkommenseffekt. Während der Substitutionseffekt grundsätzlich zu einer Erhöhung der Ersparnis beiträgt, da der Konsum „heute“ reduziert wird, sodass ein größerer Teil des Einkommen gespart wird, reduziert der Einkommenseffekt die Ersparnis tendenziell, da auf Grund des gestiegenen Zukunftswertes des Einkommens der Konsum „heute“ erhöht wird. Der Teil des Einkommens der nicht konsumiert, sondern gespart wird, sinkt demnach. Falls der Substitutionseffekt überwiegt, resultiert ein positiver Zusammenhang zwischen Ersparnis und Zins.

7.a. **Kurze Frist:**

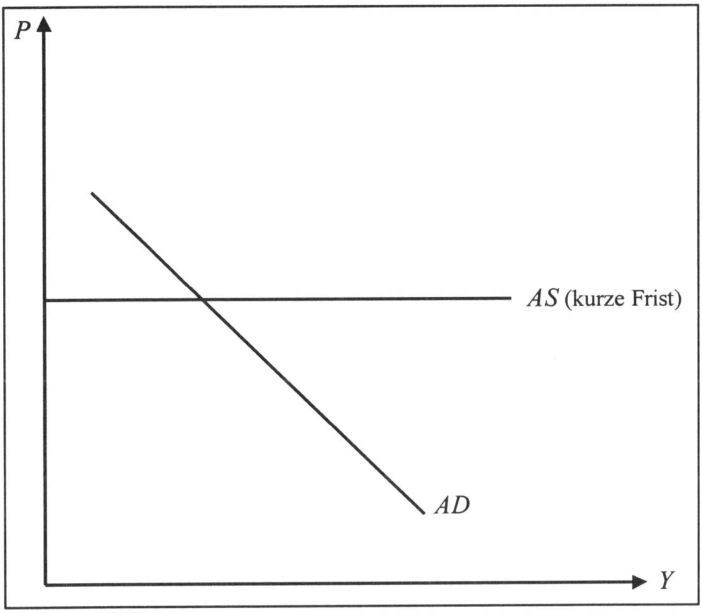

Mittlere Frist:

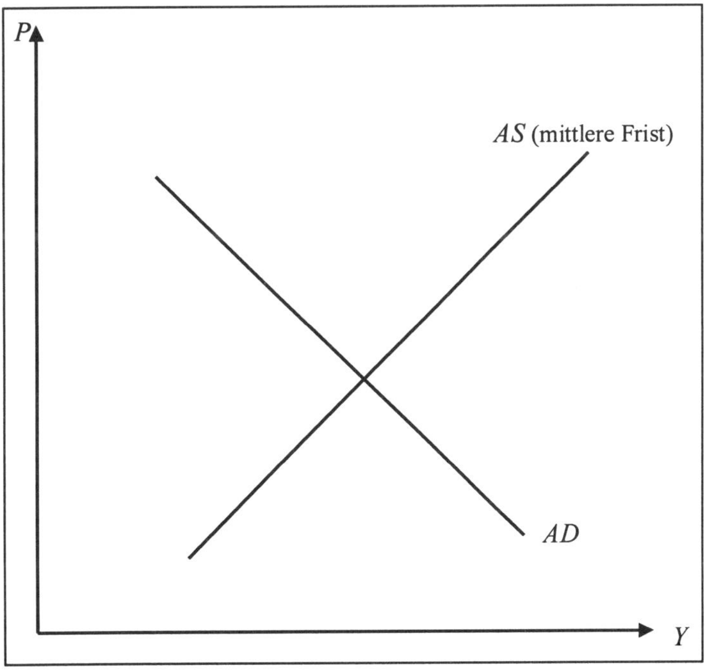

Lange Frist:

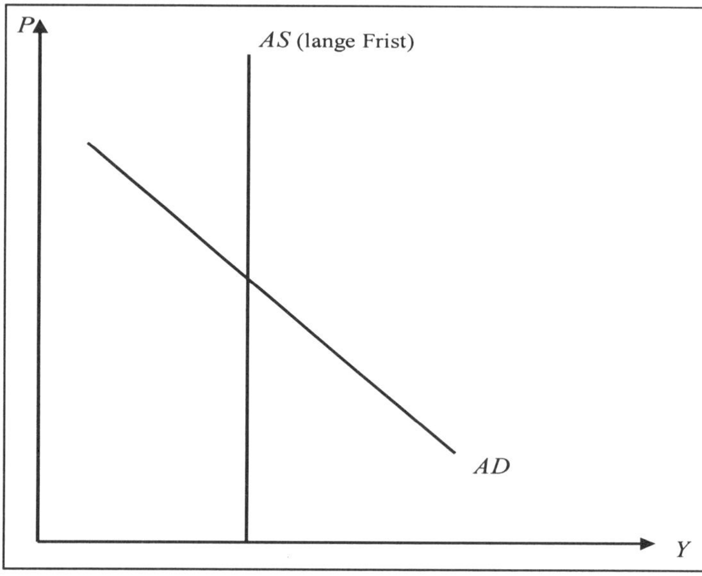

7.b. Die kurze Frist entspricht der keynesianischen Sichtweise. Die lange Frist entspricht der klassisch-neoklassischen Sichtweise.

7.c.

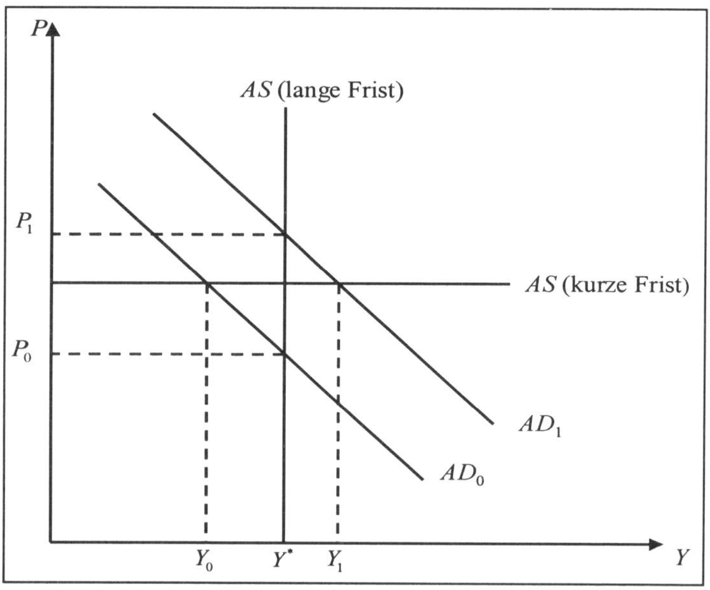

Eine Staatsausgabenerhöhung verschiebt die AD-Kurve nach rechts. In der kurzen Frist weist die AS-Kurve einen flachen Verlauf, im Extremfall parallel zur Abszisse, auf. Da in der kurzen Frist nicht vollkommen ausgelastete Kapazitäten unterstellt werden und die Preise nicht vollkommen flexibel sind, beeinflussen Änderungen der aggregierten Nachfrage auch den Output (hier Anstieg von Y_0 nach Y_1). Dies kann nur der Fall sein, solange es eine Unterauslastung der Kapazitäten gibt. In der langen Frist wird von voll ausgelasteten Produktionsfaktoren ausgegangen. Die Preise spielen für das Angebotsverhalten keine Rolle. Die AS-Kurve verläuft in diesem Fall senkrecht zur Ordinate. Nachfrageänderungen beeinflussen hier nur das Preisniveau (hier Anstieg von P_0 nach P_1) und nicht den Output.

8. Die Lohnbestimmungsgleichung ist abhängig von dem erwarteten Preisniveau, der Arbeitslosenrate und anderen in Z zusammengefassten Faktoren. Besondere Bedeutung kommt bei dieser Formulierung γ zu. Durch den Exponent kann zum Ausdruck gebracht werden, inwieweit die Preisniveauerwartungen der Lohnsetzer korrekt sind. Es ist wichtig zu beachten, dass die Höhe von γ nichts über ein eventuelles Vorliegen von Geldillusion aussagt. Geldillusion bedeutet, dass Preisniveauerwartungen nicht vollständig in die Nominallohnforderungen eingehen, hier aber wird thematisiert, inwieweit die Preisniveauerwartungen selbst korrekt sind.
Es sind drei Fälle zu unterscheiden: $\gamma < 1$, $\gamma = 1$ und $\gamma > 1$. Für $\gamma < 1$ unterschätzen die Arbeitsanbieter das Preisniveau systematisch, für $\gamma = 1$ gilt, dass die Arbeitsanbieter das Preisniveau richtig vorhersagen und für $\gamma > 1$ schließlich liegt eine systematische Überschätzung des Preisniveaus vor. Falls $\gamma \neq 1$ haben wirtschaftspolitische Maßnahmen reale Effekte, da die Arbeitsanbieter die Preisniveaueffekte der Maßnahmen nicht korrekt antizipieren und daher bei expansiver Politik mehr (für $\gamma < 1$) oder weniger (für $\gamma > 1$) Arbeit anbieten als sie es bei korrekten Preisniveauerwartungen tun würden.

9.

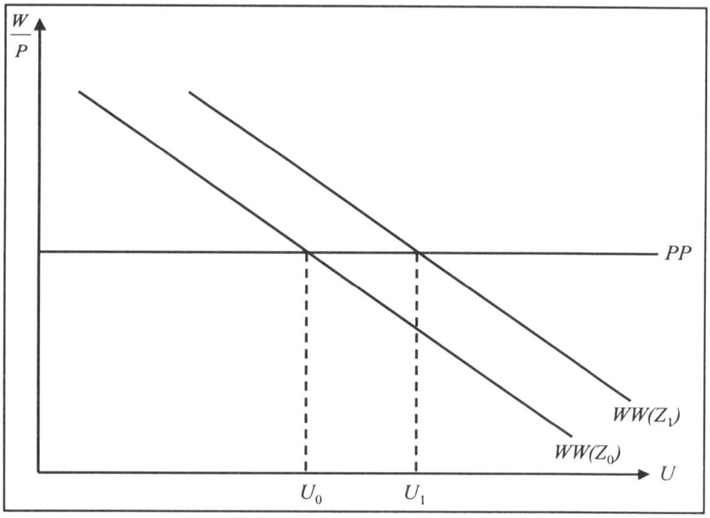

Da die in Gleichung (2) unterstellte einfache Preisbestimmungsgleichung zu einer horizontalen PP - Kurve führt, hat die Erhöhung von Z lediglich Auswirkungen auf die Arbeitslosenrate. Die WW - Kurve verschiebt sich nach rechts, und die gleichgewichtige Arbeitslosenrate erhöht sich. Falls eine Preisbestimmungsgleichung unterstellt wird, die eine positive Steigung aufweist, so steigt durch die Erhöhung von Z auch der Reallohn.

10.

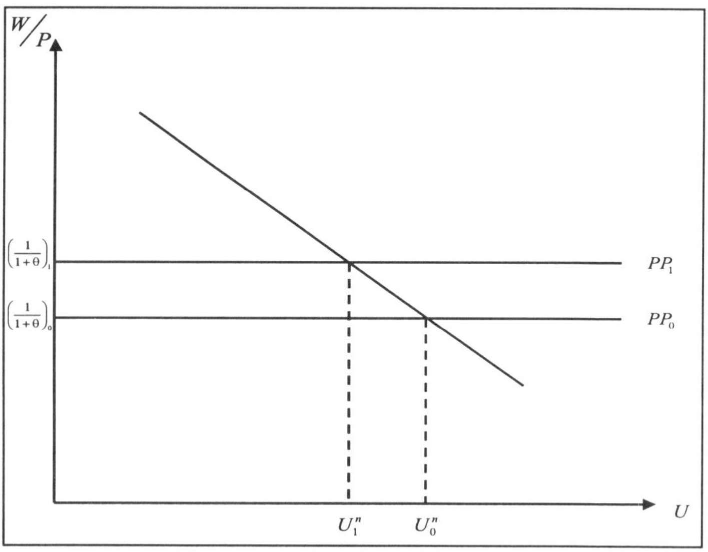

Strengere Wettbewerbsgesetze senken die Marktmacht der Unternehmen, d.h. der Mark up sinkt. Dies führt zu einem höheren Reallohn, sodass sich die PP - Kurve nach oben verschiebt. Die natürliche Arbeitslosenrate sinkt auf U_1^n.

11. Es existieren vier verschiedene Konzepte der Phillipskurve (in chronologischer Reihenfolge): die ursprüngliche Phillipskurve von *A.W. Phillips*, die ursprüngliche Phillipskurve in der Interpretation nach *Samuelson* und *Solow,* die erweiterte Phillipskurve nach *Phelps/Friedman* und die Phillipskurve bei rationalen Erwartungen.Die ursprüngliche Phillipskurve geht auf den britischen Ökonomen *Phillips* zurück und beschreibt die Beziehung zwischen Arbeitslosenrate und Nominallohnsteigerung für Großbritannien. Danach besteht eine inverse Beziehung zwischen diesen Größen. Das bedeutet, je höher die Arbeitslosenrate, desto geringer ist die Nominallohnsteigerung et vice versa. *Phillips* hat diesen Trade off zwischen der Lohnentwicklung und der Arbeitslosenrate aufgrund empirischer Daten im Zeitraum von 1861-1957 postuliert.
Später haben *Samuelson* und *Solow* eine feste Beziehung zwischen der Nominallohn- und Preisniveauänderung unterstellt. Damit wird aus der Beziehung zwischen Nominallohnsteigerungsrate und Arbeitslosigkeit eine Beziehung zwischen Inflation und Arbeitslosigkeit ($\pi_t = (\theta + Z) - \alpha \cdot U_t$). In dieser Darstellungsform kommt der Phillipskurve eine große wirtschaftspolitische Bedeutung zu.

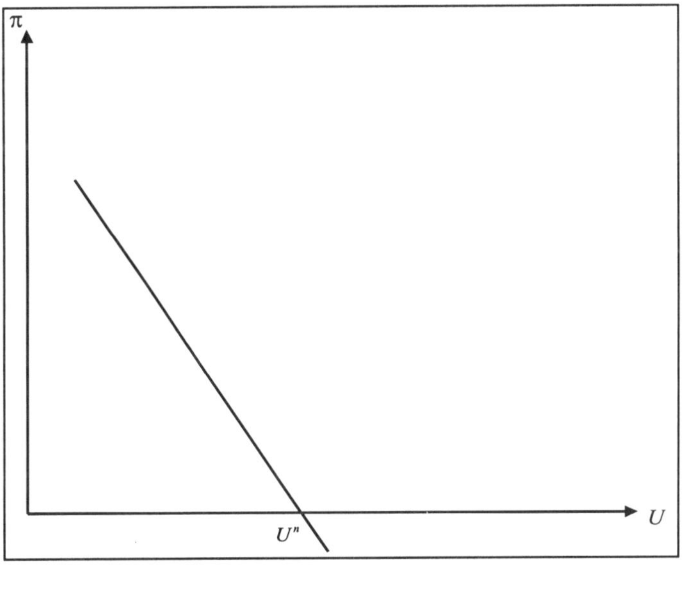

Ökonomisch lässt sich diese Beziehung zwischen Inflation und Arbeitslosigkeit wie folgt begründen. Kommt es zu einer Nachfrageausweitung zum Beispiel durch eine verstärkte Staatsnachfrage, so reagieren die Unternehmen mit steigenden Preisen. Dies hat Auswirkungen auf den Arbeitsmarkt. Es wird angenommen, dass die Arbeitsanbieter der Geldillusion unterliegen, d.h. sie sind nur am Nominallohn interessiert. In Folge des Preisanstiegs sinkt deshalb der Reallohn. Die Unternehmen fragen daraufhin mehr Arbeit nach, da sie sich am Reallohn orientieren. Die Beschäftigung steigt und die Arbeitslosigkeit sinkt. Es kommt zu dem oben beschriebenen Zusammenhang von Inflation und Rückgang der Arbeitslosigkeit. Ist dieser Zusammenhang stabil, so kann die Wirtschaftspolitik die Arbeitslosigkeit schon dadurch senken, dass sie eine höhere Inflationsrate realisiert. Die Politik könnte dann also beliebige Kombinationen von Arbeitslosigkeit und Inflation auf der Phillipskurve wählen.

Friedman und *Phelps* bestreiten die langfristige Verwechslung von Nominallohn und Reallohn durch die Anbieter. Kurzfristig ist es zwar möglich, die Arbeitsanbieter zu täuschen, langfristig werden sie aber ihre Inflationserwartungen anpassen. *Friedman* und *Phelps* unterstellen adaptive Erwartungen, d.h. die Wirtschaftssubjekte bilden ihre Erwartungen aufgrund von vergangenen Inflationsraten. Dies führt dazu, dass die kurzfristige Phillipskurve sich je nach Höhe der Inflationserwartungen verschiebt. Je höher die Inflationserwartung, desto höher liegt auch die kurzfristige Phillipskurve. Der stabile Zusammenhang zwischen Arbeitslosigkeit und Inflation existiert somit nicht mehr. Die Monetaristen gehen davon aus, dass der Trade off nur kurzfristig gilt, da er lediglich auf Erwartungsfehlern beruht. Diese Fehler bauen sich im Zeitablauf aber ab. Die einzige Möglichkeit für die Wirtschaftspolitik, eine unter der natürlichen Rate liegenden Arbeitslosigkeit zu realisieren, liegt in der Erzeugung ständig höherer Inflationsraten, die immer wieder zu Erwartungsfehler führen. Nur auf diese Weise sind die privaten Wirtschaftssubjekte noch zu überraschen und zumindest kurzfristig Output- und Arbeitslosigkeitseffekte zu realisieren (Akzelerationshypothese). Langfristig ist die Phillipskurve vertikal und die Arbeitslosenrate wird bei der natürlichen Rate liegen. Es gibt hier keinen langfristigen Trade off.

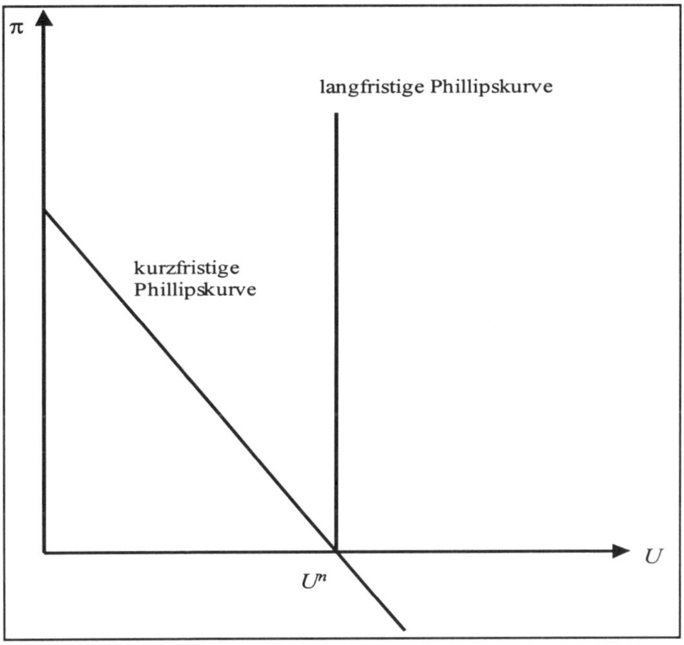

Formal lässt sich die erweiterte Phillipskurve aus der ursprünglichen Phillipskurve nach *Samuelson* und *Solow* durch die Berücksichtigung der Inflationserwartungen ableiten. Es wird der einfache Fall unterstellt, dass sich die Erwartungen immer dann anpassen, wenn in der Vorperiode ein Erwartungsfehler aufgetreten ist: $\pi_t^e = \pi_{t-1}^e + \lambda(\pi_{t-1} - \pi_{t-1}^e)$. Ist $\lambda = 0$ so verändern sich die Inflationserwartungen nicht (*Samuelson/Solow*-Fall). Ist aber $\lambda > 0$ erfolgt eine Anpassung der Erwartungen. In die Phillipskurvengleichung eingesetzt folgt: $(\pi_t - \pi_{t-1}^e) - \lambda \cdot (\pi_{t-1} - \pi_{t-1}^e) = \theta + Z - \alpha \cdot U_t$. Bei $\lambda = 0$ fällt der 2. Term auf der linken Seite weg. Da die Inflationserwartungen in diesem Fall auch konstant sind, bleibt der Trade off zwischen Arbeitslosigkeit und Inflation erhalten. Je größer allerdings λ wird, desto geringer wird der Effekt einer positiven konstanten Inflationsrate auf die Arbeitslosigkeit. Für $\lambda = 1$ ist nur noch dann ein Effekt zu erzielen, wenn für jede Periode *t* gilt $\pi_t > \pi_{t-1}$ (siehe auch Akzelerationshypothese).

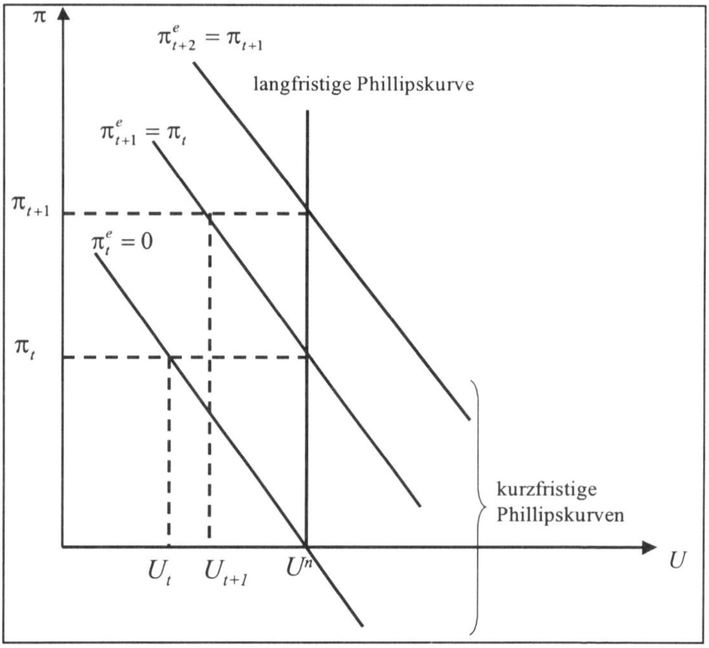

Die Abbildung verdeutlicht, dass die Wirtschaftspolitik im Zeitablauf immer höhere Inflationsraten realisieren muss, um die Arbeitslosigkeit wenigstens kurzfristig zu senken (Akzelerationshypothese).

Bei rationalen Erwartungen wird unterstellt, dass den Wirtschaftssubjekten keine systematischen Fehler in der Erwartungsbildung unterlaufen. Als Phillipskurvenbeziehung ergibt sich unter Berücksichtigung von $\pi_t = \pi^e + u_t$ als tatsächliche Inflationsrate, mit u_t als Schock, formal $\pi_t = \pi_t - u_t + (\theta + Z) - \alpha \cdot U_t$ bzw. $U_t = \frac{(\theta + Z) - u_t}{\alpha}$. Daraus folgt, dass lediglich unerwartete Schocks zu einer Arbeitslosigkeit führen können, die von der natürlichen Arbeitslosigkeit abweicht. Bei rationalen Erwartungen antizipieren die Wirtschaftssubjekte die Inflationseffekte der Wirtschaftspolitik und berücksichtigen sie sofort vollständig in ihren Lohnforderungen, sodass eine systematische Ausnutzung des Trade offs nicht möglich ist und reale Effekte, außer bei unerwarteten Schocks, ausbleiben. Entsprechend verläuft die kurzfristige als auch die langfristige Phillipskurve senkrecht. Es wird daraus der Schluss gezogen, dass sich die Wirtschaftspolitik weitgehend passiv verhalten soll, da eine expansive Wirtschaftspolitik lediglich Inflationseffekte hervorrufe.

12.

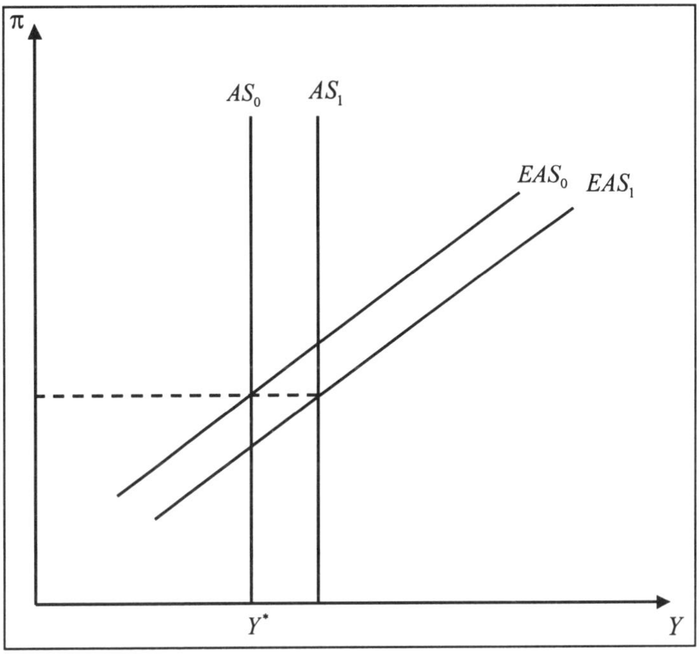

Bei antizipierter Inflation entfällt der Klammerausdruck, und es ergibt sich eine senkrechte Angebotsfunktion (in der Grafik AS-Kurve), die die Abszisse gerade bei Y^* schneidet. Bei nicht erwarteter Inflation resultiert dagegen eine positiv steigende Angebotskurve (in der Grafik EAS-Kurve). Die Höhe der Inflationserwartung wird in diesem Fall zu einem Lageparameter der Kurve. In dem Punkt, in dem die tatsächliche Inflation gerade der erwarteten Inflation entspricht, schneidet die EAS-Kurve die AS-Kurve. Tritt ein positiver Angebotsschock auf $(v_t > 0)$, so wird bei jeder Inflationsrate eine höhere Gütermenge angeboten. Unabhängig von der Interpretation der Ordinate als erwartete oder überraschende Inflation verschiebt sich die Angebotskurve nach rechts.

13.a.

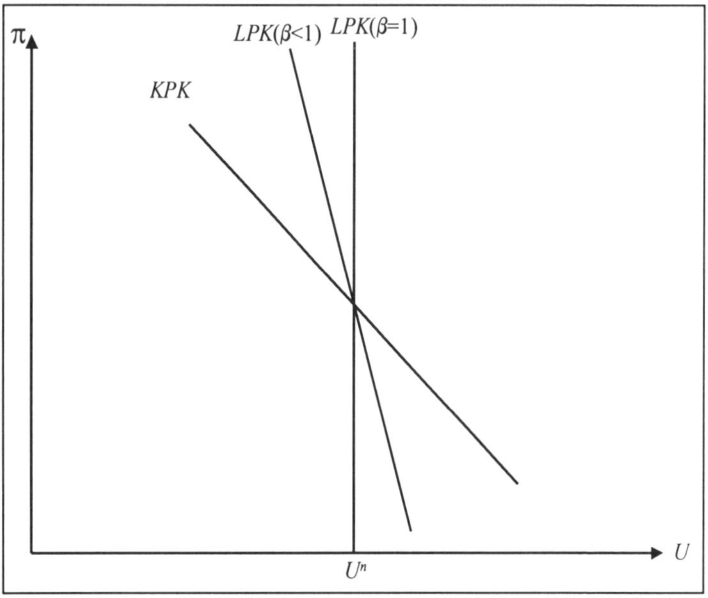

Bei gegebenen Inflationserwartungen existiert ein Trade off zwischen der Inflationsrate und der Arbeitslosenrate. Die kurzfristige Phillipskurve (KPK) weist daher eine negative Steigung auf. Die Höhe von β hat keinen Einfluss auf die Steigung der kurzfristigen Phillipskurve. Langfristig kann $\pi = \pi^e$ unterstellt werden. Dies führt dazu, dass die langfristige Phillipskurve (LPK) steiler verläuft als die kurzfristige Phillipskurve. Je höher der Wert von β, desto steiler ist die langfristige Phillipskurve. Falls $\beta = 1$ (dies ist der im Lehrtext unterstellte Fall), so werden die Inflationserwartungen im vollen Umfang von den Lohnsetzern berücksichtigt (keine Geldillusion), und die langfristige Phillipskurve ist senkrecht.

13.b. Wird $\pi_t^e = \gamma\pi_t$ eingesetzt, so ergibt sich für die erweiterte Phillipskurve

$$(1-\beta\gamma)\pi_t = (\theta + Z) - \alpha U_t \,.$$

Falls die linke Seite der Gleichung null wird, stellt sich die natürliche Arbeitslosenrate $U^n = \dfrac{\theta + Z}{\alpha}$ ein. Das bedeutet, für $1-\beta\gamma = 0$ befindet sich die Arbeitslosigkeit auf ihrem natürlichen Niveau.

14.a. Aus der Definition der adaptiven Erwartungsbildung folgt

$$\pi_t^e - (1-\lambda)\pi_{t-1}^e = \lambda\pi_{t-1} .$$

Die Phillipskurve für die Periode t und - multipliziert mit $(1-\lambda)$ - für die Periode $t-1$ lauten

$$\pi_t = \beta\pi_t^e + (\theta + Z) - \alpha U_t$$

$$(1-\lambda)\pi_{t-1} = (1-\lambda)\beta\pi_{t-1}^e + (1-\lambda)(\theta + Z) - \alpha(1-\lambda)U_{t-1} .$$

Aus der Differenz der beiden Ausdrücke ergibt sich

$$\pi_t = (1-\lambda)\pi_{t-1} + \beta\pi_t^e - (1-\lambda)\beta\pi_{t-1}^e + \lambda(\theta + Z) - \alpha U_t + \alpha(1-\lambda)U_{t-1} .$$

Wird nun die oben dargestellte Definition der adaptiven Erwartungsbildung berücksichtigt, so resultiert die kurzfristige Phillipskurve

$$\pi_t = (1-\lambda+\beta\lambda)\pi_{t-1} + \lambda(\theta + Z) - \alpha U_t + \alpha(1-\lambda)U_{t-1} .$$

Für die langfristige Phillipskurve gilt $t = t-1$, sodass dann gilt

$$\pi_t = \frac{(\theta + Z)}{1-\beta} - \frac{\alpha U_t}{1-\beta} .$$

Falls $\beta < 1$, so existiert auch langfristig ein Trade off zwischen der Höhe der Inflations- und der Arbeitslosenrate. Für $\beta = 1$ verläuft die Phillipskurve dagegen langfristig vertikal.

14.b.

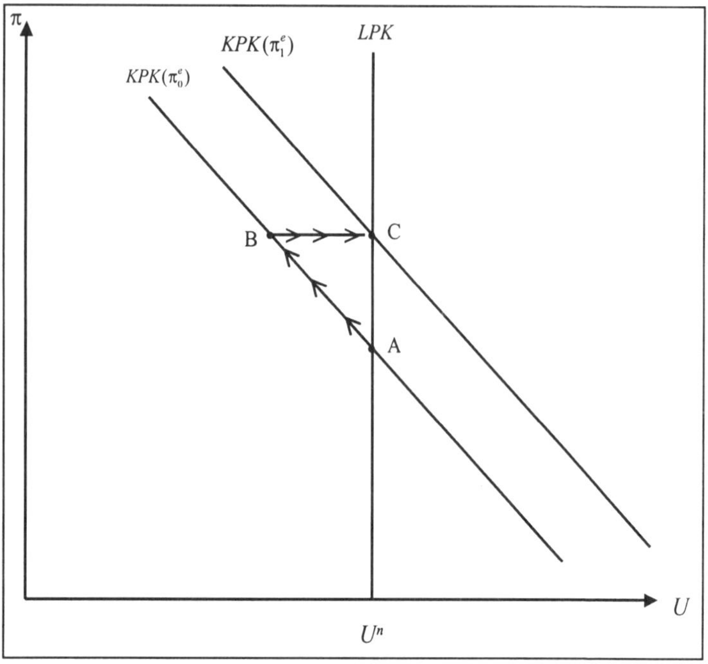

Eine expansive Geldpolitik erhöht die gesamtwirtschaftliche Nachfrage und die Inflationsrate. Auf Grund der adaptiven Erwartungsbildung passen sich die Erwartungen nicht sofort an, sodass der Reallohn zunächst fällt. Der kurzfristige Phillipskurvenzusammenhang macht deutlich, dass dies auch zu einem Rückgang der Arbeitslosenrate führt. In der Grafik bewegt sich die Ökonomie ausgehend von Punkt A zu Punkt B. Die adaptiven Erwartungen sorgen aber dafür, dass sich die Inflationserwartungen langfristig an die höhere Inflationsrate anpassen werden. Die Wirtschaftssubjekte berücksichtigen die höhere Inflationsrate in ihren Lohnforderungen, sodass sich der ursprünglich gesunkene Reallohn und damit auch die Arbeitslosenrate wieder erhöht. Je höher λ, je schneller also die Erwartungsanpassung erfolgt, desto schneller erhöht sich die Arbeitslosenrate auch wieder auf ihr natürliches Niveau. In der Grafik stellt sich dieser Prozess als eine Bewegung von Punkt B nach Punkt C dar. Langfristig wird wieder die natürliche Arbeitslosenrate erreicht, allerdings bei einer höheren Inflationsrate. Die kurzfristige Phillipskurve hat sich auf Grund der höheren Inflationserwartungen nach oben verschoben. Nur durch eine ständige Erhöhung der Inflationsrate („Akzeleration der Inflationsrate“) könnte die Wirtschaftspolitik bei adaptiven Erwartungen die Arbeitslosigkeit unter die natürliche Arbeitslosenrate drücken. Dieser Zusammenhang wird in der Makroökonomie als Akzelerationshypothese bezeichnet.

15. Bei adaptiven Erwartungen ergibt sich zwar kein langfristiger Trade off zwischen Inflations- und Arbeitslosenrate, ein kurzfristiger Trade off bleibt aber bestehen. Werden dagegen rationale Erwartungen unterstellt, so verschwindet auch dieser kurzfristige Trade off. Bei rationalen Erwartungen kann die tatsächliche Inflationsrate nicht systematisch von der erwarteten Rate abweichen, sodass auch die Arbeitslosenrate nicht systematisch von der natürlichen Arbeitslosenrate abweichen kann und sich daher durchschnittlich die natürliche Arbeitslosenrate ergibt. Reale Effekte antizipierter wirtschaftspolitischer Maßnahmen bleiben somit aus. Lediglich überraschende wirtschaftspolitische Maßnahmen oder Schocks können dazu führen, dass die Arbeitslosenrate von der natürlichen Arbeitslosenrate abweicht. Eine systematische Beeinflussung der Arbeitslosenrate ist dagegen nicht möglich. Die kurz- und langfristige Phillipskurve sind bei rationalen Erwartungen demnach identisch, beide verlaufen senkrecht.

16.a. Die natürliche Arbeitslosenrate beträgt 5 %: $U^n = {}^{0,1}\!/_{2} = 0,05$.

16.b. Ein Anteil λ der Arbeitsverträge wird an die laufende Inflationsrate gekoppelt, wird also indexiert. Ein anderer Teil $(1-\lambda)$ wird nicht indexiert, d.h. die Löhne werden auf Grundlage der erwarteten Inflation festgesetzt, die gleich der Inflationsrate der vergangenen Periode sei. Als neue Phillipskurve ergibt sich:

$$\pi_t = \lambda \cdot \pi_t + (1-\lambda) \cdot \pi_{t-1} + 0,1 - 2U_t \,.$$

Kapitel 15

Zur Rolle des Staates

Inhaltsverzeichnis

Schlüsselbegriffe

Kontrolltheorie	Zeitinkonsistenz
Zielfunktion	diskretionäre Lösung
Spieltheorie	Regelbindung

Zusammenfassung

In diesem Kapitel des Lehrbuches wird gezeigt, dass sich das Bild des Staates in der Wirtschaftspolitik grundlegend gewandelt hat. In der keynesianisch geprägten Makroökonomie ging man zunächst davon aus, dass der Staat durch gezielten Einsatz seiner Instrumente steuernd in den Wirtschaftsablauf eingreifen sollte. Die Diskussion drehte sich hierbei vor allem um die Frage, auf welche Weise dies geschehen sollte. Gesucht wurde nach optimalen Politiken im Rahmen kontrolltheoretischer Ansätze. Die jüngere Makroökonomie dagegen betont vor allem die strategischen Interdependenzen zwischen Politik und privatem Sektor und die Rolle von optimalen Institutionen. Gesucht wird häufig nach einem optimalen Design der Makropolitik in sog. Spielsituationen.

Übungsaufgaben aus dem Lehrbuch

1. Interpretieren Sie die Verlustfunktion $\min L = a \cdot \pi^2 + b \cdot U^2$ aus der Box „Kontrolltheorie".
2. Welche Gründe können dafür sprechen, dass Wirtschaftspolitiker sich nicht bzw. nicht ausschließlich an einer gesellschaftlichen Zielfunktion orientieren?
3. Erläutern Sie das Zeitinkonsistenzproblem der makroökonomischen Politik.
4. Was versteht man unter Regelbindung?
5. Was versteht man unter politisch bedingten Konjunkturzyklen?

Weitere Übungsaufgaben

6. In dieser Aufgabe geht es um einen Vergleich zwischen dem kontrolltheoretischen und dem spieltheoretischen Ansatz zur Analyse optimaler Wirtschaftspolitik. In der folgenden Tabelle finden Sie in der ersten Spalte einige Aussagen. Wenn Sie der Ansicht sind, dass eine Aussage für den jeweiligen Ansatz zutrifft, so kreuzen Sie dies entsprechend in der zweiten bzw. dritten Spalte an!

	Kontroll-theorie	Spiel-theorie
Ansatz berücksichtigt keine Unsicherheiten im Wirtschaftsablauf.		
Ansatz berücksichtigt das strategische Verhalten des privaten Sektors.		
Ansatz berücksichtigt meistens nicht rationale Erwartungen.		
Ansatz betont u.a. im Hinblick auf die Geldpolitik das Problem der zeitlichen Inkonsistenz optimaler Politiken.		
Ansatz ist lediglich statisch.		
Ansatz betont die Rolle von Glaubwürdigkeitsproblemen in der Wirtschaftspolitik.		

7. In dieser Aufgabe geht es um die wirtschaftspolitische Zielfunktion aus der Box „Kontrolltheorie" im Lehrbuch und deren grafische Darstellung:

   $\min L = a \cdot \pi^2 + b \cdot U^2$.

   a. Interpretieren Sie die Verlustfunktion L!

   b. Stellen Sie die Verlustfunktion in Abhängigkeit von der Höhe der Inflationsrate (π) bei gegebener Arbeitslosenrate (U) grafisch dar!

   c. Wie lautet die Gleichung einer zu L gehörenden Isoverlustkurve?

   d. Berechnen Sie die Steigung der Isoverlustkurven für ein U,π – Diagramm! Interpretieren Sie Ihr Ergebnis!

   e. Zeigen Sie, dass die Isoverlustkurven streng konkav verlaufen (Hinweis: Diese Aufgabe ist formal schwierig.)

   f. In der Theorie der Geldpolitik versteht man unter dem Verhältnis der Koeffizienten a zu b das Ausmaß an Inflationsaversion der geldpolitisch Handelnden. Sei $\lambda = a/b$. Je größer λ ist, umso größer ist die Abneigung der Wirtschaftspolitiker gegenüber Inflation im Vergleich zur Abneigung gegenüber Arbeitslosigkeit. Politiker mit einem hohen λ werden in der Theorie auch als konservativ bezeichnet. Journalisten sprechen häufig von „Falken", während Politiker mit geringem λ zuweilen als „Tauben" bezeichnet werden. Unabhängig davon, ob man diese Charakterisierung für sinnvoll hält muss man sagen, dass die Höhe von λ besonders bei geldpolitischen Fragen eine wichtige Rolle spielt. Verdeutlichen Sie grafisch, wie sich die Unterschiede zwischen „Falken" und „Tauben" in einem System von Isoverlustkurven niederschlagen!

8. In dieser Aufgabe wollen wir die grafische Lösung des Kontrollproblems aus der Box „Kontrolltheorie" formal nachvollziehen. Gegeben sei also das folgende Minimierungsproblem mit einer Zielfunktion und drei Nebenbedingungen:

   (1) $\min L = a \cdot \pi^2 + b \cdot U^2$,

   (2) $U = U^n - c \cdot (\pi - \pi^e) \qquad U^N > 0$,

   (3) $\pi^e = \overline{\pi}^e$,

   (4) $\overline{\pi}^e = 0$.

a. Berechnen Sie zunächst die optimale Höhe der Inflationsrate (π_A) und anschließend die sich hierbei ergebende Arbeitslosenrate (U_A)!
b. Welchen Einfluss hat eine Erhöhung der natürlichen Arbeitslosenrate auf π_A und U_A?
c. Welchen Einfluss hat eine Erhöhung der Inflationsaversion $\lambda = a/b$ auf π_A und U_A? Stellen Sie Ihr Ergebnis auch grafisch dar!
d. Angenommen, die Inflationserwartungen wären nicht gleich null, sondern würden einen beliebigen Wert $\overline{\pi}^e$ aufweisen. Wie verändern sich Ihre Ergebnisse zu Teilaufgabe a.?
e. Welchen Einfluss hat eine Erhöhung der Inflationserwartungen $\overline{\pi}^e$ auf π_A und U_A?
f. Stellen Sie die Ergebnisse zu Teilaufgabe e. ausgehend von der Lösung für $\overline{\pi}^e = 0$ grafisch dar!

9. Wir kommen nun zur spieltheoretischen Interpretation unseres Optimierungsproblems. Die Gleichungen (3) und (4) aus Aufgabe 8 werden durch Gleichung (5) ersetzt: Die Gleichungen (1) und (2) aus Aufgabe 8 sind weiterhin gültig.

(5) $\pi^e = E(\pi)$

Lassen Sie uns versuchen, die formale Lösung dieser Aufgabe entlang der „Spielzüge" des Staates und der Privaten herauszufinden.

Wenn die Wirtschaftspolitiker über keinen Mechanismus verfügen, mit denen sie ihre Ankündigungen glaubwürdig machen können, besteht ihre Strategie zunächst einmal darin, zu jeder nur denkbaren Inflationserwartung des privaten Sektors die optimale Inflationsrate zu berechnen um damit quasi die passende „Antwort" bzw. den adäquaten „Spielzug" zu finden. In der Spieltheorie spricht man in diesem Zusammenhang von der Ermittlung einer Reaktions- bzw. Antwortfunktion, die den optimalen Zug eines Spielers in Abhängigkeit von den möglichen Reaktionen des Gegenspielers angibt. Weil dies unkoordiniert und ohne Absprachen erfolgt, spricht man auch von einem nicht-kooperativen Spiel.

a. Berechnen Sie die optimale Reaktionsfunktion des Staates, indem Sie das Optimierungsproblem (1), (2) und (5) für gegebene Inflationserwartungen lösen!
b. Der Clou in unserem Spiel ist, dass die Inflationserwartungen des privaten Sektors tatsächlich nicht einfach gegeben sind. Wir können uns das so vorstellen, als würden sich die Privaten gedanklich in die Rolle

des Staates begeben und sich überlegen, welche Inflationsrate sie wählen würden, wenn es ihre Aufgabe wäre, die optimale Inflationsrate zu realisieren. Da wir keinerlei stochastische Störungen in unserem Modell berücksichtigt haben, kennen die Privaten die Reaktionsfunktion des Staates haargenau. Berechnen Sie die rationale Inflationserwartung der Privaten mit Hilfe des Ergebnisses aus Teilaufgabe a.!

c. Setzen Sie Ihre Lösung für $E(\pi)$ aus Teilaufgabe b. in die Reaktionsfunktion aus Teilaufgabe a. ein und berechnen Sie die optimale Inflationsrate π_D! Kommentieren Sie das Ergebnis!

d. Berechnen Sie nun die Höhe der Arbeitslosigkeit U_D!

e. Angenommen, der Staat fände eine Möglichkeit, seine Politikankündigung glaubhaft zu machen und könnte auch tatsächlich nicht von dieser Ankündigung abweichen. In diesem Fall gilt in unserem deterministischen Modell sofort: $\pi = \pi^e = E(\pi)$. Für die Phillipskurve gilt dann:

   (6) $U = U^n$

   Berechnen Sie die Höhe der optimalen Inflationsrate (π_R) und die Arbeitslosenrate (U_R), wenn neben Gleichung (6) weiterhin die Zielfunktion (1) gilt.

f. Vergleichen Sie jeweils π_D mit π_R und U_D mit U_R. In welchem der Fälle $\{\pi_D, U_D\}$ oder $\{\pi_R, U_R\}$ würden die Verluste des Staates geringer sein?

g. Wie nennt man das auftretende Problem, wenn der Staat die Lösung aus Teilaufgabe e. auch dann anstrebt, wenn keine Möglichkeit besteht, Politikankündigungen glaubhaft zu machen? Verdeutlichen Sie dieses Problem mit Hilfe der Antwortfunktion aus der Lösung zu Teilaufgabe a.!

h. Welche Möglichkeiten kennen Sie, die zur Verbesserung der in den Teilaufgaben f. und g. beschriebenen Problematik beitragen können?

10. Wie lässt sich das Problem der Zeitinkonsistenz überwinden? Problematisieren Sie <u>kurz</u> die vorgestellten Lösungen.

11. In dieser Aufgabe geht es um das Zeitinkonsistenzproblem.

Ein Professor steht vor folgendem Entscheidungsproblem: Er will seine Studenten zu intensivem Lernen anhalten, ohne dass dies mit aufwendigen Klausurkorrekturen für ihn selbst verbunden ist.

a. Erläutern Sie, warum es für den Professor eine optimale Strategie ist, zunächst die Klausur anzukündigen und die Klausur kurz vor dem Termin abzusagen.

b. Erläutern Sie hier das bestehende Zeitinkonsistenzproblem, indem sie davon ausgehen, dass der Zeitpunkt t_0 der Zeitpunkt der optimalen Strategie ist.

c. Der Professor überlegt sich sein Vorgehen im nächsten Semester zu wiederholen. Welches „Problem“ kann sich für ihn ergeben?

Lösungen

1. Die Zielfunktion besagt, dass der Staat eine gewichtete Summe aus der Abweichung der Inflationsrate von ihrem Zielwert und der Abweichung der Arbeitslosenrate von ihrem Zielwert minimieren will. Die Koeffizienten a und b geben an, wie stark die einzelnen Ziele gewichtet werden. Hierbei sind die jeweiligen Zielwerte auf null gesetzt worden. Es geht also um die Minimierung von Abweichungen und nicht etwa um die Minimierung von Inflation und Arbeitslosigkeit. Die Quadrierung der Abweichungen bringt zum Ausdruck, dass Abweichungen der jeweiligen Variablen nach oben genauso bewertet werden wie Abweichungen nach unten. Eine Inflationsrate von 2 % impliziert also cet. par. die gleichen Verluste wie eine Inflationsrate von –2 %.

   Die Zielfunktion kann im Sinne einer gesellschaftlichen Verlustfunktion interpretiert werden (Staat als Gemeinwohlmaximierer) oder als Zielfunktion von Wirtschaftspolitikern, die vor allem ihre Wiederwahl und/oder ideologische Interessen vor Augen haben.

2. Wenn Sie den Abschnitt 15.3 „Andere Spielsituation“ im Lehrbuch genau gelesen haben, dann werden Ihnen zwei Argumentationslinien aufgefallen sein:
   Einmal wird das Wiederwahlinteresse der Politiker in den Vordergrund gestellt. Hier wird also angenommen, dass Politiker auch einen Nutzen aus dem Amt ziehen. Die Zielfunktion eines solchen (opportunistischen, weil ausschließlich an Wiederwahl interessierten) Politikers kann also von der Zielfunktion eines (hypothetischen) ausschließlich an der Wohlfahrt der Gesellschaft orientierten Politikers abweichen.

Die andere Argumentationskette stellt vor allem die Ideologie der Politiker in den Vordergrund. Hier wird zwar auch angenommen, dass Politiker an Wiederwahl interessiert sind, jedoch nicht ausschließlich. Die Politiker wollen und müssen bestimmte parteipolitische Positionen durchsetzen, weil sie die Interessen einer bestimmten Wählerschaft vertreten. Es handelt sich dann also nicht um die Optimierung einer gesellschaftlichen Zielfunktion, sondern allenfalls um die Optimierung der Zielfunktion einer gesellschaftlichen Gruppe.

3. Das Problem der Zeitinkonsistenz besagt, dass Ankündigungen von ex ante optimalen wirtschaftspolitischen Maßnahmen die Verhaltensweisen der Wirtschaftssubjekte derart verändern, dass die Einhaltung der Ankündigungen ex post nicht optimal ist.

4. Eine Regelbindung ist eine institutionelle Vorkehrung, bei der der Staat sich „die Hände bindet", d.h. er bindet sich an gesetzlich fixierte Regeln und verzichtet damit auf Diskretionarität.

5. Unter politisch bedingten Konjunkturzyklen versteht man solche Schwankungen im Wirtschaftsablauf, die durch das auf Wahltermine ausgerichtete Verhalten der Politiker verstärkt bzw. selbst erst verursacht werden. So gehen einige Ansätze davon aus, dass Politiker in Demokratien Konjunkturzyklen verursachen, weil sie vor Wahlen die Wähler mit expansiven Ausgabenprogrammen (z.B. Steuererleichterungen) verwöhnen wollen, um so ihre Wiederwahlchancen zu erhöhen. Nach den Wahlen müssten dann restriktive Maßnahmen ergriffen werden, um aufkommende Inflation zu unterbinden.

6.

	Kontroll-theorie	Spiel-theorie
Ansatz berücksichtigt keine Unsicherheiten im Wirtschaftsablauf.		
Ansatz berücksichtigt das strategische Verhalten des privaten Sektors.		+
Ansatz berücksichtigt meistens nicht rationale Erwartungen.	+	
Ansatz betont u.a. im Hinblick auf die Geldpolitik das Problem der zeitlichen Inkonsistenz optimaler Politiken.		+
Ansatz ist lediglich statisch.		
Ansatz betont die Rolle von Glaubwürdigkeitsproblemen in der Wirtschaftspolitik.		+

7.a. Vgl. hierzu die Lösung von Aufgabe 1.

7.b.

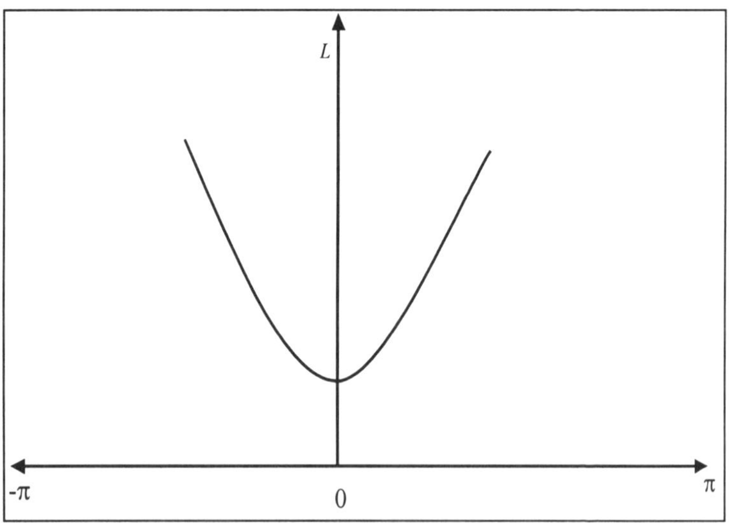

7.c. Eine Isoverlustkurve ist hier der geometrische Ort aller Kombinationen der Zielgrößen, die zu dem selben Verlust führen. Für ein beliebiges Verlustniveau $\overline{L}$ gilt daher:

$$\overline{L} = a \cdot \pi^2 + b \cdot U^2 .$$

7.d. Es gibt unterschiedliche Möglichkeiten, die Steigung der Isoverlustfunktion zu berechnen. Da die Verlustfunktion explizit gegeben ist, besteht ein mögliches Vorgehen darin, die Gleichung für die Isoverlustfunktion nach der Inflationsrate aufzulösen und anschließend die so gewonnene Gleichung für π nach U abzuleiten:

$$\overline{L} = a \cdot \pi^2 + b \cdot U^2$$

umgestellt nach π:

$$\pi = \left(\frac{\overline{L} - b \cdot U^2}{a} \right)^{\left(\frac{1}{2}\right)} .$$

Bei etwas komplizierter aussehenden Ausdrücken empfiehlt es sich häufig, neue Variablen zu definieren und anschließend die Produktregel der Differentiation anzuwenden. Wir definieren die Größe x wie folgt:

$$x = \left(\frac{\overline{L} - b \cdot U^2}{a} \right) .$$

Mit dieser Definition können wir die Inflationsrate auch wie folgt notieren:

$$\pi = x^{(1/2)} .$$

Aus der Produktregel folgt nun:

$$\frac{d\pi}{dU} = \frac{d\pi}{dx} \cdot \frac{dx}{dU} .$$

Es gilt:

$$\frac{d\pi}{dx} = \frac{1}{2} \cdot x^{-\left(\frac{1}{2}\right)} = \frac{1}{2} \cdot \frac{1}{x^{\left(\frac{1}{2}\right)}} = \frac{1}{2} \cdot \frac{1}{\pi}$$

$$\frac{dx}{dU} = -\frac{2 \cdot b \cdot U}{a} .$$

Setzt man diese Zwischenergebnisse in die Produktregel ein, so folgt:

$$\frac{d\pi}{dU} = -\frac{1}{2} \cdot \frac{1}{\pi} \cdot \frac{2 \cdot b \cdot U}{a} = -\frac{b \cdot U}{a \cdot \pi} .$$

Bevor wir nun diese Steigung interpretieren, soll noch ein zweiter Weg zur Herleitung der Steigung verdeutlicht werden. Tatsächlich ist dieser zweite Weg häufig und insbesondere dann empfehlenswert, wenn eine Funktion gar nicht explizit sondern lediglich implizit vorliegt. Der erste Schritt besteht darin, die Funktion für die Isoverlustkurve total zu differenzieren:

Aus

$$\overline{L} = a \cdot \pi^2 + b \cdot U^2$$

folgt:

$$d\overline{L} = 2 \cdot a \cdot \pi \cdot d\pi + 2 \cdot b \cdot U \cdot dU .$$

Auf einer Isoverlustkurve ist das Verlustniveau konstant; deshalb gilt: $d\overline{L} = 0$. Setzen wir dies in das totale Differenzial ein, folgt unmittelbar wieder:

$$\frac{d\pi}{dU} = -\frac{b \cdot U}{a \cdot \pi}$$

Kommen wir nun zur Interpretation der Steigung. Weisen π und U dasselbe Vorzeichen auf, so ist die Steigung negativ. Die Steigung ist positiv, wenn π und U entgegengesetzte Vorzeichen haben. Die Steigung ist Null wenn U gleich null ist, und sie entspricht $-\infty(\infty)$ wenn Nullinflation und $U > 0$ $(U < 0)$ vorliegt. Grundsätzlich können wir uns den Verlauf der Kurven so erklären, dass immer dann, wenn eine Zielvariable sich weiter vom Zielwert entfernt, also im positiven (negativen) Bereich größer (kleiner) wird, die andere Zielvariable näher an den Zielwert rücken muss, damit das Verlustniveau identisch bleibt.

7.e. Die Isoverlustkurven verlaufen streng konkav, wenn ihre zweiten Ableitungen kleiner als null sind.

Analog zur Lösung für die Teilaufgabe d. gibt es wieder die Möglichkeit, die Krümmung aus der expliziten Funktion für die Steigung zu berechnen. Wir wählen hier jedoch den schnelleren Weg über die Bildung des totalen Differenzials für die Steigung. Für die Steigung hatten wir oben den folgenden Ausdruck berechnet:

$$\frac{d\pi}{dU} = -\frac{b \cdot U}{a \cdot \pi} .$$

Das totale Differenzial hierfür lautet (hier muss die Quotientenregel angewandt werden):

$$d\left(\frac{d\pi}{dU}\right) = -\frac{b}{a\cdot\pi}\cdot dU + \frac{a\cdot b\cdot U}{(a\cdot\pi)^2}\cdot d\pi\,.$$

Nach Division durch dU erhalten wir für die zweite Ableitung der Isoverlustkurve:

$$\frac{d\left(\frac{d\pi}{dU}\right)}{dU} = \frac{d^2\pi}{dU^2} = -\frac{b}{a\cdot\pi} + \frac{a\cdot b\cdot U}{(a\cdot\pi)^2}\cdot\frac{d\pi}{dU}\,.$$

Wir können nun unser Ergebnis für die Steigung einsetzen. Somit folgt:

$$\begin{aligned}\frac{d^2\pi}{dU^2} &= -\frac{b}{a\cdot\pi} - \frac{a\cdot b\cdot U}{(a\cdot\pi)^2}\cdot\frac{b\cdot U}{a\cdot\pi}\\ &= -\left(\frac{b}{a\cdot\pi} + \frac{a\cdot b^2\cdot U^2}{(a\cdot\pi)^3}\right) = -\frac{b\cdot\left(a\cdot\pi^2 + b\cdot U^2\right)}{a^2\cdot\pi^3}.\end{aligned}$$

Dieser Ausdruck lässt sich unter Berücksichtigung der Definition für die Isoverlustkurve noch wie folgt vereinfachen:

$$\frac{d^2\pi}{dU^2} = -\frac{b\cdot\overline{L}}{a^2\cdot\pi^3} < 0 \qquad \text{für } \overline{L} > 0\,.$$

Da die Verluste nicht negativ werden können, verlaufen die Kurven also konkav und im Bereich $\overline{L} > 0$ streng konkav.

7.f.

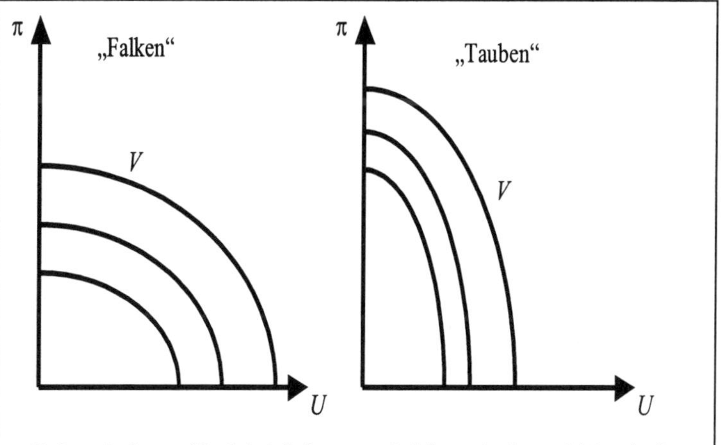

Die Isoverlustkurven (V) relativ inflationsaverser Politiker verlaufen vergleichsweise flach.

8.a. Wir können diese Aufgabe besonders leicht lösen, wenn wir die Nebenbedingungen für U in die Zielfunktion einsetzen. Alternativ können Sie auch einen Lagrange-Ansatz wählen und den Nebenbedingungen jeweils eine Lagrange-Variable zuordnen. Wir gehen hier jedoch einen besonders einfachen Weg: Gleichung (4) wird in Gleichung (3) eingesetzt, diese dann wiederum in Gleichung (2). Die Phillipskurve sieht danach also wie folgt aus:

$$U = U^n - c \cdot \pi .$$

Eingesetzt in die Zielfunktion ergibt dies:

$$\min L = a \cdot \pi^2 + b \cdot \left(U^n - c \cdot \pi\right)^2 .$$

Ein Minimum ist gefunden, wenn die 1. Ableitung der Zielfunktion nach der Inflationsrate gleich null und die 2. Ableitung positiv ist. Die ersten beiden Ableitungen sind:

$$\frac{dL}{d\pi} = 2 \cdot a \cdot \pi - 2 \cdot c \cdot b \cdot \left(U^n - c \cdot \pi\right),$$

$$\frac{d^2L}{d\pi^2} = 2 \cdot \left(a + c^2 \cdot b\right) > 0 .$$

Die Bedingung 2. Ordnung (zweite Ableitung größer als null) ist also in jedem Fall erfüllt. Aus der Bedingung 1. Ordnung (erste Ableitung gleich null) erhalten wir nun für unsere optimale Inflationsrate (die wir mit dem Index A versehen):

$$\pi_A = \frac{b \cdot c \cdot U^n}{a + b \cdot c^2} > 0 .$$

Setzt man dieses Ergebnis in die obige Phillipskurve ein, so folgt für die Arbeitslosenrate U_A:

$$U_A = \frac{a \cdot U^n}{a + b \cdot c^2} < U^n .$$

8.b. Aus den obigen Lösungen folgt unmittelbar, dass die optimalen Werte für Inflation und Arbeitslosigkeit umso höher sind, je größer die natürliche Arbeitslosenrate ist.

8.c. Um diese Aufgabe zu lösen, müssen wir zunächst die Definition für $\lambda = a/b$ in die Lösungen für π_A und U_A einsetzen:

$$\pi_A = \frac{b \cdot c \cdot U^n}{a + b \cdot c^2} = \frac{b \cdot c \cdot U^n}{a \cdot \left(1 + \frac{b}{a} \cdot c^2\right)} = \frac{c \cdot U^n}{\lambda \cdot \left(1 + \frac{c^2}{\lambda}\right)} = \frac{c \cdot U^n}{\lambda + c^2}.$$

Die optimale Inflationsrate π_A wird also sinken, wenn λ steigt, da die Inflationsaversion λ lediglich mit positivem Vorzeichen im Nenner steht. Je größer der Nenner ist, umso kleiner wird der ganze Ausdruck cet. par. sein.

Kommen wir zur Arbeitslosenrate:

$$U_A = \frac{a \cdot U^n}{a + b \cdot c^2} = \frac{a \cdot U^n}{b \cdot \left(\frac{a}{b} + c^2\right)} = \frac{\lambda \cdot U^n}{\lambda + c^2}.$$

Da die Inflationsaversion sowohl im Zähler als auch im Nenner mit positivem Vorzeichen steht, ist nicht unmittelbar ersichtlich wie die Arbeitslosenrate reagiert. Eine formale Ableitung zeigt jedoch, dass die Arbeitslosenrate steigt, wenn die Inflationsaversion größer wird:

$$\frac{dU_A}{d\lambda} = \frac{U^n}{\lambda + c^2} - \frac{\lambda \cdot U^n}{\left(\lambda + c^2\right)^2} = \frac{c^2 \cdot U^n}{\left(\lambda + c^2\right)^2} > 0.$$

Die folgende Grafik zeigt, dass Wirtschaftspolitiker mit unterschiedlichen Inflationsaversionen auch unterschiedliche Punkte auf der Phillipskurve optimal empfinden und realisieren. Vergleichsweise hohe Inflationsaversion führt (in diesem Ansatz wohlgemerkt) zu geringer Inflation und hoher Arbeitslosigkeit.

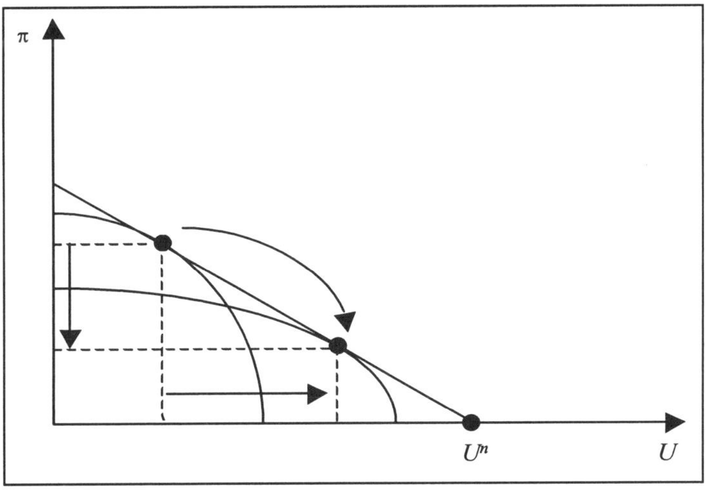

8.d. Wenn wir beliebige, aber exogen gegebene Inflationserwartungen annehmen, sieht die Phillipskurve wie folgt aus:

$$U = U^n - c \cdot \left(\pi - \overline{\pi}^e\right).$$

Wir können diese Gleichung nun wieder in die Zielfunktion für U einsetzen (alternativ hierzu ist auch der Lagrange-Ansatz möglich):

$$\min L = a \cdot \pi^2 + b \cdot \left(U^n - c \cdot (\pi - \overline{\pi}^e)\right)^2.$$

Die ersten beiden Bedingungen für ein Minimum sind:

$$\frac{dL}{d\pi} = 2 \cdot a \cdot \pi - 2 \cdot c \cdot b \cdot \left(U^n - c \cdot (\pi - \overline{\pi}^e)\right) \overset{!}{=} 0$$

$$\frac{d^2L}{d\pi^2} = 2 \cdot \left(a + c^2 \cdot b\right) \overset{!}{>} 0.$$

Erneut ist die Bedingung 2. Ordnung immer erfüllt. Aus der Bedingung 1. Ordnung erhalten wir nun für die Inflationsrate

$$\pi_A = \frac{b \cdot c \cdot \left(U^n + c \cdot \overline{\pi}^e\right)}{a + b \cdot c^2}.$$

Setzen wir dies in die Phillipskurve ein, so folgt für die Arbeitslosenrate:

$$U_A = \frac{a \cdot \left(U_n + c \cdot \overline{\pi}^e\right)}{a + b \cdot c^2}.$$

8.e. Eine autonome Erhöhung der Inflationserwartung führt zu einem Anstieg von Inflation und Arbeitslosigkeit.

8.f.

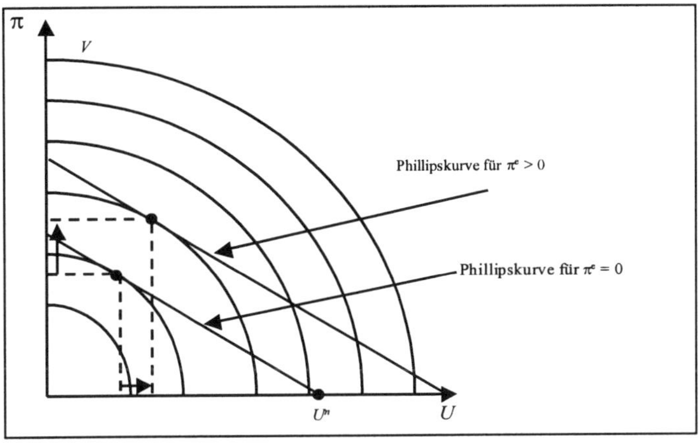

9.a. Wenn Sie die vorherige Übungsaufgabe gelöst oder sich die Musterlösung angeschaut haben, dann ist diese Teilaufgabe sehr einfach zu lösen. Denn das Vorgehen entspricht unter den hier getroffenen Annahmen aus der Sicht des Staates zunächst einmal genau dem Procedere aus Aufgabe 8.d. Wir können deshalb die Lösung aus 8.d. direkt übernehmen, wobei wir jedoch den Querstrich über die Inflationserwartungen weglassen, weil diese ja nicht wirklich exogen sind. Wir benutzen außerdem den Index D um zu verdeutlichen, dass der Staat diskretionär handelt. Die Antwort- oder Reaktionsfunktion des Staates lautet also:

$$\pi_D = \frac{b \cdot c \cdot \left(U^n + c \cdot \pi_D^e\right)}{a + b \cdot c^2}.$$

9.b. Rationale Erwartungen entsprechen dem mathematischen Erwartungswert, es gilt also

$$\pi_D^e = E(\pi_D).$$

Da die Koeffizienten a, b und c sowie die Höhe der natürlichen Arbeitslosenrate den Wirtschaftssubjekten bekannt sind, entspricht der Erwartungswert dieser Größen jeweils der Größe selbst; also z.B. $E(a) = a$ usw. Die Privaten wissen außerdem, dass der Staat die Inflationsrate entsprechend der oben abgeleiteten Reaktionsfunktion festlegen wird. Es ist deshalb aus Sicht der Privaten vernünftig, sich gedanklich in die Rolle des Staates zu versetzen und zur Bildung der Inflationserwartung die Reaktionsfunktion des Staates zu nutzen. Wir erhalten deshalb:

$$E(\pi_D) = \frac{b \cdot c \cdot \left(U^n + c \cdot E(\pi_D)\right)}{a + b \cdot c^2}.$$

Aufgelöst nach $E(\pi_D)$ folgt hieraus:

$$E(\pi_D) = \frac{b \cdot c \cdot U^n}{a} = \pi_D^e.$$

9.c.

$$\pi_D = \frac{b \cdot c \cdot \left(U^n + \frac{b \cdot c^2 \cdot U^n}{a}\right)}{a + b \cdot c^2} = \frac{b \cdot c \cdot \left(a \cdot U^n + b \cdot c^2 \cdot U^n\right)}{a \cdot \left(a + b \cdot c^2\right)}$$

$$= \frac{b \cdot c \cdot U^n}{a}.$$

Die tatsächlich vom Staat gewählte Inflationsrate stimmt mit der vom privaten Sektor erwarteten Inflationsrate überein. Bei rationalen Erwartungen des privaten Sektors hat daher der Staat keinen Anreiz mehr, von den zuvor gebildeten Erwartungen der Privaten systematisch abzuweichen. Auch die Privaten haben keinen Grund, ihren „Spielzug“ (die Bildung der Inflationserwartung bzw. die darauf basierende Lohnfestlegung) zu ändern, da sie nicht systematisch getäuscht werden. Beide „Spieler“ haben also angesichts der Reaktion des „Gegenspielers“ keinen Anreiz mehr, ihr Verhalten zu ändern. Deshalb spricht man von Gleichgewicht, präziser von Gleichgewicht bei diskretionärer Politik.

9.d. Da in unserem Modell, das keine stochastischen Störungen enthält (Wir weisen auf diesen Umstand immer mal wieder hin, weil erfahrungsgemäß Student(inn)en häufig rationale Erwartungen und perfekte Voraussicht unzulässigerweise gleichsetzen. Um es noch einmal zu sagen: In diesem Modell fallen rationale Erwartungen und perfekte Voraussicht zusammen, weil wir von der Existenz unvorhersehbarer Schocks abstrahiert haben. Würden wir diese mit einbeziehen, dann könnten sich die Privaten sehr wohl über die Höhe der Inflationsrate täuschen; allerdings -und dies ist das Entscheidende- nicht systematisch.), die tatsächliche Inflationsrate mit der erwarteten Inflationsrate im Gleichgewicht bei diskretionärer Politik übereinstimmt, folgt unmittelbar aus der Phillipskurve:

$$U_D = U^n.$$

9.e. Die Zielfunktion lautet also:

$$\min L = a \cdot \pi^2 + b \cdot U^{n^2} .$$

Das Minimum dieser Funktion liegt offensichtlich bei einer Inflationsrate von Null. Die Lösung ist also:

$$\pi_R = 0 ,$$

$$U_R = U^n .$$

Der Index R soll verdeutlichen, dass es sich hierbei um die Gleichgewichtswerte bei regelgebundener Politik handelt.

9.f. Ein Vergleich der Lösungswerte zeigt, dass die Arbeitslosigkeit in beiden Fällen gleich groß ist und der natürlichen Arbeitslosenrate entspricht. Bei diskretionärer Politik fällt die Inflation jedoch größer als bei regelgebundener Politik aus. Man spricht vom Inflationsbias diskretionärer Politik. Aus dem Gesagten folgt unmittelbar, dass die Verluste L bei regelgebundener Politik geringer als bei diskretionärer Politik ausfallen.

9.g. Man spricht vom Problem der zeitlichen Inkonsistenz optimaler Politik. Wenn der Staat keine Möglichkeit findet, sich definitiv zu binden, kann das Gleichgewicht bei Regelbindung nicht so ohne weiteres erreicht werden. Man erkennt dies gut anhand der Reaktionsfunktion des Staates aus Teilaufgabe a.:

$$\pi = \frac{b \cdot c \cdot \left(U^n + c \cdot \pi^e\right)}{a + b \cdot c^2} .$$

Angenommen, die Privaten würden tatsächlich eine Inflationsrate wie bei Regelbindung, also $\pi^e = 0$, erwarten. In diesem Fall wäre jedoch die optimale Antwort (der beste „Spielzug“) des Staates (vgl. Reaktionsfunktion):

$$\pi = \frac{b \cdot c \cdot U^n}{a + b \cdot c^2} = \pi_A .$$

Kann also der Staat die Inflation faktisch nach Abschluss der Lohnverhandlungen (also fallweise bzw. diskretionär in Abhängigkeit von den Inflationserwartungen) bestimmen, so wäre es bei $\pi^e = 0$ aus Sicht des Staates optimal, die Inflation höher als erwartet festzulegen. Eine zu Beginn des Spiels (bei Festlegung der Inflationserwartung) noch als optimal empfundene Inflationsrate von $\pi = 0$, erweist sich nach Abschluss der Tarifverhandlungen (nach Festlegung der Inflationserwartungen) nicht mehr als optimal. Eine Inflationsrate wie bei Regelbindung ist zeitlich nicht konsistent, wenn der Staat nicht tatsächlich gebunden ist und fallweise (diskretionär) entscheiden kann. Die Privaten wissen um diesen Anreiz des Staates. Deshalb ist $\pi^e = 0$ bei fehlender Regelbindung des Staates keine rationale Erwartung, und eine Situation $\{\pi^e = 0,\ \pi = \pi_A\}$ kann keine Lösung des Spiels sein.

9.h. Im Lehrbuch werden die Verankerung einer **Regelbindung** und die **Delegation**slösung erläutert. (Die folgenden Ausführungen gehen über die zu erwartende Lösung hinaus.)

Die Problematik besteht darin, dass die diskretionäre Politik zu höheren Verlusten führt als eine regelgebundene Politik.

Eine nahe liegende Antwort besteht demnach darin, eine **Regelbindung** für die Politik durchzusetzen. Allerdings ist dies nicht ganz so einfach. Denn um Regelbindung im Bereich der Stabilitätspolitik glaubwürdig zu verankern (etwa gesetzlich), müssen Regeln verständlich und einfach überprüfbar sein. Die Politiker sehen sich hier häufig einem Trade off zwischen Glaubwürdigkeit (bzw. Klarheit und Überprüfbarkeit) und Flexibilität gegenüber. Denn es können Ereignisse im Wirtschaftsablauf eintreten, die es notwendig erscheinen lassen, von einfachen Regeln abzuweichen (denken Sie z.B. an die Große Weltwirtschaftskrise, an einen Aktiencrash usw.). Natürlich könnte man die Regelbindungen mit Vorbehalten, also quasi mit Ausstiegsklausel, versehen. Je komplizierter solche Regeln jedoch werden, umso weniger sind sie verständlich, überprüfbar und letztlich glaubwürdig.

Eine andere, im Bereich der Geldpolitik international stark genutzte Möglichkeit besteht darin, nicht die Politik selbst einer Regelbindung zu unterziehen, sondern die Verantwortung für einen Politikbereich quasi in "regelgebundener" Weise an andere Institutionen zu delegieren. So verfügen heutzutage sehr viele Länder über eine Notenbank, die unabhängig von der Regierung ist. Eine solche **Delegation** der Politik kann modelltheoretisch durch einen Anstieg der Inflationsaversion $\lambda = a/b$ erfasst werden. Im Gegensatz zur Regierung, deren Zielfunktion ganz unterschiedliche Politikbereiche abdecken muss, wird einer Zentralbank primär die Sicherung der Preisniveaustabilität zugeordnet. Die Zentralbank kann dann, unabhängig vom Wahlverhalten der Bürger, die Geldpolitik diskretionär betreiben. Aus der Lösung zur diskretionären Politik kann man erkennen, dass die Inflationsrate invers mit der Höhe der Inflationsaversion verbunden ist.

$$\pi_D = \frac{b \cdot c \cdot U^n}{a} = \frac{c \cdot U^n}{\lambda}.$$

Der Vorteil einer größeren Inflationsaversion besteht also in einer Verringerung des Inflationsbias: Im Gegensatz zum Fall statischer Erwartungen steht diesem Vorteil kein Nachteil im Sinne einer gestiegenen Arbeitslosenrate gegenüber, denn die entspricht unabhängig von der Höhe der Inflationsaversion bei rationalen Erwartungen der natürlichen Arbeitslosenrate U^n. Ähnlich wie zuvor bei der Diskussion der Regelbindung können wir die Nachteile einer Inflationsfeindlichkeit, und die gibt es tatsächlich, nur verbal veranschaulichen, da unser Modellrahmen für eine formale Analyse zu einfach gestrickt ist. Bei Berücksichtigung von Angebotsstörungen kann man zeigen, dass auch das Ausmaß der Produktionsschwankungen umso größer ist, je höher λ ist. Den Vorteilen stehen also Nachteile gegenüber. Ein effiziente Delegation (d.h. es wird das richtige Maß von λ bestimmt, also die richtigen Personen beauftragt und die richtigen institutionellen Vorkehrungen getroffen) kann bei Berücksichtigung von unvorhersehbaren Störungen im Wirtschaftsablauf sowohl starren Regeln als auch einer regierungsabhängigen, diskretionären Politik überlegen sein.

10. Eine Maßnahme das Zeitinkonsistenzproblem zu lösen, könnte die Einführung einer gesetzlich verankerten Regelbindung darstellen. Wie wir schon in der vorhergehenden Aufgabe gesehen haben, kann bei unerwarteten Störungen eine Regelbindung unter Umständen ein kostspieliger Weg sein. Die Regierung kann nicht flexibel auf die unerwartete Störung reagieren, da die Reaktion möglicherweise nicht mit der Regelbindung vereinbar ist. Eine Alternative zur gesetzlich verankerten Regelbindung besteht darin, die Politik an unabhängige Instanzen zu delegieren, die eine andere Zielfunktion minimieren als die Regierung selbst. Die Regierung könnte ihre Verluste verringern, wenn sie die Bestimmung der Inflationsrate an eine Behörde, eine unabhängige Zentralbank, delegieren würde, deren Abneigung gegen Inflation größer ist, als die Inflationsaversion in der Zielfunktion der Regierung. Weil die Privaten wissen, dass die Inflation nun durch eine Behörde festgelegt wird, die eine größere Inflationsaversion als die Regierung aufweist, erwarten sie eine geringere Inflation. Damit dies funktioniert, muss allerdings die Zentralbank tatsächlich eine größere Inflationsaversion als die Regierung aufweisen, und sie muss von der Regierung unanhängig sein. Treten jedoch unerwartete Störungen auf, so wird mit der einseitigen Vermeidung von Inflation zwar nicht die durchschnittliche Arbeitslosenrate steigen, jedoch werden die Einkommens-, Beschäftigungs-, und Produktionsschwankungen erhöht.

11.a. Aufgrund der Klausurankündigung werden die Studenten gezwungen den Stoff zu lernen, wenn sie die angekündigte Klausur bestehen wollen. Die optimale Strategie für den Professor besteht darin, die Klausur kurzfristig vor dem Termin abzusagen und den Studenten ihren Schein trotzdem auszustellen. Der Professor hat sein Ziel erreicht: Die Studenten haben gelernt und er braucht keine Klausuren zu korrigieren.

11.b. Zeitinkonsistenzprobleme entstehen, wenn eine in t_0 optimale Strategie zu einem in der Zukunft liegenden Zeitpunkt nicht mehr als optimal erscheint, ohne dass sich die Informationsbasis geändert hat. Bezogen auf das Beispiel ergibt sich zum Zeitpunkt t_0, d.h. bevor die Studenten den Stoff gelernt haben, für den Professor die optimale Strategie, die Klausur schreiben zu lassen und dies anzukündigen.
Zum Zeitpunkt t_1, also nachdem die Studenten für die Klausur gelernt haben, ist es für den Professor nicht optimal die Klausur schreiben zu lassen, da er dann den Korrekturaufwand hat. Es ist für ihn dann optimal, die Klausur kurzfristig abzusagen und die Korrektur damit zu vermeiden.

11.c. Der Professor muss damit rechnen, dass die Studenten aus seinem „Täuschungsverhalten" gelernt" haben für die Klausur und seine erneute Ankündigung nicht mehr für glaubwürdig halten und nicht mehr lernen. Denn sie gehen davon aus, dass die Klausur erneut abgesagt wird und sie den Leistungsnachweis ohne Klausur erhalten.

Teil IV

Problemfelder

Kapitel 16

Einführung*

Kapitel 17

Arbeitslosigkeit

Inhaltsverzeichnis

* Da Kapitel 16 einen einführenden Charakter hat, wurden dazu keine Übungsaufgaben formuliert.

Schlüsselbegriffe

Arbeitslosigkeit	Hysteresis
friktionelle Arbeitslosigkeit	Suchtheorie
strukturelle Arbeitslosigkeit	Effizienzlohntheorie
konjunkturelle Arbeitslosigkeit	Theorie impliziter Kontrakte
Okun´s Gesetz	Insider-Outsider-Theorie
Real Business Cycle	Theorie der Monopolgewerkschaft

Zusammenfassung

Dieses Kapitel des Lehrbuches befasst sich mit der Problematik der Arbeitslosigkeit. Zunächst werden die verschiedenen Formen der Arbeitslosigkeit spezifiziert. Anschließend werden verschiedene Erklärungsansätze (Mikrofundierungsversuche) anhaltender Arbeitslosigkeit vorgestellt. Schließlich werden die wesentlichen wirtschaftspolitischen Gegenmaßnahmen gegen Arbeitslosigkeit behandelt, zum einen die Beschäftigungs- und Konjunkturpolitik (als Maßnahme gegen konjunkturelle Arbeitslosigkeit) und zum anderen die Struktur- und Wachstumspolitik (gegen strukturelle Arbeitslosigkeit).

Übungsaufgaben aus dem Lehrbuch

1. Untergliedern Sie die Arbeitslosigkeit sinnvoll, und erläutern Sie unterschiedliche Formen der Arbeitslosigkeit.
2. Was ist die natürliche Arbeitslosenrate?
3. Erläutern Sie die ökonomischen Kosten der Arbeitslosigkeit.
4. Erläutern Sie den Grundgedanken der strukturellen Theorie zur Erklärung der Arbeitslosigkeit.
5. Lässt sich die Arbeitslosigkeit über eine expansive Geldpolitik bekämpfen?

Weitere Übungsaufgaben

6. Welche Probleme ergeben sich bei der Messung der Arbeitslosenrate?

7. Welche der folgenden Aussagen sind richtig? Das *Okun'*sche Gesetz besagt, dass es eine inverse Beziehung gibt zwischen
   a. Outputniveau - Inflationsrate.
   b. Outputwachstum – Inflationsrate.
   c. Keine der Antworten ist richtig.
8. Wie lässt sich Hysteresis am Arbeitsmarkt erklären?
9. Welche Gründe werden für die Lohnverhandlungsmacht der Insider angeführt?
10. Wie kann die Lohnverhandlungsmacht von Insidern Vollbeschäftigung verhindern?

Lösungen

1. Im ersten Schritt bietet es sich an, zwischen freiwilligen und unfreiwilligen Arbeitslosen zu unterscheiden. Zu den freiwillig Arbeitslosen zählt derjenige Teil des Arbeitskräftepotenzials, der nicht bereit ist, zu den momentanen Bedingungen auf dem Arbeitsmarkt, also insbesondere dem herrschenden Lohnsatz, zu arbeiten. Entsprechend sind die unfreiwillig Arbeitslosen diejenigen, die zwar die momentanen Bedingungen auf dem Arbeitsmarkt akzeptieren, jedoch zu den herrschenden Bedingungen keine Beschäftigung gefunden haben. Die unfreiwillige Arbeitslosigkeit lässt sich nun noch weiter untergliedern. Die unfreiwillige Arbeitslosigkeit teilt sich zunächst in die konjunkturelle und die natürliche Arbeitslosigkeit auf. Die natürliche Arbeitslosigkeit wiederum setzt sich aus der friktionellen und der strukturellen Arbeitslosigkeit zusammen.
   Unter *konjunktureller* Arbeitslosigkeit versteht man die auf eine zu geringe gesamtwirtschaftliche Nachfrage in Rezessionsphasen zurückgehende Arbeitslosigkeit. Sie wird damit durch die Position der Ökonomie auf dem Konjunkturzyklus bestimmt. Als *natürlich* wird diejenige Arbeitslosigkeit bezeichnet, die bei flexiblen Löhnen und Preisen nicht über eine (geld- oder fiskalpolitisch motivierte) Stimulierung der Nachfrage zu beseitigen ist. Die *friktionelle* Arbeitslosigkeit als die eine Komponente der natürlichen Arbeitslosigkeit beruht darauf, dass das Zusammenführen von offenen Stellen und Arbeitsanbietern nicht reibungslos funktioniert. Auch wenn grundsätzlich von der Qualifikation her geeignete Arbeitsanbieter für die offenen Stellen existieren, braucht dieser Koordinierungsprozess Zeit. Die friktionelle Arbeitslosigkeit ist demnach kurzfristiger Natur. Von *struktureller* Arbeitslosigkeit wird hingegen gesprochen, wenn die Qualifikationen der Arbeitsanbieter nicht mit den Profilen der offenen

Stellen übereinstimmen. Grund der strukturellen Arbeitslosigkeit sind in erster Linie der ökonomische Strukturwandel sowie technologische Neuerungen, die neue Anforderungen an Ausbildung und Qualifikation stellen.

2. Unter natürlicher Arbeitslosenrate wird in der Makroökonomik diejenige Arbeitslosenrate angesehen, die unter Berücksichtigung der Unvollkommenheiten des Arbeitsmarktes als mit Vollbeschäftigung vereinbar angesehen wird. Im Lehrbuch werden zur natürlichen Arbeitslosigkeit die friktionelle Arbeitslosigkeit sowie die strukturelle Arbeitslosigkeit gezählt. Die natürliche Arbeitslosenrate ist nicht mit geld- oder fiskalpolitischen Maßnahmen beeinflussbar.

3. Die ökonomischen Kosten der Arbeitslosigkeit beruhen erstens auf dem Produktionsverlust, zweitens auf der Umverteilung von Einkommen und Vermögen sowie drittens auf den Steuerausfällen und Mehrausgaben des Staates. Diese drei Komponenten sollen nun nacheinander kurz erläutert werden.
   Aus ökonomischer Sicht liegen die gravierendsten Kosten der Arbeitslosigkeit im Produktionsverlust, der auf die unvollständige Nutzung des Faktors Arbeit zurückzuführen ist. Der Einsatz des Faktors Arbeit bei der gesamtwirtschaftlichen Produktion liegt unterhalb des maximal Möglichen. In welcher Höhe dadurch Outputverluste hinzunehmen sind, lässt sich mit Hilfe des so genannten *Okun*'schen Gesetzes schätzen. Gemäß dieser ursprünglich für die USA ermittelten Richtschnur kostet jeder Extraprozentpunkt an Arbeitslosigkeit oberhalb der natürlichen Arbeitslosenrate 2 % des BIP.
   Die zweite Kostenkomponente der Arbeitslosigkeit besteht in den Umverteilungskosten. Arbeitslosigkeit trifft nicht alle Gesellschaftsmitglieder gleich. Einige werden kurzfristig betroffen, andere langfristig, wieder andere dauerhaft und viele überhaupt nicht. Damit führt die Arbeitslosigkeit auch zu einer Umverteilung des Volkseinkommens und des Vermögens innerhalb einer Gesellschaft.
   Drittens muss der Staat aufgrund der Arbeitslosigkeit Steuerausfälle hinnehmen und gleichzeitig Mehrausgaben für unterstützende Leistungen tätigen. Auch hierdurch entstehen Kosten, da die benötigten Ressourcen einer anderen Verwendung nicht zur Verfügung stehen.

4. Alle dieser Erklärungsrichtung zuzuordnenden Ansätze, erklären Arbeitslosigkeit über Verzerrungen des Arbeitsangebotes oder der Arbeitsnachfrage, die dazu führen, dass sich nicht der markträumende Wettbewerbslohn, sondern ein höherer Lohn einstellt.

Zu diesem Lohnniveau stellt sich ebenfalls eine natürliche Arbeitslosenrate ein, die jedoch im Vergleich zu der sich beim markträumenden Wettbewerbslohn ergebenden natürlichen Arbeitslosenrate sozial ineffizient hoch ist. Verschiedene Gründe können für diese Verzerrungen angeführt werden. Die wichtigsten und prominentesten sind staatliche Regulierungen (Mindestlöhne, Sozialpläne bei Entlassungen) sowie die Existenz von Sozialleistungen (Arbeitslosenunterstützung, Sozialhilfe). In (neu-) keynesianischen Ansätzen finden sich seit einiger Zeit Bestrebungen, den strukturellen Ansatz zur Erklärung von Arbeitslosigkeit mikroökonomisch zu fundieren. Dazu wird versucht, die Existenz eines nicht markträumenden Lohns aus dem Optimierungsverhalten der Wirtschaftssubjekte abzuleiten. Die wichtigsten Ansätze im Rahmen der strukturellen Theorie sind die Effizienzlohntheorie, die Theorie impliziter Kontrakte, die Insider-Outsider-Theorie und die Theorie des Gewerkschaftsverhaltens.

5. Bevor wirtschaftspolitische Maßnahmen zur Bekämpfung der Arbeitslosigkeit eingeleitet werden, ist zu fragen, welche Form von Arbeitslosigkeit überhaupt vorliegt (vgl. dazu auch die Aufgabe 1). Natürlich sind wirtschaftspolitische Eingriffe nur erwägenswert, wenn unfreiwillige Arbeitslosigkeit vorliegt. Ist dies der Fall, ist des Weiteren zwischen konjunktureller und struktureller Arbeitslosigkeit zu differenzieren. Aufgrund ihrer unterschiedlichen Ursachen können beide Formen von Arbeitslosigkeit nicht mit denselben Politiken bekämpft werden. Der Einsatz der Geldpolitik ist nur sinnvoll, wenn konjunkturelle Arbeitslosigkeit vorliegt, da über eine geldpolitische Expansion ein gesamtwirtschaftliches Nachfragedefizit ausgeglichen werden kann. Insbesondere für den Fall, dass Hysteresis eine bedeutende Rolle auf dem Arbeitsmarkt spielt, gewinnt die Bekämpfung der Arbeitslosigkeit über eine Stimulierung der gesamtwirtschaftlichen Nachfrage an Bedeutung. Damit kann verhindert werden, dass die Auswirkungen kurzfristiger adverser Beschäftigungsschocks die Arbeitslosigkeit dauerhaft in die Höhe treiben.
Die Verringerung der strukturellen Arbeitslosigkeit verlangt hingegen den Einsatz von Struktur- und Wachstumspolitik. Eine expansive Geldpolitik würde bei vorwiegend struktureller Arbeitslosigkeit lediglich die Inflation steigern. Insofern ist der Einsatz der Geldpolitik nicht immer als sinnvoller Weg zur Bekämpfung der Arbeitslosigkeit anzusehen.

6. Die statistisch erfasste Arbeitslosenrate (gemessen als Prozentsatz der registrierten Arbeitslosen an der Gesamtzahl der Erwerbspersonen) misst nur einen Teil der tatsächlichen Arbeitslosenrate. Nicht berücksichtigt werden bei der statistischen Erfassung die nicht gemeldeten Arbeitslosen sowie die, die für eine Arbeitsaufnahme nicht zur Verfügung stehen.

Ebenso bleibt die verdeckte Arbeitslosigkeit und Arbeitslosigkeit in Form von Kurzarbeit unberücksichtigt.

7. Keine der Antworten ist richtig. Das *Okun'*sche Gesetz gibt eine empirische Beziehung zwischen Arbeitslosigkeit und BIP wieder. Das „Gesetz" unterstellt, dass jeder Extraprozentpunkt an Arbeitslosigkeit oberhalb der natürlichen Arbeitslosenrate 2 % des BIP kostet.

8. Unter Hysteresis am Arbeitsmarkt wird die Rückkehr zu einem neuen stabilen Gleichgewicht nach einem Schock, allerdings mit einer höheren Arbeitslosenrate, verstanden. Dafür gibt es verschiedene Begründungen. Erstens wird durch einen Schock die Beschäftigung reduziert, sodass es zur Unterauslastung des Kapitalstocks und zu Desinvestitionen kommt. Wird das Lohnsetzungsverhalten der gesunkenen Grenzproduktivität der Arbeit nicht angepasst, entsteht Arbeitslosigkeit. Zweitens ist anzunehmen, dass die Grenzproduktivität neu eingestellter Arbeiter niedriger ist aufgrund des Einarbeitungsbedarfs. Besteht ein einheitliches Lohnniveau wird die Einstellung von Arbeitslosen erschwert. Drittens führt eine anhaltende Arbeitslosigkeit zur Entwertung von berufspezifischer Qualifikation. Bei lang andauernder Arbeitslosigkeit wird so eine Neueinstellung erschwert. Diese Ursachen führen zu einer höheren Sockelarbeitslosigkeit.

9. In der Insider-Outsider-Theorie wird angenommen, dass die Insider, also die beschäftigten Arbeiter, die Macht haben zu verhindern, dass die Unternehmen auf ein niedrigeres Lohnangebot der Outsider eingehen. Diese Lohnverhandlungsmacht wird erstens auf Fluktuationskosten zurückgeführt, die durch den Austausch von teuren Insidern gegen preiswertere Outsider entstehen. Die Kosten der Neueinstellung von Outsidern können zweitens erhöht werden, wenn eine Kooperationsverweigerung angedroht wird. Drittens ist die Produktivität von Insidern höher als die von Outsidern.

10. In der Insider-Outsider-Theorie sind die Insider vor allem daran interessiert einen hohen Lohn durchzusetzen. Die in Aufgabe 9 angeführten Gründe führen zu einer Lohnverhandlungsmacht der Insider, mit der sie verhindern können, dass die Unternehmen auf ein niedrigeres Lohnangebot der Outsider eingehen. Die Insider erzielen damit einen nicht markträumenden Lohn. Durch den zu hohen Lohn resultiert im Gleichgewicht Arbeitslosigkeit.

Kapitel 18

Inflation

Inhaltsverzeichnis

Schlüsselbegriffe

Inflation	Verzerrungseffekte
Inflationsmessung	Allokationskosten
Inflationsarten	Einkommens- und Vermögensumverteilung
Schuhsohlen-Kosten	Seigniorage
Menu-Kosten	Notenbankunabhängigkeit

Zusammenfassung

Dieses Kapitel des Lehrbuches beschäftigt sich zuerst im Abschnitt „Problemstellung" schwerpunktmäßig mit der Messung und den Kosten der Inflation. Anschließend werden bei den Ursachenerklärungen zum einen der staatliche Anreiz zur Seignioragefinanzierung von öffentlichen Aufgaben und zum anderen die Ineffizienz von Marktgleichgewichten erläutert. Bei den wirtschaftspolitischen Gegenmaßnahmen wird schließlich unterschieden zwischen Maßnahmen gegen eine Nachfrageinflation (antizyklische Fiskal- und Geldpolitik) und Maßnahmen gegen einen strukturellen Inflationsbias (Unabhängigkeit der Zentralbank). Außerdem wird die Rolle der Indexierung angesprochen.

Übungsaufgaben aus dem Lehrbuch

1. Definieren Sie den Begriff „Inflation". Versuchen Sie einzelne Charakteristika dieser Definition näher zu erläutern.
2. Welche Probleme können bei der Inflationsmessung auftreten?
3. Zu den Kosten der Inflation werden auch die Einkommens- und Vermögensumverteilungseffekte gerechnet. Den Verlierern stehen hier jedoch auch Gewinner gegenüber. Warum spricht man dennoch eindeutig von Kosten der Inflation?
4. Erläutern Sie, warum ineffiziente Marktgleichgewichte dazu führen können, dass selbst ein ausschließlich am Gemeinwohl orientierter Staat Inflation produziert. Schauen Sie sich dazu auch noch mal Kapitel 15 an.
5. Wie lässt sich die Unabhängigkeit einer Notenbank bestimmen?

Weitere Übungsaufgaben

6. Definieren Sie die Preis- und Mengenindizes nach *Laspeyres* und *Paasche*!
7. Berechnen Sie den Preis- bzw. Mengenindex nach *Laspeyres* und *Paasche*. Es wurden folgende Güter produziert und konsumiert:

	Menge	Preis pro Stück
Periode 1	Gut A: 40 Stück	2,50 GE
	Gut B: 20 Stück	2 GE
Periode 2	Gut A: 42 Stück	3 GE
	Gut B: 24 Stück	2,20 GE

8. Bei welchem Preisindex werden die Güterpreise mit den Gütermengen der Basisperiode gewichtet?

9. Was versteht man unter Seigniorage?

10. Ein Anreiz zur Inflationierung ist die so genannte „Seignioragefinanzierung“. Angenommen, die Seigniorage soll maximiert werden. Wie hoch muss in diesem Fall die Inflationsrate sein? Legen Sie Ihrer Antwort die folgenden Modellgleichungen zu Grunde. Berechnen Sie die „seignioragemaximierende“ Inflationsrate (π) und erläutern Sie Ihr Ergebnis!

(1) $L = \overline{Y}^{\eta} \cdot e^{-\mu \cdot i}$ $\quad \mu, \eta > 0$, reale Geldnachfrage bei konstantem Einkommen

(2) $i = \overline{r} + \pi^e$ konstanter Realzins

(3) $\pi^e = \pi$ perfekte Voraussicht

(4) $\pi = \dfrac{\Delta M}{M}$ kein realwirtschaftliches Wachstum

Unterstellen Sie außerdem ein Gleichgewicht am Geldmarkt!

Lösungen

1. Inflation kann als Prozess andauernder Preisniveausteigerungen definiert werden. Dies bedeutet im Einzelnen:

   „*Prozess*“: Es handelt sich um einen dynamischen (im Gegensatz zu einem statischen) Vorgang.

   „*andauernd*“: Bei Inflation geht es nicht um einen einmaligen Anstieg des Preisniveaus, sondern um andauernde Preisniveausteigerungen.

   „Preis*niveau*steigerungen“: Es geht nicht um den Anstieg eines Einzelpreises, sondern um den Anstieg des Preisniveaus. Das Preisniveau kann als ein in geeigneter Weise gewichteter Durchschnitt aller Güterpreise verstanden werden.

2. Die Hauptprobleme, die bei der Messung der Inflationsrate durch Preisindizes entstehen und zu Abweichungen in der Preisniveauentwicklung führen, liegen in der Auswahl der Güter, Qualitätsverbesserungen, neuen Gütern und der Bestimmung der relevanten Preise der Güter.

3. Die Verteilungseffekte kommen zustande, wenn die Inflation nicht korrekt antizipiert wird. Sie gehören also zu den Kosten einer nicht korrekt antizipierten Inflation. Sind Forderungen in nominalen Größen festgelegt, führt

nicht-antizipierte Inflation zu einer Umverteilung des Vermögens. So verlieren Gläubiger und gewinnen Schuldner. Zudem kommt es zu einer Umverteilung der Einkommen zu Gunsten der Gewinn- und zu Lasten der Lohneinkommen, wenn die Preise schneller als die Nominallöhne steigen. Ebenso leiden Empfänger von institutionell bestimmten, nominal fixierten Transfereinkommen (etwa Rentner, Arbeitslose, Sozialhilfeempfänger) unter inflationsbedingter Einkommensumverteilung, wenn ihre Einkommen nicht so schnell wie die am Markt bestimmten Einkommen angepasst werden. Nun stehen zwar den Inflationsverlierern jeweils auch Gewinner gegenüber, jedoch sind diese Verteilungseffekte politisch nicht gewollt und z.B. nicht parlamentarisch legitimiert; d.h. selbst wenn die Gewinner im selben Umfang profitieren wie die Verlierer abgeben, spricht man von Verlusten, weil die induzierten Umverteilungen nicht gewollt sind. Deshalb werden diese Umverteilungen im Lehrbuch als „willkürliche“ Umverteilungen charakterisiert.

4. Ineffizienz bedeutet hier, dass ein Gleichgewicht, das sich auf den privaten Märkten ergibt, nicht wohlfahrtsoptimal ist. So können z.B. sowohl bestimmte Formen der Besteuerung als auch unvollständiger Wettbewerb an Arbeits- und/oder Gütermärkten dazu führen, dass die natürliche Arbeitslosenrate auf einem gesellschaftlich nicht erwünschten, zu hohem Niveau liegt. Von daher könnte ein am Gemeinwohl orientierter Staat versuchen, diese Ineffizienz abzubauen und dadurch den gesellschaftlichen Nutzen zu steigern. Dieser Versuch kann jedoch - wenn er per Nachfragepolitik umgesetzt wird - zu einem Inflationsbias führen. Wie Sie aus dem Studium des Kapitel 15 „Rolle des Staates“ (Stichwort „Zeitinkonsistenz“) wissen, sorgt die Kenntnis der Privaten über den vorhandenen Anreiz des Staates überraschend zu inflationieren dafür, dass die Privaten unter Umständen Inflation erwarten. Besteht jedoch eine solche Erwartungshaltung, dann kann es selbst für eine am Gemeinwohl interessierte Regierung sinnvoll sein zu inflationieren, weil sonst im Falle einer zu geringen Inflationsrate tatsächlich eine noch höhere Arbeitslosigkeit entsteht.

5. Es gibt unterschiedliche Formen und Ausprägungen einer Notenbankunabhängigkeit. Liegt eine weisungsunabhängige Zentralbank vor, spricht man von institutioneller Unabhängigkeit. In diesem Fall wird die Geldpolitik im Rahmen von Gesetzen oder Verträgen auf Preisniveaustabilität festgelegt. Zusammen mit der Weisungsunabhängigkeit soll die gesetzliche Zielverpflichtung die Glaubwürdigkeit der Geldpolitik verbessern. Von personeller Unabhängigkeit wird gesprochen, wenn durch Vorschriften hinsichtlich der Ernennung, der Entlassung, der Amtszeiten des geldpolitischen Gremiums die institutionelle Unabhängigkeit ergänzt wird. Damit

soll verhindert werden, dass Regierungen direkten Einfluss auf die geldpolitischen Entscheidungsträger nehmen. Von funktioneller Unabhängigkeit spricht man, wenn die Notenbank selbst entscheidet, wie sie die gesetzlich vorgegebenen Ziele erreicht. Man spricht in diesem Fall auch häufig von Instrumentenunabhängigkeit.

6. Der Preisindex von *Laspeyres* besagt, wie stark sich die Kosten des Warenkorbes der Basisperiode in der Berichtsperiode gegenüber der Basisperiode geändert haben:

$$P_L = \frac{\sum_i p_i^t \cdot x_i^0}{\sum_i p_i^0 \cdot x_i^0} \quad .$$

Der Preisindex von *Paasche* besagt, wie stark sich die Kosten des Warenkorbes der Berichtsperiode in der Berichtsperiode gegenüber der Basisperiode geändert haben:

$$P_P = \frac{\sum_i p_i^t \cdot x_i^t}{\sum_i p_i^0 \cdot x_i^t} .$$

7. $$P_L = \frac{3 \cdot 40 + 2{,}20 \cdot 20}{2{,}50 \cdot 40 + 2 \cdot 20} = 1{,}17$$

$$P_P = \frac{3 \cdot 42 + 2{,}20 \cdot 24}{2{,}50 \cdot 42 + 2 \cdot 20} = 1{,}17$$

8. Bei dem Preisindex von *Laspeyres* werden die Güterpreise mit den Gütermengen der Basisperiode gewichtet.

9. Unter Seigniorage versteht man den realen Ertrag, der einer staatlichen oder privaten Institution dadurch entsteht, dass sie in der Lage ist Geld zu produzieren und dieses im Tausch gegen Sach- oder Finanzaktiva in Umlauf zu bringen.

10. Die Seigniorage (S) ist im Text als $\frac{\Delta M}{P}$ definiert. (Im Lehrbuch wird der Seigniorage kein eigenes Symbol zugeordnet. Um die Schreibweise in dieser Aufgabe zu vereinfachen, wird hier S benutzt. Dies ist aber nicht mit der Ersparnis zu verwechseln.) Diesen Ausdruck können wir im Falle eines Gleichgewichts am Geldmarkt $\frac{M}{P} = L$ wie folgt schreiben:

$$S = \frac{\Delta M}{P} = \frac{\Delta M}{M} \cdot \frac{M}{P} = \frac{\Delta M}{M} \cdot L \; .$$

Setzt man nun die Modellgleichungen (1) – (4) in die o.g. Beziehung für S ein, so folgt:

$$S = \pi \cdot \left(\overline{Y}^{\eta} \cdot e^{-\mu \cdot (\bar{r} + \pi)} \right).$$

Die Bedingung 1. Ordnung für ein Maximum von S lautet daher:

$$\frac{dS}{d\pi} = \overline{Y}^{\eta} \cdot e^{-\mu \cdot (\bar{r}+\pi)} - \mu \cdot \pi \cdot \overline{Y}^{\eta} \cdot e^{-\mu \cdot (\bar{r}+\pi)} = L \cdot (1 - \mu \cdot \pi) = 0 .$$

Hieraus folgt (die Bedingung 2. Ordnung ist ebenfalls erfüllt), dass die „seignioragemaximierende" Inflationsrate wie folgt ist:

$$\pi = \frac{1}{\mu} .$$

Die Seigniorage wird also bei einer positiven, jedoch endlichen Inflationsrate maximiert. Die Inflationsrate, die zu maximaler Seigniorage führt, ist umso geringer, je höher die (Semi-) Zinselastizität der Geldnachfrage ($|-\mu|$) absolut ist.

Anmerkung: Steigt die Inflation, dann erhöht sich zwar quasi der „Steuersatz" (π) mit der die vorhandene Realkasse besteuert wird, jedoch steigt im Falle einer Antizipation der Inflation ($\pi^e = \pi$) der Nominalzins (i) an. Deshalb sinkt bei einer zinselastischen Geldnachfrage ($-\mu < 0$) die „Steuerbasis" (L). Darum löst eine Erhöhung der Inflation gegenläufige Effekte auf die Seigniorage aus. Man spricht im Übrigen bei $-\mu$ von Semi-Zinselastizität, weil $-\mu$ dem Ausdruck $\frac{\partial L}{\partial i} \cdot \frac{1}{L}$ und nicht genau der Zinselastizität $\frac{\partial L}{\partial i} \cdot \frac{\iota}{L}$ entspricht.

Kapitel 19

Staatsverschuldung

Inhaltsverzeichnis

Schlüsselbegriffe

staatliches Budgetdefizit

Ricardo-Äquivalenztheorem

Risikoprämie

Schuldenkrise

Trittbrettfahrereffekt

Stabilitäts- und Wachstumspakt

Moral Hazard

Zusammenfassung

Zuerst wird in diesem Kapitel des Lehrbuches die Budgetrestriktion des Staates genauer betrachtet. Darauf aufbauend beschäftigt sich das Kapitel weiter mit der Entwicklung der Schuldenquote und ihren Bestimmungsgrößen und unterscheidet zwischen einer stabilen und einer instabilen Defizitpolitik. Zudem werden die Kosten der Staatsverschuldung näher betrachtet.

Bei den Ursachenerklärungen von Staatsverschuldung wird vor allem auf politökonomische Ansätze näher eingegangen. Bei den wirtschaftspolitischen Gegenmaßnahmen werden die gesetzlichen-institutionellen Vorkehrungen in unterschiedlichen Ländern, insbesondere die in der Europäischen Union, vorgestellt.

Übungsaufgaben aus dem Lehrbuch

1. Erläutern Sie die Begriffe „Staatsschuld“, „Budgetdefizit“ und „Schuldenquote“ des Staates.
2. Welche Faktoren beeinflussen in welcher Weise die zeitliche Entwicklung der realen staatlichen Schuldenquote?
3. Nennen und erläutern Sie kurz die wesentlichen Gründe für Staatsverschuldung, die in der Literatur trotz der Kosten und Gefahren von Staatsverschuldung angeführt werden.
4. Nehmen Sie kritisch zum Ricardo-Äquivalenztheorem Stellung.
5. Nennen und erläutern Sie die verschiedenen institutionellen Vorkehrungen zur Begrenzung der Staatsverschuldung.

Weitere Übungsaufgaben

6. Die Analyse der intertemporalen Budgetrestriktion des Staates hat ergeben, dass eine tragfähige Entwicklung der staatlichen Ausgaben- und Einnahmenpolitik im Durchschnitt die Deckung der realen Zinsbelastung durch einen Primärüberschuss $\tau > g$ erfordert. Abstrahiert man von Seigniorage, so muss also Gleichung (19.5) gelten:

   $$(i - \pi - \psi) \cdot \beta^* = -d = \tau - g \ .$$

   Wichtig ist hierbei, dass sich dieses Kriterium auf die reale Zinsbelastung bezieht. Demgegenüber hat das Defizitkriterium des Maastricht-Vertrags nominale Größen vor Augen. Dieses Defizitkriterium besagt, dass das Finanzierungsdefizit bzw. die nominale (Brutto-)Defizitquote (d^{bn}) $d^{bn} = i \cdot \beta^* + g - \tau$ den Wert von 3 % nicht übersteigen soll. Welche Schuldenquote (b*) ist dann zulässig, wenn bei exakter Erfüllung des Maastrichter Defizitkriteriums $d^{bn} = 3\ \%$ auch die ökonomisch relevante Bedingung (19.5) für die reale Zinsbelastung erfüllt sein soll? Gehen Sie bei Ihrer Antwort von der Annahme aus, dass bei der Festlegung des Defizitkriteriums mit einem realen Wachstum von 3 % und einer Inflationsrate von 2 % gerechnet wurde.

7. Die Bedingung $(i - \pi - \psi) \cdot \beta \leq 1$ wird häufig als natürliche Obergrenze für die staatliche Schuldenquote angesehen. Liefern Sie eine Begründung hierfür!

Lösungen

1. Mit Staatsschuld bezeichnet man den akkumulierten Bestand vergangener Budgetdefizite. Das staatliche Budgetdefizit (auch Bruttodefizit genannt) umfasst das Primärdefizit zuzüglich Zinszahlungen auf die bestehende Staatsschuld. Das Primärdefizit (oder primäre Budgetdefizit) entspricht der Differenz aus Staatsausgaben und Steuereinnahmen. Unter staatlicher Schuldenquote versteht man das Verhältnis von Staatsschuld zum Bruttoinlandsprodukt.

2. Die zeitliche Entwicklung der realen staatlichen Schuldenquote hängt von drei Faktoren ab:

   (i) der Primärdefizitquote

   (ii) der realen Schuldenlastquote

   (iii) der Seigniorage, ausgedrückt als Anteil am Output.

   Die Schuldenquote wächst stärker, wenn cet. par. die Primärdefizitquote ansteigt bzw. cet. par. die Seigniorage sinkt. Ob eine größere Schuldenlastquote zu einem höheren Anstieg der Schuldenquote führt, hängt davon ab, in welchem Verhältnis der Realzins zum Outputwachstum steht. Die Schuldenquote wächst stärker (schwächer), wenn der Realzins größer (kleiner) als das Outputwachstum ist (vgl. auch Aufgabe 7).

3. *Staatsschuld als strategische Handlungsvariable der Regierungspartei:* Der Anreiz zur Staatsverschuldung kann zum einen mit kreditfinanzierten „Wahlgeschenken" erklärt werden. Allerdings kann eine Regierungspartei auch deshalb zur Verschuldung neigen, weil sie mit einer gewissen Wahrscheinlichkeit mit ihrer Abwahl rechnet und quasi der zukünftigen Regierung einen hohen Schuldenstand hinterlassen will. Damit soll dann der Gestaltungsspielraum der nachfolgenden Regierung in der Zukunft begrenzt werden.

   Staatsverschuldung als Instrument der Finanz- und Fiskalpolitik: Staatsverschuldung kann auch im Sinne von Beschäftigungspolitik in Form erhöhter Staatsausgaben bzw. Steuersenkungen instrumentalisiert werden. Eine solche Beschäftigungspolitik führt zu einem Budgetdefizit, das über erhöhte Kreditaufnahme ausgeglichen werden muss. Auf der anderen Seite kann eine restriktive Ausgabenpolitik zur Reduzierung einer Nachfrageinflation zum Einsatz kommen. Eine solche Politik könnte die Staatsverschuldung vorübergehend senken, falls ein Budgetüberschuss realisiert wird.

Staatsverschuldung zur intertemporalen Glättung der Steuersätze: Staatsverschuldung wird jedoch auch noch unter dem Aspekt diskutiert, dass Staatsausgaben und -einnahmen häufig nur mit Unsicherheiten geplant werden können. Kommt es zu stochastischen Einflüssen, so müssten alternativ zur Kreditfinanzierung die Steuersätze oft angepasst werden. Infolge der damit verbunden politischen und ökonomischen Kosten entstehen Effizienzverluste, die durch Kreditaufnahme vermieden werden können.

Staatsverschuldung als Instrument zur Erzielung einer „gerechten" intergenerationalen Lastenaufteilung: Staatsverschuldung kann man auch unter dem Aspekt der intergenerationalen bzw. intertemporalen Lastenaufteilung sehen. Viele Ausgaben des Staates sind Investitionen. Vor diesem Hintergrund kann man jedoch argumentieren, dass diejenigen, die die zukünftigen Erträge der heutigen Investitionen erhalten, auch die Lasten tragen sollten. So wird teilweise Staatsverschuldung damit gerechtfertigt, dass sie zur Finanzierung von öffentlichen Investitionen dient.

4. Das Ricardo-Äquivalenztheorem besagt, dass Steuersenkungen oder Subventionen, die über Budgetfinanzierungen durch Schuldverschreibungen finanziert werden, keine Nachfrageeffekte haben. D.h. Steuersenkungen beeinflussen weder Konsum, Kapitalakkumulation noch das Wirtschaftswachstum. Es wird angenommen, dass die privaten Ersparnisse im gleichen Ausmaß steigen werden wie die öffentlichen Ersparnisse abnehmen, sodass die Investitionen gleich bleiben. Es wird davon ausgegangen, dass eine Steuersenkung und damit ein Budgetdefizit heute zu Steuererhöhungen in der Zukunft führen müssen. Die Steuerbelastung wird lediglich zeitlich verschoben. Vorausschauende Haushalte werden ihren Konsum deshalb nicht erhöhen, sondern die Ersparnisse aufstocken, um Vorsorge für die (Rück-)Zahlung der zukünftigen Steuerlast zu treffen. Kritiker des Ricardo-Äquivalenztheorems verweisen darauf, dass eine schuldenfinanzierte Steuersenkung den Konsum stimulieren kann. So wird argumentiert, dass bei älteren Generationen heute kein Anreiz vorliegt, den zukünftigen Generationen zuliebe heute auf Konsum zu verzichten und ihre Ersparnis zur Rückzahlung der Schulden zu erhöhen.

5. Institutionelle Vorkehrungen, insbesondere durch gesetzliche Vorgaben, sollen dabei helfen die Staatsverschuldung zu begrenzen. So darf in Deutschland nach Art. 115 GG die jährliche Nettokreditaufnahme des Bundes die Summe der im Haushaltsplan veranschlagten Ausgaben für Investitionen nicht überschreiten. In den USA wurde beispielsweise das *Gramm-Rudman-Hollings*-Gesetz eingeführt, welches vorsah, das Budgetdefizit im Rahmen eines Kürzungsplanes innerhalb von 6 Jahren auf Null zurückzuführen. In der Europäischen Union wird durch Konvergenzkrite-

rien für den Eintritt in die EWU die Begrenzung der Staatsschuldenquote und der Budgetdefizitrate festgelegt:

1. Für die Gesamtverschuldung des Staates beträgt die Höchstgrenze 60 % des BIP des jeweiligen Jahres.
2. Das Finanzierungsdefizit des Staates darf 3 % des BIPs des betreffenden Mitgliedsstaates nicht überschreiten.

Auch nach Beitritt sind diese Kriterien verbindlich und werden überwacht.

6. Die Gleichung (19.5) kann auch wie folgt notiert werden:

$$(\pi + \psi) \cdot \beta^* = i \cdot \beta^* + g - \tau .$$

Die rechte Seite dieser Gleichung entspricht nun dem Finanzierungsdefizit bzw. der nominalen Bruttodefizitquote, die nach dem Maastricht-Vertrag 3 % nicht überschreiten soll. Unter der Annahme, dass das Finanzierungsdefizit genau 3 % entspricht, folgt somit:

$$\beta^* = \frac{3\%}{\pi + \psi} .$$

Da man von einem realwirtschaftlichen Wachstum von $\psi = 3\ \%$ und einer Inflation von $\pi = 2\ \%$ ausgegangen ist, folgt:

$$\beta^* = \frac{3\%}{2\% + 3\%} = 60\% .$$

Wie Sie dem Lehrbuch entnehmen können, entspricht dieser Wert von 60 % für die staatliche Schuldenquote genau der Höchstgrenze des Maastrichter-Schuldenstandskriteriums. M. a. W., die fiskalischen Konvergenzkriterien des Maastrichter-Vertrags sichern, obwohl nominal formuliert, bei den genannten Annahmen über Wachstum und Inflation die Erfüllung der realen Solvenzbedingung (19.5).

7. Wäre die genannte Bedingung als Gleichung erfüllt, dann würde der Realwert des BIP durch die (effektive) reale Zinsbelastung gerade aufgezehrt. Wir brauchen uns lediglich zu erinnern, dass β als das Verhältnis von Staatsschuld zum BIP definiert ist. Anders notiert, lautet also die Bedingung:

$$(i - \pi - \psi) \cdot \frac{B}{P} \leq Y .$$

Hierbei bezeichnet $\frac{B}{P}$ den Realwert der ausstehenden Staatsschuld. Die linke Seite zeigt also die (effektiven) realen Zinsbelastungen an und die rechte Seite das reale BIP.

Anmerkung 1: Man spricht hierbei auch von *effektiven* realen Zinslasten, weil in dem Umfang, in dem das BIP wächst, die Verschuldung ansteigen kann, ohne die Schuldenquote zu erhöhen. Darum wird auf der linken Seite der Ausdruck $\psi \cdot \frac{B}{P}$ von den realen Zinsen $(i - \pi) \cdot \frac{B}{P}$ abgezogen.

Anmerkung 2: Diese „natürliche“ Obergrenze ist somit sehr „theoretischer“ Natur, denn auf Grund der negativen Anreizeffekte, die von einer sehr hohen Steuerquote ausgehen, wäre der Staatsbankrott vermutlich schon viel früher erreicht. Aus unserer Bedingung für eine tragfähige Entwicklung wissen Sie, dass bei Abwesenheit von Seigniorage die Gleichung (19.5) gelten muss:

$$(i - \pi - \psi) \cdot \beta^* = -d = \tau - g \,.$$

Da die Steuerquote τ nicht größer als Eins werden kann, impliziert die Erreichung der genannten Obergrenze $(i - \pi - \psi) \cdot \beta = 1$, dass dann $g = 0$ und $\tau = 1$ (also $Y = T$) gelten müsste. Eine Steuerquote von Eins scheint jedoch auf Grund der erwähnten negativen Anreizeffekte nicht erreichbar zu sein.

Kapitel 20

Außenwirtschaftliche Störungen durch Globalisierung

Inhaltsverzeichnis

Schlüsselbegriffe

Globalisierung

komparative Vorteile

Spillover-Effekte

Lender of Last Resort

Beggar-thy-neighbour-Politik

Politikkoordinierung

Zusammenfassung

In diesem Kapitel des Lehrbuches werden die verschiedenen Erscheinungsformen sowie die Entwicklung der Globalisierung betrachtet. Außerdem werden die Risiken der Globalisierung für die Stabilität der Weltwirtschaft erläutert. Dies wird am Beispiel der Asienkrise der späten 1990er Jahre vertieft. Schließlich werden noch die institutionellen Vorkehrungen gegen Währungs- und Finanzmarktkrisen und die Chancen und Risiken einer internationalen Politikkoordinierung diskutiert.

Übungsaufgaben aus dem Lehrbuch

1. Worin äußert sich die stark zugenommene weltwirtschaftliche Verflechtung?
2. Welche makroökonomischen Gefahren resultieren aus impliziten staatlichen Garantien für den Bankensektor?
3. Unter Ökonomen herrscht Einigkeit, dass eine hohe kurzfristige Verschuldung im Ausland eine der wesentlichen Ursachen für die Asienkrise war. Erläutern Sie, welchen Beitrag die von den Krisenländern typischerweise verfolgte Geldpolitik sowie die nominalen Wechselkursziele zum Aufbau einer hohen Auslandsverschuldung leisteten.
4. Diskutieren Sie den Vorschlag, einen internationalen Lender of Last Resort zu etablieren.
5. Vielfach findet man als Lehre aus den Krisen in den Schwellenländern die Forderung, über eine internationale koordinierte Makropolitik Krisenprozessen zu begegnen. Nehmen Sie zu diesem Vorschlag kritisch Stellung.

Weitere Übungsaufgaben

6. Was sind die Ursachen für Globalisierung?
7. Skizzieren Sie kurz die Bedenken gegen eine internationale Politikkoordinierung.
8. Was versteht man unter *beggar-thy-neigbour*-Politik?

Lösungen

1. Die stark zugenommene weltwirtschaftliche Verflechtung äußert sich vor allem in internationalem Handel, Kapitalmobilität, Arbeitsmobilität und der Verbreitung von technischem Fortschritt.

2. Implizite staatliche Garantien der Verbindlichkeiten inländischer Banken lassen ein Moral-Hazard-Problem in den Bankensystemen der betroffenen Länder entstehen, das wiederum zu übermäßigen Investitionen sowie einer Finanzmarktblase führen und damit den Grundstein für eine Finanz- und Währungskrise legen kann. Im Fall der Asienkrise leiteten die Märkte die staatliche Garantie der Bankeinlagen aus der für die betroffenen Länder typischen engen Verbindung von Unternehmen und Banken mit Regierungskreisen (*crony capitalism*) her („implizite" Bail-Out-Zusage). Die Erwartung eines Bail Out durch die Regierung (bzw. einer staatlichen Institution) muss nicht zwangsläufig auf einer expliziten Zusage der Regierung beruhen.
   Unmittelbare Konsequenz des Moral Hazard ist eine Verzerrung der Finanzierungsentscheidungen der Banken. Ohne Moral Hazard basiert die Kreditpolitik risikoneutraler Banken auf der erwarteten Rendite der finanzierten Investitionen. Gehen die Banken jedoch von einer impliziten Garantie des Staates, für die Verbindlichkeiten der Banken einzustehen, aus, besteht für sie ein Anreiz, Kredite auch für solche Investitionsobjekte anzubieten, deren erwartete Rendite negativ ist. Aus Sicht der Banken fallen unter diesen Bedingungen das private, von der einzelnen Bank zu tragende und das soziale Risiko auseinander. Die Verzerrung der Kreditentscheidungen führt daher auf mikroökonomischer Ebene zur Finanzierung von Investitionen mit negativer Renditeerwartung und damit zu einer übermäßigen, d.h. über das soziale Optimum hinausgehenden, Risikoakkumulation im Bankensektor.
   Aus makroökonomischer Sicht besteht die Gefahr staatlicher Garantien für den Bankensektor in einer Währungs- und Finanzkrise. Diese entsteht insbesondere, wenn inländische Banken ihre Kreditvergabe im Inland zu einem erheblichen Teil durch Kreditaufnahme am internationalen Kapitalmarkt finanzieren. Die Möglichkeit zur Verschuldung im Ausland nimmt dabei zu, wenn auch die ausländischen Kreditgeber ihre Einlagen in den inländischen Bankensystemen als durch die Regierungen garantiert ansehen.
   Wie lässt sich nun auf dieser Grundlage der Ausbruch einer Währungs- und Finanzkrise erklären? Die im Laufe der Zeit stetig zunehmende Risikoakkumulation in den Bankensektoren führt dazu, dass der Umfang der durch die Regierungen garantierten Einlagen ebenfalls steigt. Mit steigen-

dem Umfang der öffentlich garantierten Verbindlichkeiten sinkt jedoch die Bereitschaft der internationalen Kreditgeber, eine weitere Verschuldung des Bankensektors im Ausland zuzulassen. Internationale Kredite werden den einheimischen Banken nur so lange zugestanden, wie der internationale Kapitalmarkt von der Fähigkeit und Bereitschaft der Regierungen überzeugt ist, ihre (impliziten) Garantien auch tatsächlich einzulösen. Erreichen die Garantien ein solches Ausmaß, dass die Regierung sie aus Sicht des internationalen Kapitalmarkts nicht erfüllen kann, bzw. es für die Regierung rational ist, sie nicht zu erfüllen und stattdessen die mit einer Finanz- und Währungskrise einhergehenden Kosten in Kauf zu nehmen, kommt es zu einer Finanzmarktkrise. Löst die Finanzmarktkrise einen hinreichend hohen Kapitalabfluss aus, droht zusätzlich eine Währungskrise.

3. Typischerweise reagierten die Krisenländer auf den Zufluss internationalen Kapitals mit einer restriktiven Geldpolitik. Grund hierfür war, dass mit der Verknappung des Geldangebots inflationären Tendenzen begegnet werden sollte. Ein massiver Kapitalzustrom birgt diese Gefahr, da er typischerweise zu einer Ausweitung der Nachfrage im Inland führt, der kurzfristig keine entsprechende Angebotsausweitung gegenübersteht. Der sich infolge einer restriktiven Geldpolitik einstellende Anstieg der einheimischen Zinsen führte cet. par. zu einer steigenden Zinsdivergenz zum Ausland (bzw. zum internationalen Kapitalmarkt), sodass der Anreiz für den öffentlichen Sektor sowie Banken und Unternehmen des Landes, sich im Ausland und nicht im Inland zu verschulden, stieg. Ebenso wurde es natürlich auch für internationale Kapitalgeber attraktiver, in dieses Land zu investieren. Das Resultat war ein weiterer Anstieg des Kapitalzuflusses. Zudem führte die scheinbare Stabilität der Wechselkurssysteme vielfach zu einer Vernachlässigung des Wechselkursrisikos und damit zu einem weitgehenden Verzicht auf eine Kurssicherung der Auslandsverschuldung. Die Kosten der Kurssicherung hätten aus Sicht des Inlandes die Kreditkosten (Zinsdifferenz) zwischen in- und ausländischer Verschuldung geschmälert und damit die Attraktivität der Auslandsverschuldung verringert.
   Die aus einer hohen, nicht-kursgesicherten Auslandsverschuldung resultierende Gefahr besteht darin, dass eine Ökonomie anfällig gegenüber einem plötzlichen massiven Abfluss internationalen Kapitals beispielsweise aufgrund eines Vertrauensverlustes des internationalen Kapitalmarktes in das betroffene Land wird. Damit steigt die Wahrscheinlichkeit schwerer Währungs- und Finanzkrisen.

4. Die Bezeichnung als Lender of Last Resort bezieht sich im nationalen Kontext auf die Fähigkeit einer Zentralbank, zur Abwehr oder zur Lösung einer Finanzmarktkrise die letzte Quelle liquider Mittel für Kreditinstitute

zu sein, wenn andere Kreditgeber nicht mehr fähig oder willens sind, Liquidität in ausreichendem Maße zur Verfügung zu stellen. Die Funktion des Lender of Last Resort kommt ausschließlich in Krisenzeiten zum Tragen mit dem Ziel, einen Zusammenbruch einzelner Banken oder gar weiter Teile des gesamten Bankensektors durch die Bereitstellung liquider Mittel zu verhindern. Typischerweise zeichnen sich Krisen des Banken- und Finanzsektors durch eine ausgesprochene Liquiditätsknappheit aus. Die Bereitstellung liquider Mittel durch die Zentralbank kann in dieser Situation der letzte Ausweg sein, um kurzfristig die Zahlungsfähigkeit des Bankensektors sicher zu stellen.
Die Funktion des Lender of Last Ressort schafft jedoch auch Probleme, wenn die Kreditinstitute auf die Liquiditätsbereitstellung durch die Zentralbank im Krisenfall bedingungslos vertrauen. Dann werden sie ihrer Kreditpolitik nicht die „wahren" Risiken einer zu finanzierenden Investition zu Grunde legen, sondern nur die möglichen positiven Renditen. Grund hierfür ist, dass sie für den Illiquiditätsfall nicht selbst Vorsorge treffen, sondern auf die Intervention der Zentralbank vertrauen. Damit werden aber die Entscheidungen zur Kreditvergabe der Banken verzerrt, und es kommt zu Fehlallokationen. Das Resultat dieser Fehlallokationen ist eine übermäßige Risikoakkumulation im Bankensektor. Die negativen Wohlfahrtswirkungen einer solcherart verzerrten Anreizstruktur können im internationalen Rahmen, d.h. bei einem internationalen Lender of Last Resort, noch dadurch verstärkt werden, dass die nationalen Bankenaufsichten möglicherweise weniger strikt erfolgen. Die Gefahr einer nachlässigeren Bankenaufsicht besteht, weil die Kosten einer Liquiditätskrise nicht ausschließlich von den nationalen Regierungen selbst getragen werden müssten, sondern zumindest teilweise auf den internationalen Lender of Last Resort abgewälzt werden könnten. Trotz dieser Problematik finden sich viele Ökonomen, die der Idee eines internationalen Lender of Last Resort zustimmen. Zur Umsetzung dieses Konzeptes muss dabei nicht zwingend eine neue Institution geschaffen werden. Es könnten beispielsweise die Kompetenzen des Internationalen Währungsfond (IWF) entsprechend ausgeweitet werden.

5. Als Reaktion auf die vielfältigen Währungs- und Finanzkrisen in den Schwellenländern wird in jüngster Zeit häufig eine internationale Koordinierung der Makropolitiken vorgeschlagen. Ziel ist es, über ein primär unter den Industrieländern abgestimmtes Vorgehen in der Geld-, Währungs- und Fiskalpolitik Krisen abzuwenden bzw. die ökonomischen Folgen der Krisen zu lindern. Grundsätzlich könnte eine internationale Politikkoordinierung dem Ziel dienen, Abwertungswettläufe als Reaktion auf eine Krise zu verhindern. Kommt es zu solchen Abwertungswettläufen, kann in aller

Regel kein Land in Form von Beschäftigungsgewinnen profitieren. Meist besteht das einzige Resultat in einem allgemeinen Anstieg der Inflation. Damit ein international koordiniertes Vorgehen tatsächlich ein sinnvolles Mittel darstellt, Krisenprozesse zu bewältigen, muss allerdings der Ertrag der Koordinierung ihre Kosten übersteigen. Hieran wird jedoch vielfach gezweifelt angesichts der Kosten der internationalen Koordinierung, z.B. im Zusammenhang mit der Organisation und Durchführung von internationaler Politikkoordinierung sowie der Überwachung, Überprüfung und Anpassung internationaler Vereinbarungen.

Eine permanente internationale Feinabstimmung makroökonomischer Politiken wird daher keine geeignete Vorgehensweise sein. Vielmehr erscheinen ein permanenter internationaler Informationsaustausch und der Versuch, wirtschaftspolitische Ziele auf internationaler Ebene aufeinander abzustimmen, aufgrund der geringeren Kosten eher angebracht.

6. Die Ursachen für die Globalisierung werden in dem weltweiten Abbau von Handelshemmnissen und in der Finanz- und Kapitalmarktliberalisierung einschließlich der Kapitalmarktöffnung und dem Abbau von Kapitalverkehrskontrollen gesehen. Hinzu kommt, dass die Kosten für Transport und Kommunikation aufgrund technischen Fortschritts stark gesunken sind.

7. Es bestehen Zweifel über die Erträge einer internationalen Politikkoordinierung. Es wird angenommen, dass die Erträge eher gering und asymmetrisch verteilt sind. Zum anderen werden die Kosten der Koordinierung, d.h. die Organisation, die Durchführung und die Überwachung der Verträge in der Diskussion häufig außer Acht gelassen (siehe auch die Anführungen zu Aufgabe 5 hierzu). Darüber hinaus gibt es auch Zweifel über die Durchsetzbarkeit einer Politikkoordinierung.

8. Unter einer *beggar-thy-neigbour*-Politik wird die Politik eines Landes verstanden, sich auf Kosten anderer Wettbewerbsvorteile auf dem Weltmarkt zu verschaffen. So kann durch eine Abwertung des Wechselkurses die Produktion und die Beschäftigung im Inland auf Kosten des Auslandes erhöht werden. Die Gefahr besteht in entsprechenden Gegenmaßnahmen des anderen Landes, die zu einem Abwertungswettlauf führen können, ohne dass Produktions- und Beschäftigungseffekte entstehen.

Kapitel 21

Wachstumsschwäche und Unterentwicklung

Inhaltsverzeichnis

Schlüsselbegriffe

Unterentwicklung

Dualismustheorien

Teufelskreistheorien

Bevölkerungstheorien

Außenhandelstheorien	Abhängigkeitstheorien
neoklassische Wachstumstheorie	neue Wachstumstheorie
politökonomische Erklärungsansätze	

Zusammenfassung

Zunächst befasst sich dieses Kapitel des Lehrbuches u.a. mit der Geschichte und den Erscheinungsformen internationaler Entwicklungsunterschiede. Es werden eine Reihe von Ursachenerklärungen für Unterentwicklung und Wachstumsschwäche vorgestellt: strukturalistische, neoklassische und politökonomische Ansätze sowie die Neue Wachstumstheorie. Diese Ansätze werden als Gliederungsstruktur auch für die Herausarbeitung unterschiedlicher wirtschaftspolitischer Gegenmaßnahmen verwendet.

Übungsaufgaben aus dem Lehrbuch

1. Worin bestehen die Kosten einer Wachstumsschwäche?
2. Nennen und erläutern Sie die strukturalistischen Ansätze zur Erklärung von Unterentwicklung und diskutieren Sie mögliche Gegenmaßnahmen.
3. Die folgenden Fragen befassen sich mit der traditionellen neoklassischen Wachstumstheorie, dem so genannten *Solow*-Modell:
   a. Auf welchen wesentlichen Annahmen beruht das *Solow*-Modell?
   b. Erklären Sie den Begriff „arbeitssparender technologischer Fortschritt“.
   c. Leiten Sie die zentrale Bewegungsgleichung für das neoklassische Wachstumsmodell her und stellen Sie das Modell grafisch dar.
4. Zeigen Sie Möglichkeiten auf, wie permanente Wachstumsdifferenzen modellendogen erklärt werden können.
5. Erläutern Sie kurz die politökonomischen Ansätze für Unterentwicklung.

Lösungen

1. Die Kosten einer Wachstumsschwäche lassen sich über die makroökonomischen Ziele ermitteln. Ohne entsprechendes Pro-Kopf-Wachstum lassen sich makroökonomische Ziele, wie etwa Vollbeschäftigung, nicht verwirklichen. Eine anhaltende Wachstumsschwäche wirkt sich auch negativ auf

nichtökonomische Indikatoren, wie die Finanzierung öffentlicher Infrastruktur und das Erziehungs-, Bildungs- und Gesundheitswesen, aus. Hinzu kommt, dass bei Arbeitslosigkeit durch Wachstumsschwäche auch die Stabilität sozialer Beziehungen beeinträchtigt werden.

2. Folgende strukturalistischen Ansätze versuchen Unterentwicklung zu erklären:

   1. Dualismustheorie
   2. Teufelskreistheorie
   3. Bevölkerungstheorie
   4. Außenhandelstheorie
   5. Abhängigkeitstheorie

   Die **Dualismustheorie** versucht Unterentwicklung durch das Vorhandensein zweier Sektoren zu erklären, die sich unterschiedlich entwickeln. Während der eine, traditionelle Sektor kaum noch wächst oder sogar schrumpft, weist der zweite, moderne Sektor ein positives Wachstum auf. Die Produktivität und die Löhne sind in dem traditionellen Sektor niedriger als im modernen Sektor. Das Problem ist nun, die Arbeitskräfte aus dem traditionellen Sektor in den modernen Sektor zu überführen. Gelingt dies nur unzureichend, könnte das zum Entstehen einer längerfristigen strukturellen Arbeitslosigkeit beitragen.
   Um dieser Problematik zu begegnen sind mehrere Maßnahmen denkbar. Um der heimischen Industrie in den Entwicklungsländern Zeit und Gelegenheit zu geben, sich zu entwickeln, besteht die Möglichkeit Importzölle oder Importverbote für Waren aus den Industrieländern zu erheben. Weitere Maßnahmen stellen Bildungsinvestitionen dar, um den Arbeitnehmern den Übergang vom traditionellen Sektor zum modernen Sektor zu erleichtern.
   Die **Teufelskreistheorie** verfolgt einen anderen Ansatz. Hierbei wird angenommen, dass die Ökonomie in einem stabilen Gleichgewicht mit niedrigem Pro-Kopf-Einkommen gefangen ist. Ein sehr niedriges Pro-Kopf-Einkommen hat eine sehr niedrige Sparquote zur Folge. Entsprechend niedrig sind die Investitionen, was wiederum eine geringe Kapitalausstattung zur Folge hat. Dies lässt das Pro-Kopf-Einkommen auf einem niedrigen Niveau verharren. Um diesem Teufelskreis zu entkommen, sind Maßnahmen zu treffen, die die Investitionen erhöhen.
   Die **Bevölkerungstheorie**, entwickelt von Thomas Malthus, besagt, dass die Bevölkerung mit einer höheren Rate wächst als die notwendige Nahrungsmittelproduktion. Wenn man diesen Gedanken etwas weiter fasst, so

ist entsprechend der neomalthusianischen Theorien ein hohes Bevölkerungswachstum maßgeblich dafür verantwortlich, dass das Pro-Kopf-Einkommen nicht steigen kann. Wie bei der Teufelskreistheorie reicht das Pro-Kopf-Einkommen nicht aus, um einen hinreichend großen Kapitalstock aufzubauen. Sollte das Pro-Kopf-Einkommen doch über das Existenzniveau ansteigen, könnte zwar ein höherer Kapitalstock erreicht werden, aber dieser wird durch einen verstärkten Anstieg der Bevölkerung begleitet, sodass das Pro-Kopf-Einkommen wieder fällt. Um diesem Mechanismus zu entkommen, muss das Bevölkerungswachstum verringert werden. Wie bei der Teufelskreistheorie könnte auch ein breit angelegtes Investitionsprogramm helfen.

Die **Außenhandelstheorien** konzentrieren sich bei ihrer Erklärung von Unterentwicklung auf den Export der Entwicklungsländer. Während die Industrieländer zum großen Teil Industriegüter exportieren, exportieren die Entwicklungsländer größtenteils Primärgüter. Auf Dauer verschlechtert sich das Austauschverhältnis der Primärgüter gegenüber den Industriegütern. Die Entwicklungsländer müssen immer mehr ihrer Primärgüter anbieten, um die gleiche Menge Industriegüter zu erlangen.

Um dieser Entwicklung entgegen zu wirken, sollten die Entwicklungsländer versuchen, ihr Angebot an Exportgütern zu erweitern. Insbesondere sollten sie den Anteil an Industriegütern am Export erhöhen. Hierzu wäre eine verstärkte außenwirtschaftliche Integration erforderlich. Die Industrieländer könnten diesen Prozess unterstützen, indem sie den Entwicklungsländern außenwirtschaftliche Vergünstigungen gewähren und Handelsbarrieren abbauen.

Die **Abhängigkeitstheorien** stellen die unterschiedliche Entwicklung in verschiedenen Regionen der Welt in den Mittelpunkt. Demnach gibt es einerseits entwickelte Metropolen (Industrieländer) und unterentwickelte Peripherien (Entwicklungsländer). Nun wird unterstellt, dass die Oberschicht in den Peripherien die gleichen Interessen verfolgt wie die Metropolen und daher kein Interesse an einer Änderung der Zustände hat. Dies bremst die Entwicklung der Peripherie. Um die Entwicklung in der Peripherie voranzubringen, müsste es zuerst zu politischen Veränderungen innerhalb der Peripherie kommen.

3.a. substitutionale Produktionsfunktion

konstante Sparquote

arbeitssparender exogener technologischer Fortschritt

homogenes Gut

konstante Skalenerträge

positive und fallende Grenzproduktivitäten

3.b. Wenn auf Grund von technischem Fortschritt die gleiche Outputmenge mit einem geringeren Arbeitseinsatz hergestellt werden kann, so liegt arbeitssparender technologischer Fortschritt vor.

3.c. Um das neoklassische Modell herzuleiten, wird angenommen, dass jede Wirtschaftseinheit sowohl Unternehmer als auch Haushalt ist. Es werden zwei Faktormengen eingesetzt, zum einen Kapital K_t und zum anderen Arbeit N_t. Außerdem wird angenommen, dass arbeitssparender technischer Fortschritt A_t vorliegt. Die Produktionsfunktion besitzt folgende Form:

(1) $Y_t = F\left[K_t, A_t \cdot N_t\right]$.

Das von dem einzigen Sektor hergestellte homogene Gut kann sowohl konsumiert (C_t) als auch investiert (I_t) werden. Zur Vereinfachung wird im Folgenden der Zeitindex weggelassen. Die Investitionen entsprechen der Ersparnis innerhalb der Ökonomie $I = sY$. Während die Investitionen den Kapitalstock erhöhen, wird dieser durch die Abschreibung δ verringert. Daraus lässt sich das dynamische Verhalten des Kapitalstocks ableiten:

(2) $\dot{K} = I - \delta K = sF\left[K, A \cdot N\right] - \delta K$,

wobei ein Punkt über einer Variablen die Ableitung nach der Zeit kennzeichnet. Es wird nun angenommen, dass auch die Bevölkerung (und damit auch der Faktor Arbeit) im Zeitablauf nicht konstant ist, sondern mit der konstanten, exogenen Rate n wächst.

Die Produktionsfunktion weist annahmegemäß für beide Faktoren positive und fallende Grenzproduktivitäten auf:

(3) $\frac{\partial F}{\partial K} > 0, \quad \frac{\partial^2 F}{\partial K^2} < 0, \quad \frac{\partial F}{\partial N} > 0, \quad \frac{\partial^2 F}{\partial N^2} < 0$.

Außerdem hat sie konstante Skalenerträge

(4) $F(\lambda \cdot K, A \cdot \lambda \cdot N) = \lambda \cdot F(K, A \cdot N)$ für alle $\lambda > 0$,

und es gelten die so genannten Inada-Bedingungen

$$(5)\quad \begin{aligned} &\lim_{K\to 0}(\partial F/\partial K) = \lim_{N\to 0}(\partial F/\partial N) = \infty \\ &\lim_{K\to\infty}(\partial F/\partial K) = \lim_{N\to\infty}(\partial F/\partial N) = 0. \end{aligned}$$

Auf Grund der konstanten Skalenerträge lässt sich die Gleichung

$$(6)\quad Y = F\left(K, A \cdot N\right) = N \cdot F\left(K/N, A\right) = N \cdot F(k, A)$$

auch in Pro-Kopf-Größen darstellen:

$$(7)\quad y = F(k, A)$$

wobei $k \equiv K/N$ die Kapitalintensität ist und $y \equiv Y/N$ den Pro-Kopf-Output bezeichnet.

Die Grenzproduktivitäten der Faktoren betragen:

$$(8)\quad \frac{\partial Y}{\partial K} = N \frac{\partial F(k, A)}{\partial K} = \frac{\partial F(k, A)}{\partial k},$$

$$(9)\quad \frac{\partial Y}{\partial N} = F(k, A) - k \frac{\partial F(k, A)}{\partial k}.$$

Nun lässt sich die zentrale Bewegungsgleichung des neoklassischen Modells ableiten. Werden beide Seiten der Gleichung (2) durch N dividiert, dann folgt

$$(10)\quad \frac{\dot{K}}{N} = sF(k, A) - \delta k .$$

Während die rechte Seite ausschließlich Pro-Kopf-Größen enthält, ist das für die linke Seite nicht der Fall. Allerdings lässt sich die Veränderung der Kapitalintensität als Funktion von k darstellen:

$$\left(\dot{k} = \frac{d(K/N)}{dt} = \frac{\dot{K} \cdot N - K \cdot \dot{N}}{N^2} = \frac{\dot{K}}{N} - kn\right),$$

wobei $n = \dot{N}/N$ gesetzt ist. n bezeichnet demnach die Wachstumsrate der Bevölkerung. Setzt man dieses Ergebnis nun in die obige Gleichung (10) ein, so erhält man folgende nichtlineare Differenzialgleichung, die die Veränderung der Kapitalintensität in Abhängigkeit von der Kapitalintensität beschreibt:

$$(11)\quad \dot{k} = sF(k, A) - (n + \delta)k .$$

Dies ist die grundlegende Bewegungsgleichung des Solow-Modells. Sie lässt sich mit Hilfe der folgenden Abbildung grafisch darstellen. Die konkave Kurve entspricht der mit der Sparquote multiplizierten Produktionsfunktion. Sie beginnt im Ursprung, steigt dann zunächst steil an, auf Grund der fallenden Grenzproduktivitäten wird der Anstieg aber zunehmend flacher. Für unendlich hohe Kapitalintensitäten verläuft sie horizontal. Die Gerade mit positiver Steigung stellt die effektiven Abschreibungen dar. Eine höhere Abschreibungsrate dreht die Gerade nach links und führt im Gleichgewicht zu einer niedrigeren Kapitalintensität.

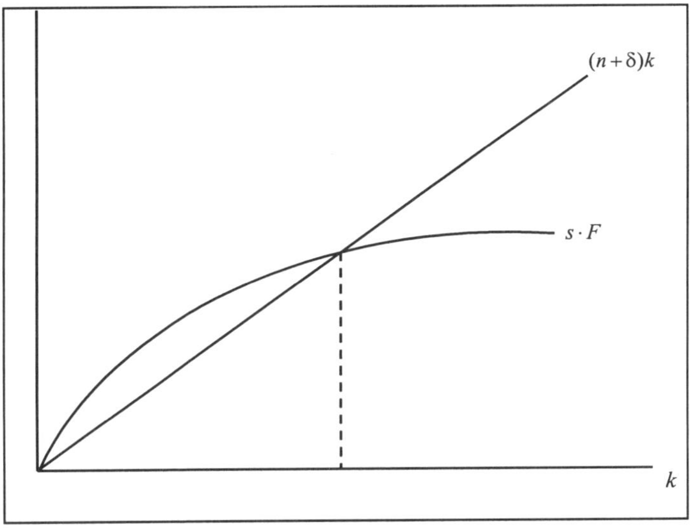

Im Schnittpunkt der Kurve mit der Geraden sind die Ersparnisse gerade ausreichend, um die effektiven Abschreibungen des Kapitalstocks auszugleichen. Es ist eine Situation erreicht, in der sich die Kapitalintensität nicht mehr ändert. Da die Bevölkerung mit der Rate n wächst, bedeutet dies, dass auch der Kapitalstock dann mit der Rate n wächst.

4. Im Laufe der Zeit wurde die exogene Erklärung des langfristigen Produktivitätswachstums im *Solow*-Modell zunehmend kritisiert. Dies führte in der Mitte der Achtzigerjahre zu einer Reihe neuerer Wachstumsmodelle, welche die Bestimmung des langfristigen Wachstums innerhalb des Modells statt durch exogen wachsende Variablen zum Ziel hatten (daher die Bezeichnung endogenes Wachstum). Doch wie lassen sich Wachstumsdifferenzen erklären? Die neue Wachstumstheorie beinhaltet Modelle, welche die Akkumulation von Produktionsfaktoren in den Mittelpunkt stellen. Hierbei werden zwei Möglichkeiten unterschieden.

Bei der ersten Alternative ist die Produktionsfunktion weiterhin durch konstante Skalenerträge gekennzeichnet. Allerdings wird die bisherige Annahme, dass zwei Faktoren für die Erstellung des Outputs benötigt werden, nämlich Arbeit und Kapital, modifiziert. So wird nun das Kapital nicht mehr als reines Sachkapital verstanden. Bei diesen Modellen wird unterschieden zwischen Sach- und Humankapital. Dabei ist das Humankapital aber nicht von der Anzahl der Beschäftigten abhängig. Vielmehr wird angenommen, dass es selbst bei konstanter Bevölkerung möglich ist, den Bestand an Humankapital zu erhöhen. Dies geschieht durch Investitionen in Bildung (Schulen, Universitäten, betriebliche Weiterbildung). Als Ergebnis erhält man eine Produktionsfunktion mit konstanten Grenzproduktivitäten der beiden nun akkumulierbaren Faktoren Sach- und Humankapital, ohne dass technologischer Fortschritt eingeführt werden muss.
Bei der zweiten Alternative werden gesamtwirtschaftlich steigende Skalenerträge auf Grund positiver Externalitäten eingeführt. Auch bei diesen Modellen steht die Akkumulation von Kapital im Mittelpunkt. Aber hier wird die Akkumulation nicht durch Investitionen in Bildung erreicht, sondern der Stand des Wissens erhöht sich mit der Zunahme des Kapitalstocks. Mit anderen Worten, erhöht ein Unternehmen seinen Kapitalstock, so lernen die Mitarbeiter und erhöhen so den Stand des Wissens. Aber nicht nur die Mitarbeiter dieses Unternehmen erhalten mehr Kenntnisse, auch andere Unternehmen erlangen ein Mehr an Wissen, ohne dass sie dieses erwerben müssten. Daher ist von positiven Externalitäten die Rede. Diese Annahme spielt eine wichtige Rolle. Denn sollte sich das Wissen, welches durch die Zunahme des Kapitalstocks entsteht, nicht auch auf andere Unternehmen verbreiten, so würde es zu einem Monopol kommen, da das Unternehmen, das als erstes investiert, von den steigenden Skalenerträgen profitieren würde. Daher ist es wichtig, dass das Wissen nicht auf ein Unternehmen beschränkt ist. Modelltheoretisch ausgedrückt: Der Parameter A im Solow-Modell wird durch jede Erhöhung des Kapitalstocks ebenfalls erhöht. Durch diese Externalität kommt es zu gesamtwirtschaftlich steigenden Skalenerträgen. Entscheidend ist, dass so die Tendenz zu fallenden Grenzproduktivitäten verhindert wird.

5. Neben der neoklassischen Wachstumstheorie und der neuen Wachstumstheorie gibt es weitere Erklärungsversuche für Unterentwicklung. So können Rigiditäten und Inflexibilitäten als Ursache für Unterentwicklung politökonomisch erklärt werden. Innerhalb dieses Ansatzes werden wiederum drei Zweige im Lehrbuch unterschieden. Erstens wird im Rahmen der „Public Choice"-Theorie auf eigennützig handelnde Politiker verwiesen. Das strategische Verhalten von Politikern kann für eine geringe Effizienz der eingesetzten wirtschaftspolitischen Instrumente verant-

wortlich sein und somit für eine andauernde Unterentwicklung. Ein zweiter Ansatz rekurriert auf mögliche nationale Verteilungskonflikte und Koordinierungsprobleme. Danach werden notwendige Korrekturmaßnahmen hinausgezögert, da Konflikte über die Kostenverteilung der Anpassung bestehen und es keine geeigneten Koordinationsmechanismen gibt oder die Regierung zu schwach ist, um sie durchzusetzen. Der dritte Ansatz schließlich bezieht sich auf mögliche internationale Verteilungskonflikte und Koordinierungsprobleme. Die mit einer Änderung der internationalen Wirtschaftsordnung verbundenen Verteilungskonflikte können nur schwer koordiniert werden, da es keine internationale Organisation gibt, die in der Lage ist, derartige Konflikte zu lösen.

Symbolverzeichnis

Im folgenden werden die verwendeten Symbole erläutert. Einige wenige Größen werden für verschiedene Größen verwendet. Bitte beachten Sie auch die Erklärungen im Lehrbuch-Text.

A: Stand der Technik

a: Parameter

B: Wertpapiere im Besitz des privaten Sektors (englisch: **B**onds)

BIP: Bruttoinlandsprodukt

b: Parameter

C: Konsum (englisch: **C**onsumption)

C^d: geplanter Konsum

c: Konsumquote $(c = C/(Y - T))$

D: Abschreibungen (englisch: **D**epreciation)

D^d: Devisennachfrage

D^s: Devisenangebot

d: Ableitung (englisch: **d**erivation)

E: mathematischer Erwartungswert

EX: Exporte

EX^n: Exportwert

e:	nominaler Wechselkurs (englisch: **e**xchange rate)
G:	Staatsausgaben (englisch: **G**overnment spending)
GE:	Gewinneinkommen
g:	Staatsausgabenquote $(g = G/Y)$
h:	Kassenhaltungskoeffizient
I:	(Netto-)Investitionen (englisch: **I**nvestment)
I^b:	Bruttoinvestitionen
I^d:	geplante Investitionen
IM:	Importe in ausländischen Gütereinheiten
IM^n:	Importwert
i:	inländischer nominaler Zinssatz (englisch: **i**nterest)
i^a:	ausländischer Zinssatz
i^e:	erwarteter Zinssatz
K:	Kapital
K^d:	gewünschter Kapitalstock
K^{opt}:	optimaler Kapitalstock
KEX:	Kapitalexport
KIM:	Kapitalimport
k:	Kapitalintensität $(k = K/N)$
L:	Geldnachfrage („Liquiditätspräferenz“) (englisch: **L**iquidity)
LE:	Lohneinkommen

M: inländische Geldmenge (englisch: **M**oney stock)

M^d: Geldnachfrage

M^s: Geldangebot

N: Arbeit (englisch: **N**umber of working hours)

n: Wachstumsrate der Bevölkerung

N^d: Arbeitsnachfrage

N^s: Arbeitsangebot

NKA: Nettokapitalabflüsse

NX: Außenbeitrag; Exporte – Importe

P: inländisches Preisniveau

P^a: ausländisches Preisniveau

P^e: erwartetes Preisniveau

p: Güterpreis

p_i: Preise einzelner Güter

PW: Produktionswert

Q: realer Unternehmensgewinn

q: realer Wechselkurs

r: realer Zinssatz $\left(r = i - \pi^e\right)$

S: Ersparnis (englisch: **S**aving)

s: Sparquote $\left(s = S/(Y - T)\right)$

T: Steuern (englisch: **T**ax)

Tr: Transfers

T^{ind}: Produktions- und Importabgaben an den Staat

t: Zeitindex

U: Arbeitslosenrate (englisch: **U**nemployment)

U^n: natürliche Arbeitslosenrate

U^z: gesellschaftlich erwünschte Ziel-Arbeitslosenrate

u: Erwartungsirrtum

V: nominales Vermögen

VL: Vorleistungen

v: Umlaufgeschwindigkeit des Geldes (englisch: **v**elocity)

W: Nominallohn (englisch: **W**age)

x: Gütermenge

x_i: Menge einzelner Güter

Y: Output, Produktion, Volkseinkommen (englisch: **Y**ield)

Y^a: ausländisches Einkommen

Y^d: geplante Güternachfrage

Y^e: erwartetes Einkommen

Y^s: geplantes Güterangebot

Y^b: Bruttonationaleinkommen

Y^n: Nettonationaleinkommen

Y_K, Y_N: Grenzproduktivität des Kapitals, der Arbeit

Y/K:	Kapitalproduktivität
Y/N:	Arbeitsproduktivität
$YEXIM$:	Saldo aus Primäreinkommen mit der übrigen Welt
y:	Pro-Kopf-Einkommen oder -Output $(y = Y/N)$
Z:	Subventionen
ZG:	Zentralbankgewinn
β:	Schuldenquote $(\beta = B/(P \cdot Y))$
β^*:	langfristig gleichgewichtige Schuldenquote
γ:	Anteil der lohninduzierten Arbeitskontrakte
∂:	partielle Ableitung
δ:	Abschreibungsrate
Δ:	Differenzenoperator, (Beispiel: $\Delta M_t = M_t - M_{t-1}$)
ε:	Elastizität
η:	Arbeitsproduktivität $(\eta = Y/N)$
∂:	partielle Ableitung
λ:	Faktor
μ:	Wachstumsrate der Geldmenge $(\mu_t = (M_t - M_{t-1})/M_{t-1})$
π:	Inflationsrate $(\pi_t = (P_t - P_{t-1})/P_{t-1})$
π^e:	erwartete Inflationsrate
τ:	Steuerquote $(\tau = T/Y)$

υ: Spekulationskassenanteil am Vermögen

ω: Wachstumsrate des nominalen BIPs $(\omega = \pi + \psi)$

ψ: Wachstumsrate des realen Outputs $\left(\psi_t = (Y_t - Y_{t-1})/Y_{t-1}\right)$

θ: Preisaufschlag (mark up)

$\dot{x}$: dx/dt

$\hat{x}$: $\dot{x}/x$

X_N: $\partial X/\partial N$

Glossar

Abwertung: Verminderung des Außenwertes einer Währung. Eine Abwertung entspricht bei → Mengennotierung einer Senkung des → Wechselkurses und bei → Preisnotierung einem Anstieg des Wechselkurses.

Aggregation: Zusammenfassung einzelwirtschaftlicher Größen (Mikrogrößen) mit gleichen Eigenschaften zu gesamtwirtschaftlichen Größen (Makrogrößen). Sie dient dazu, die Vielzahl der ökonomischen Wirtschaftssubjekte und ihre Aktivitäten überschaubar zu machen. Die Aggregation kann unter verschiedenen Gesichtspunkten vorgenommen werden, z.B. institutionell oder funktionell. Durch die Aggregation kann in der → VGR oder der ökonomischen Analyse die Vielzahl möglicher Verhaltensweisen durch vereinfachte typische Verhaltensannahmen ersetzt werden.

Arbeitslosenrate: Anteil der registrierten Arbeitslosen an der Gesamtzahl der abhängig beschäftigten Erwerbspersonen.

Auktionator: → Tatônnementprozess.

Außenwirtschaftliches Gleichgewicht: Devisenmarktgleichgewicht, das ohne Interventionen der Zentralbank zu Stande kommt.

Beggar-thy-neigbour-Politik: Versuch eines Landes sich Wettbewerbsvorteile auf dem Weltmarkt auf Kosten anderer Länder zu verschaffen.

Boom: Ende der Aufschwungphase im Konjunkturzyklus.

BP-Kurve: Beschreibt den geometrischen Ort von → Zahlungsbilanzgleichgewichten.

Bretton-Woods-System: Internationales Währungssystem nach dem 2. Weltkrieg bis Anfang der 1970er Jahre mit dem US-Dollar als Leitwährung.

Budgetbeschränkungen: Zusammenhang zwischen Ausgaben, Einnahmen und Vermögensänderungen in einer Periode, die ein Wirtschaftssubjekt bei den Planungen seiner wirtschaftlichen Aktivitäten beachten muss.

Ceteris-paribus-Klausel: Analyse eines Zusammenhangs von Größen unter der Annahme, dass sich alle anderen Einflussgrößen nicht ändern.

Crowding-Out-Effekt: Verdrängung der privaten Nachfrage durch staatliche Nachfrage. Beim totalen Crowding Out wird durch die staatliche Nachfrage private Nachfrage im gleichen Umfang verdrängt. Beim partiellen Crowding Out wird die private Nachfrage lediglich teilweise verdrängt.

Dichotomie: Gedankliche Zweiteilung einer Volkswirtschaft in realen und monetären Sektor. Ist ein Kennzeichen der klassischen Theorie. Geldpolitische Maßnahmen bewirken demnach lediglich Preisniveauänderungen und beeinflussen nicht die reale Sphäre.

Diskretionäre Politik: Fallweise Politik, d.h. dass sich die Wirtschaftspolitik bei ihren Maßnahmen an den aktuellen Erfordernissen und Gegebenheiten orientiert. Gegenstück zur regelorientierten Wirtschaftspolitik (vgl. → Regelbindung).

Durchschnittsproduktivität: Die Durchschnittsproduktivität eines Faktors drückt aus, welche Outputmenge pro eingesetzte Faktormenge produziert werden kann.

ECOFIN-Rat: Kurzbezeichnung für den EU-Rat, wenn dieser in Gestalt der Wirtschafts- und Finanzminister der Mitgliedstaaten der Europäischen Union (EU) zusammentritt.

Erwartungen: Bei vielen Entscheidungen fehlen meist Informationen über wichtige Größen, die entweder unbekannt oder unsicher sind. Deshalb können nur Erwartungen über die unbekannten Größen gebildet werden. In der ökonomischen Theorie werden extrapolative, adaptive und rationale Erwartungshypothesen unterschieden.

Externalität: Auswirkungen von Aktivitäten eines Wirtschaftssubjektes auf die Produktions- und Konsummöglichkeiten anderer, die jedoch nur indirekt an dieser Aktivität beteiligt sind.

Fester Wechselkurs: Ein fester → Wechselkurs liegt vor, wenn die Währungsbehörde (Zentralbank) einen bestimmten Wechselkurs am Devisenmarkt durch Interventionen konstant hält (verteidigt).

Finanzderivate: Finanzprodukte, die aus traditionellen Finanzbeziehungen wie Krediten, Aktien etc. abgeleitet werden. Die Bewertung der Derivate folgt dem Preis und der Wertentwicklung des jeweiligen Basispapiers (Kredit, Aktie).

Finanzintermediär: Finanzinstitution, die im monetären Sektor einer Volkswirtschaft tätig ist. Finanzintermediäre, wie z.B. Geschäftsbanken, Investmentfonds, Versicherungsgesellschaften und andere Unternehmen sind auf Produktion, Kauf, Verkauf und Vermittlung von Finanzinstrumenten und Finanzdienstleistungen spezialisiert.

Fiskalpolitik: Alle staatlichen Maßnahmen, die dazu geeignet sind, die öffentlichen Einnahmen und Ausgaben (und damit das staatliche Budget) gezielt zu gestalten.

Flexibler Wechselkurs: Bei einem flexiblen → Wechselkurs führen Änderungen des Devisenangebots und der Devisennachfrage zu Wechselkursänderungen ohne Interventionen seitens der Zentralbank.

G7-Staaten: Seit 1975 jährliches Zusammentreffen der Staats- und Regierungschefs von Deutschland, Frankreich, Großbritannien, Italien, Japan, Kanada, USA.

Geldfunktionen: Geld erfüllt die Tauschmittel-, Wertaufbewahrungs- und Recheneinheitsfunktion.

Geldillusion: Beschreibt ein Handeln auf Märkten, das zwischenzeitlich erfolgte Preissteigerungen unbeachtet lässt. Bei Inflation wird Geldillusion regelmäßig zu Fehlentscheidungen der Wirtschaftssubjekte führen.

Geldpolitik: Gesamtheit der staatlichen Maßnahmen mit dem Ziel der Gestaltung des Geldwesens und der Stabilisierung des Geldwertes. Geldpolitik obliegt der Zentralbank, die entweder eine von der Regierung unabhängige Institution oder ein Teil der Regierung ist.

Gewinnmaximierung: Verhaltensannahme, nach der eine Unternehmung ihren Gewinn maximiert.

Globalisierung: Entwicklung, die die internationale oder globale Verflechtung der Volkswirtschaften beschreibt. Die Verflechtung drückt sich aus in internationalem Handel, Kapitalmobilität, Arbeitsmobilität und der Verbreitung von technischem Fortschritt.

Grenzproduktivität: Bezeichnet die Änderung des Outputs bei einer (infinitesimalen) kleinen Änderung der Einsatzmenge eines Produktionsfaktors.

Hysteresis: Beschreibung für eine Eigenschaft eines dynamischen Systems. Danach ist der Gleichgewichtswert einer Variablen nicht nur abhängig von den exogenen Variablen, sondern auch von den Anfangsbedingungen und von den Werten der exogenen Variablen auf dem Zeitpfad hin zum Gleichgewicht.

Investitionsfalle: Tritt im Rahmen der IS-LM-Analyse auf, wenn die Investitionen zinsunelastisch reagieren. In diesem Fall verläuft die → IS-Kurve senkrecht, sodass eine Veränderung der Geldmenge zwar eine Veränderung des Zinssatzes zur Folge hat, die Investitionen und damit das Realeinkommen jedoch konstant bleiben.

Invisible Hand (unsichtbare Hand): Dieses von *Adam Smith* dargelegte Prinzip besagt, dass jedes Individuum durch die egoistische Verfolgung seines eigenen, persönlichen Vorteils wie durch eine unsichtbare Hand so gelenkt wird, dass es zum Wohle aller tätig wird.

IS-Kurve: Zeigt alle Kombinationen aus Zins und Einkommen, die Gleichgewichte am Gütermarkt darstellen.

IS-LM-Modell: Fixpreismodell zur simultanen Bestimmung von Zins und Einkommen mit Hilfe von IS- und LM-Kurven-Beziehungen.

IWF: Internationaler Währungsfond, Sonderorganisation der Vereinten Nationen mit Sitz in Washington, wurde auf Grundlage des → Bretton-Woods-Abkommen 1945 errichtet. Ziele und Aufgaben des Fonds sind die Förderung der internationalen währungspolitischen Zusammenarbeit durch Information und Konsultationen, Unterstützung eines ausgewogenen Wirtschaftswachstums sowie eines hohen Beschäftigungsgrades, Förderung der Stabilität der Währungen durch Sicherung geordneter Währungsbeziehungen, Errichtung eines multilateralen Zahlungssystems und Beseitigung von Beschränkungen im Devisenverkehr, Kreditgewährung an Mitgliedsländer zur Erleichterung von Zahlungsbilanzanpassungen und der Abbau von Ungleichgewichten in den internationalen Zahlungsbilanzen.

Kassenhaltungskoeffizient: Gibt den Anteil am Nominaleinkommen an, den die Wirtschaftssubjekte für die Kassenhaltung nutzen (vgl. auch → Umlaufgeschwindigkeit).

Keynes-Effekt: Zinssenkende und dadurch investitionserhöhende Wirkung, die eine Erhöhung der realen Geldmenge (auf Grund von Lohn-/Preissenkungen) hat.

Keynesianische Unterbeschäftigung: → Unterbeschäftigungsgleichgewicht.

Konjunkturzyklus: Bezeichnung für den Zeitabschnitt zwischen Beginn der ersten und Ende der letzen Konjunkturphase.

Kontrolltheorie: Betrachtet die Ökonomie als ein Kontrollsystem, dessen Systemstruktur vorgegeben ist. Es wird nach Werten und Zeitpfaden gesucht, die sicherstellen, dass die Funktionsweise des ökonomischen Systems akzeptabel ist. Was als akzeptabel gilt, wird durch Zielkriterien (z.B. → Inflation, Arbeitslosigkeit) festgelegt.

Konvergenzkriterien: Vor dem Eintritt in die dritte Stufe (Fixierung der Wechselkurse) der Europäischen Wirtschafts- und → Währungsunion am 1. Januar 1999 wurden die EU-Staaten einer Stabilitätsprüfung nach Maßgabe der im Vertrag über die Europäische Union (Maastricht-Vertrag) formulierten Konvergenzkriterien unterzogen. Nur bei Erfüllung folgender Kriterien erwirbt ein EU-Land das Recht, Mitglied des gemeinsamen Währungsraumes zu werden: Der Anstieg der Verbraucherpreise darf das Mittel der drei preisstabilsten Länder um maximal 1,5 Prozentpunkte nicht überschreiten. Die gesamte Staatsschuld darf nicht über 60 % des jeweiligen BIP liegen. Die jährliche Neuverschuldung (Budgetdefizit) darf drei Prozent des jeweiligen BIP nicht überschreiten. Die Währung des Landes muss die normalen Bandbreiten des Europäischen Währungssystems (EWS) über zwei Jahre ohne starke Schwankungen eingehalten haben. Innerhalb dieses Zeitraumes darf das betreffende Land seine Währung nicht auf eigene Initiative hin abgewertet haben. Die Zinssätze langfristiger Schuldverschreibungen dürfen das Mittel der drei preisstabilsten Länder nicht um mehr als zwei Prozentpunkte überschreiten.

Lender of Last Resort: Der Zentralbank zugesprochene Funktion, vorübergehend illiquiden monetären Finanzinstitutionen auf deren Ersuchen Überbrückungskredite zu gewähren. Aufgrund des Privileges, Verbindlichkeiten gegen sich selbst zu begründen, die im Wirtschaftsleben als Zahlungsmittel anerkannt werden und damit höchste Liquidität besitzen, kann sie Risiken übernehmen, die andere Gläubiger nicht übernehmen können.

Liquiditätsfalle: Eine Situation, in der der Marktzins so niedrig ist, dass die Wirtschaftssubjekte ein weiteres Sinken des Zinses in ihren Erwartungen ausschließen. Zukünftig erwartete Zinssteigerungen und entsprechend erwartete Kursverluste führen dazu, dass eine expansive Geldpolitik keine weitere Zinssenkung herbeiführt, sondern zusätzliches Geldangebot lediglich die Kassenhaltung erhöht.

LM-Kurve: Zeigt alle Kombinationen aus Zins und Einkommen, die Gleichgewichte am Geldmarkt darstellen.

Lohnindexierung: Bindung der Löhne und Gehälter an einen Preisindex.

Lohn-Preis-Elastizität: Zeigt, um wie viel Prozentpunkte sich der Nominallohn verändert, wenn das Preisniveau um einen Prozentpunkt verändert wird.

Maastricht-Vertrag: Vertrag über die Europäische Union. Der Maastricht-Vertrag trat am 1.1.1993 in Kraft. Gemäß den Vereinbarungen des Vertrages ruht die Europäische Union auf drei Säulen. Die erste und wichtigste Säule bildet die Europäische Gemeinschaft, die aus den EG-Gründungsverträgen aus dem Jahr 1957 hervorgegangen ist. Zudem wurde der Einstieg in die gemeinsame Außen- und Sicherheitspolitik (GASP) als zweite Säule sowie in die Zusammenarbeit auf dem Gebiet der Innen- und Justizpolitik (dritte Säule) vereinbart.

Makroökonomie: Lehre von der Wirtschaft als Ganzes. Sie untersucht u.a. das allgemeine Niveau der Wirtschaftsleistung, die gesamtwirtschaftliche Beschäftigung, das gesamtwirtschaftliche Einkommen, das Preisniveau und das Wirtschaftswachstum.

Markt: Ökonomischer Ort, wo durch Zusammentreffen von Angebot und Nachfrage der Austausch von Waren und Dienstleistungen und deren Preisbildung stattfindet.

Mark-up: Prozentualer Gewinnaufschlag.

Mengennotierung: Bei der Mengennotierung wird im Gegensatz zur → Preisnotierung der → Wechselkurs als Preis einer heimischen Währung in ausländischer Währung angegeben. Die Mengennotierung ist der Kehrwert des Wechselkurses der Preisnotierung.

Menu-Kosten: Anpassungskosten von Löhnen und Preisen, die durch Preisniveauänderungen entstehen (z.B. Vertragsanpassungen, Preisauszeichnungen).

Mikroökonomie: Zweig der Volkswirtschaft, der sich mit den Entscheidungen und dem Verhalten einzelner Wirtschaftseinheiten und deren Interaktionen beschäftigt.

Modell: Abstrakter Ausschnitt der Realität, der für die betrachtete Frage relevant ist (vgl. auch → Totalanalyse, → Partialanalyse).

Monopol: Marktform, bei der auf der Angebots- oder der Nachfrageseite eines Marktes nur ein einziger Anbieter oder Nachfrager auftritt. Unter Monopol wird häufig auch die marktbeherrschende Stellung verstanden.

Moral Hazard: Eine Marktseite kann nach Vertragsabschluß transaktionsrelevante Fakten zu Lasten des anderen Vertragspartners verändern, ohne dass dies für die andere Marktseite erkennbar ist.

NAIRU: (Non-Accelerating Inflation Rate of Unemployment) Ist definiert als jene gleichgewichtige → Arbeitslosenrate, bei der die Inflationsrate konstant ist.

Natürliche Arbeitslosigkeit: Begriff der Makroökonomie für eine bestimmte Höhe der Arbeitslosigkeit, die unter Berücksichtigung der Unvollkommenheit des Arbeitsmarktes als mit Vollbeschäftigung vereinbar angesehen wird.

New Economy: Phänomen, das den Zusammenhang zwischen dauerhaft gestiegener Produktivität und höherem Wachstumspfad des Produktionspotenzials beschreibt. Hervorgerufen durch den technischen Fortschritt, insbesondere durch den Einsatz von Informations- und Kommunikationstechnologien möglich gemacht, und bei gleichzeitiger Erwartung, nachhaltige Beschäftigungseffekte und Wachstum ohne inflationäre Spannungen zu generieren.

Offenmarktoperationen: Kauf oder Verkauf von Wertpapieren durch die Zentralbank am offenen Markt, um den Liquiditätsspielraum der Geschäftsbanken auszuweiten bzw. einzuschränken.

Okun'sches Gesetz: Nach dem amerikanischen Ökonom *A. Okun* benannter Zusammenhang zwischen Arbeitslosigkeit und Auslastung des Produktionspotenzials. Eine Zunahme der Arbeitslosenrate um einen Prozentpunkt führt nach dem *Okun´*schen Gesetz ursprünglich zu einer Verringerung des Bruttosozialproduktes um 2 % und damit zu einer Reduzierung des Auslastungsgrades ebenfalls um 2 %.

OPEC: Abkürzung (in englisch) für Organisation der Erdöl exportierenden Länder. Gegründet 1960 mit Sitz in Wien. Mitglieder sind Algerien, Ecuador, Gabun, Indonesien, Irak, Iran, Katar, Kuwait, Libyen, Saudi-Arabien, Nigeria, Venezuela und die Vereinigten Arabischen Emirate. Ziel der Organisation ist die Koordinierung und Vereinheitlichung der Erdölpolitik der Mitgliedsstaaten, um die Interessen kollektiv und individuell zu schützen. Sie soll die Weltmarktpreise für Erdöl stabilisieren, um angemessene Erlöse der produzierenden Länder zu sichern, bei gleichzeitig effizienter und sicherer Versorgung der Verbraucherländer sowie Gewährleistung ausreichender Erträge für Investoren in der Mineralölindustrie.

Opportunitätskosten: Entgangene Erträge oder entgangener Nutzen im Vergleich zur nächstbesten Handlungsalternative. Die Produktion eines Gutes X bedeutet den Verzicht auf die Produktion anderer Güter. Die Opportunitätskosten der Produktion des Gutes X lassen sich durch ein alternatives Güterbündel, das mit der für Gut X verwendeten Inputmenge sonst hätte erstellt werden können, darstellen.

Partialanalyse: Werden im Rahmen eines gesamtwirtschaftlichen Modells nur Teilaspekte eines ökonomischen Problems behandelt, handelt es sich um eine Partialanalyse (im Gegensatz zur → Totalanalyse). In ihr wird z.B. nur ein Markt oder Wirtschaftssektor betrachtet. Eine spezielle Form der Partialanalyse liegt vor, wenn in einem Modell mit mehreren exogenen Größen die Wirkung einer exogene Variablen auf die endogenen Variablen untersucht wird, wobei angenommen wird, dass die anderen exogenen Größen konstant sind (→ Ceteris-paribus-Klausel).

Phillipskurve: Von *A. W. Phillips* (1958) ermittelter empirischer Zusammenhang zwischen Nominallohnänderungsrate und Arbeitslosenrate in England von 1861 bis 1957. Aus der ursprünglichen Kurve wurde später die modifizierte Phillipskurve abgeleitet, die den inversen Zusammenhang zwischen Arbeitslosenrate und Inflationsrate zeigt.

Preisindex: Messziffer für die Preisentwicklung. In der amtlichen Statistik gibt es eine Vielzahl von Preisindizes. Der Preisindex für die Lebenshaltung beschreibt allgemein die Entwicklung der Verbraucherpreise bei Gütern der Lebenshaltung der privaten Haushalte und dient als Indikator für Kaufkraftänderungen. Dieser Index wird zur Messung der → Inflation herangezogen. Die Inflationsrate entspricht der prozentualen Veränderung des Preisindex zum Vorjahr.

Preisnotierung: Preis für eine Währungseinheit angegeben als Preis einer ausländischen Währungseinheit in heimischer Währung.

Produktionselastizität: Quotient aus relativer Veränderung der Outputmenge und relativer Veränderung eines Inputfaktors.

Quantitätstheorie: Begründet einen direkt proportionalen Zusammenhang zwischen dem Wachstum der Geldmenge und der Inflation.

Rationale Erwartungstheorie: Von den amerikanischen Ökonomen *Lucas* und *Sargent* in den 1970er Jahren bekannt gemachte Hypothese. Bringt zum Ausdruck, dass die Individuen in ihren Erwartungen alle verfügbaren Informationen über das zukünftige Verhalten einer Variablen zu Grunde legen. Bei der rationalen Erwartungsbildung unterlaufen den Individuen keine → systematischen Fehler, wie z.B. eine laufende Unterschätzung der Inflationsrate.

Rationierung: Mengenmäßige Beschränkung der Angebots- oder Nachfrageseite eines Marktes. Rationierungen entstehen durch Regulierungen oder, unter spezifischen Marktbedingungen, auch von sich aus. Auf einem rationierten Markt wird die „lange" Seite rationiert und die „kurze" Seite kommt zum Zuge.

Realzins: Reale Ertragsrate aus der Nutzung investierten Sachkapitals bzw. auch als reale Ertragsrate von Wertpapieren verstanden. Letztere entspricht approximativ der nominalen Wertpapierrendite abzüglich der (erwarteten) Inflationsrate.

Regelbindung: Ein auf den wirtschaftspolitischen Bereich übertragenes Steuerungskonzept, das bei Abweichungen von Ist- und Sollwerten automatisch Korrekturen einleitet.

Rezession: Abschwächungsphase im Konjunkturzyklus.

Ricardo-Äquivalenztheorem: Bei einer Pauschalbesteuerung, die keine Substitutionseffekte auslöst, haben Steuersenkungen, die über ein Budgetdefizit des Staates mittels Schuldverschreibungen finanziert werden, nach diesem Theorem keine aggregierten Nachfrageeffekte. Denn die Wirtschaftssubjekte rechnen damit, dass das Budgetdefizit irgendwann zurückgezahlt werden muss und dies über eine höhere Besteuerung erfolgt. Also werden sich private Wirtschaftssubjekte durch die Schuldverschreibungen nicht reicher fühlen, da sie davon ausgehen, dass sie oder die nachfolgende Generation das Defizit zurückzahlen muss.

Rigiditäten: Bezeichnet im ökonomischen Sinne das Phänomen inflexibler Marktpreise (Güterpreise, Löhne, Zinsen).

Schuldenkrise: Bezeichnung für die krisenhafte Entwicklung im internationalen Finanzsystem seit 1982, als sich eine Reihe von Entwicklungsländern außerstande sah, ihre bei Industrieländern aufgenommenen Kredite vereinbarungsgemäß zu tilgen und die fälligen Zinsen zu zahlen.

Seigniorage: Der reale Ertrag, der einer staatlichen oder privaten Institution dadurch entsteht, dass sie in der Lage ist, Geld zu produzieren und dieses im Tausch gegen Sach- oder Finanzaktiva in Umlauf zu bringen.

Skalenerträge: Änderungen des Outputs durch Variieren aller Faktoreinsatzmengen im gleichen Verhältnis, wobei die Produktionstechnik als gegeben angenommen wird. Es werden konstante, abnehmende und steigende Skalenerträge unterschieden.

Spieltheorie: Formale Sprache zur Beschreibung und Analyse von Konfliktsituationen und Koordinationsproblemen in strategischen Entscheidungssituationen.

Spillover-Effekte: Bezeichnung für räumliche Auswirkungen einer wirtschaftlichen Aktivität. So haben z.B. nationale wirtschaftspolitische Entscheidungen Auswirkungen auf andere Länder.

Stabilitäts- und Wachstumspakt: Gilt für die letzte Stufe der europäischen Wirtschafts- und Währungsunion. Kernstück des Paktes ist die Vereinbarung der EU-Länder, auch nach dem Start der Europäischen Wirtschafts- und → Währungsunion übermäßige Haushaltsdefizite zu vermeiden. Gemäß den Bestimmungen des Vertrages über die Europäische Union ist ein Haushaltsdefizit im Allgemeinen dann als übermäßig anzunehmen, wenn ein negativer Finanzierungssaldo von über 3 Prozent des BIP vorliegt. Die Verpflichtung der Mitgliedsländer auf einen ausgeglichenen bzw. positiven Haushalt soll einen wichtigen Beitrag für die Glaubwürdigkeit des stabilitätspolitischen Kurses der europäischen Zentralbank und der Stabilität der gemeinsamen Währung Euro auf den internationalen Finanzmärkten leisten. Überschreitet ein öffentliches Defizit den Referenzwert von

3 %, wird ein mehrstufiges Abstimmungsverfahren zwischen dem Rat der Europäischen Union in der Zusammensetzung der Finanzminister, der EU-Kommission und dem Wirtschafts- und Finanzausschuss eingeleitet. Wird das Budgetdefizit eines Landes letztendlich als übermäßig beurteilt, werden Sanktionen verschiedener Härte verhängt.

Systematische Fehler: Treten im Erwartungsbildungsprozess immer dann auf, wenn sie nicht zufällig sind, sondern mit der Verarbeitung von Informationen zusammenhängen, die zum Zeitpunkt der Erwartungsbildung verfügbar waren.

Tatônnement-Prozess: Von *Walras* genutzte Hilfskonstruktion zur Erklärung des Zustandekommens von Gleichgewichten auf Märkten. Ein (gedanklich unterstellter) Auktionator ruft Preise aus und verändert diese solange bis auf den Märkten Angebot und Nachfrage übereinstimmen. Der Marktmechanismus wird als Auktionsverfahren interpretiert.

Terms of Trade: Reales Austauschverhältnis von Importgütern zu Exportgütern. Im einfachen Zwei-Güter-Fall geben die Terms of Trade an, welche Mengen des Importgutes gegen die Hergabe einer Einheit Exportgutes getauscht werden können. Häufig werden die Terms of Trade als Verhältnis des Index der Ausfuhrpreise zum Index der in Inlandswährung umgerechneten Einfuhrpreise ausgedrückt.

Totalanalyse: Beschäftigt sich im Rahmen eines gesamtwirtschaftlichen → Modells mit der Gesamtheit der über Märkte vermittelten Interaktionen zwischen konsumierenden und produzierenden Einheiten.

Trade off: Zielkonflikt, der bei der gleichzeitigen Verfolgung mehrerer wirtschaftspolitischer Ziele entstehen kann. Ein typisches Trade-off-Problem wird durch die → Phillips-Kurve (Arbeitslosigkeit-Inflation) dargestellt.

Transaktionskosten: Entstehen bei der Abwicklung von Transaktionen. Dazu gehören Kosten für den Vertragsabschluß, Transportkosten, Kosten für die Durchsetzung von Vertragsansprüchen etc.

Transformation: Beschreibt den durch politischen Willen ausgelösten tief greifenden Wandlungsprozess, in dessen Zuge das alte Wirtschaftssystem durch ein neues abgelöst wird. Häufig geht diesem eine tief greifende Krise voraus. Die Elemente der Transformation ergeben sich aus den konstituierenden Merkmalen des Wirtschaftssystems. Bei den osteuropäischen Transformationsländern handelt es sich dabei z.B. um Privatisierung, Einführung einer Privatrechtsordnung sowie Einführung eines Geld- und Kreditsystems.

Trittbrettfahrereffekt: Tritt in Zusammenhang mit der Bereitstellung öffentlicher Güter auf. Da der Anbieter nichtzahlungswillige Wirtschaftssubjekte nicht von der Nutzung ausschließen kann, kommen sie in den Genuss der unentgeltlichen Nutzung des Gutes. Die Wirtschaftssubjekte äußern ihre Zahlungsbereitschaft nicht vollständig, um nicht zur Finanzierung herangezogen zu werden, wenn sie davon ausgehen können, dass die Bereitstellung der Güter auch ohne ihren Beitrag erfolgt. Die Bereitstellung öffentlicher Güter erfolgt deshalb über Zwangsabgaben.

Umlaufgeschwindigkeit: Wird ausgedrückt durch den Kehrwert des → Kassenhaltungskoeffizienten. Sie gibt an, wie oft eine Geldeinheit pro Periode umgesetzt wird um Gütertransaktionen zu finanzieren.

Unterbeschäftigungsgleichgewicht: Keynesianisches Konzept eines makroökonomischen Gleichgewichts trotz Arbeitslosigkeit.

VGR, Volkswirtschaftliche Gesamtrechnung: Systematische rechnerische Aufzeichnung und Darstellung der wirtschaftlichen Tätigkeiten von inländischen Wirtschaftseinheiten für eine abgelaufene Periode.

Vollkommene Konkurrenz: Marktform, in der der einzelne Marktteilnehmer den Marktpreis als Datum akzeptieren muss. Die Marktanteile der Marktteilnehmer sind so gering, dass diese keinen Einfluss auf die Preise ausüben können und sich als Mengenanpasser verhalten.

Währungsunion: Entsteht durch den Zusammenschluss mehrerer Staaten mit unterschiedlichen nationalen Währungen zu einem Währungsraum. Dabei werden die Wechselkurse zwischen den einzelnen Teilnehmerländern unwiderruflich fixiert bzw. es wird eine gemeinsame Währung eingeführt.

Walrasianischer Markt: Markt, auf dem ein flexibles Preissystem den Ausgleich von Angebot und Nachfrage herstellt.

Wechselkurs: Wird auf dem Devisenmarkt gebildet. Der nominelle Wechselkurs gibt das Austauschverhältnis zweier Währungen an. Er wird üblicherweise angegeben als der in inländischen Währungseinheiten ausgedrückte Preis für eine bestimmte Einheit ausländischer Währung (→ Preisnotierung).

WTO: World Trade Organization, mit Sitz in Genf, ist eine Sonderorganisation der UNO zur Förderung und Überwachung des Welthandels.

Zahlungsbilanz: Systematische Aufstellung aller wirtschaftlichen Transaktionen zwischen dem In- und Ausland. Die Zahlungsbilanz setzt sich zusammen aus der Leistungsbilanz, bestehend aus der Handels-, Dienstleistungs- und Übertragungsbilanz, sowie der Kapitalbilanz und der Devisenbilanz.

Zahlungsbilanzgleichgewicht: → Außenwirtschaftliches Gleichgewicht.

Zeitinkonsistenz: Eine in der Zukunft liegende Handlung, die Teil eines heute formulierten optimalen Plans ist, erscheint vom Blickwinkel eines späteren Zeitpunktes als nicht mehr optimal, obwohl zwischenzeitlich keine neuen Informationen aufgetreten sind. Diese Theorie bekam in der Diskussion um die regelorientierte (vgl. → Regelbindung) versus → diskretionäre Politik Bedeutung.